基层公共经济与治理实务案例研究

周 陶　庞 豪　王 烬 ◎编著

吉林大学出版社
·长春·

图书在版编目（CIP）数据

基层公共经济与治理实务案例研究 / 周陶，庞豪，王烬编著． — 长春：吉林大学出版社，2023.11
ISBN 978-7-5768-2464-3

Ⅰ．①基… Ⅱ．①周… ②庞… ③王… Ⅲ．①公共经济学－研究 Ⅳ．①F062.6

中国国家版本馆CIP数据核字（2023）第213099号

书　　名：基层公共经济与治理实务案例研究
JICENG GONGGONG JINGJI YU ZHILI SHIWU ANLI YANJIU

作　者：周陶　庞豪　王烬
策划编辑：邵宇彤
责任编辑：杨　宁
责任校对：闫竞文
装帧设计：优盛文化
出版发行：吉林大学出版社
社　　址：长春市人民大街4059号
邮政编码：130021
发行电话：0431-89580028/29/21
网　　址：http://www.jlup.com.cn
电子邮箱：jldxcbs@sina.com
印　　刷：三河市华晨印务有限公司
成品尺寸：170mm×240mm　　16开
印　　张：19.5
字　　数：316千字
版　　次：2024年1月第1版
印　　次：2024年1月第1次
书　　号：ISBN 978-7-5768-2464-3
定　　价：98.00元

版权所有　　翻印必究

《基于新文科与应用人文实践的公共管理实务研究》丛书

编委会

主　任：何　一
副主任：周　陶　单琰秋　徐向峰　刘廷华　陈世海　肖乾利　张义烈
总　编：何　一
副总编：周　陶　单琰秋　徐向峰
编　委：(按姓氏笔画为序)
　　　　王　毅　王　烬　王　浩　冯丽丽　冯嘉华　曲美霞　李怀宗
　　　　李　敏　李裕坤　沈　霞　张金华　庞　豪　赵　敏　晏　艳
　　　　唐　蔚　黄　河　黄　璐　龚文君　熊若柳

总　序

马克斯·韦伯在《学术作为一种志业》中尝说："学术工作要求过时。任何有志献身学术工作的人，都必须接受这项事实，这不仅是我们共同的命运，更是我们共同的目标。"的确，对于学术价值的个人、个别或单项所为的追求，是超越和恒定，但时间永宙的环宇事实，知识的紊序变迁与认知的演绎前行，终究是无阻无限。人"贱"为芦草，而"贵"为"思维的芦草"，作为自觉而兼具实然与应然世界的动物，亦即"有气、有生、有知亦且有义"的"最贵"者，其创造和改变知识的天性与行为，决定着自身历史的状态与进程。虽无力完全有序把控或绝对精准预测知识发展的无限未来，以致于终极性历史决定论"贫困"尽显，但知识自身的变化演进是必然和常态的。特别是发端于紧系主观林立的人的世界、功能指向侧重于价值认知、实践效应居"以仁统智"地位的文科知识，其主观性、多样性、颠覆性、复兴性以及融合性变换特质，更是以贯穿历史、盘互交错、日新月异的姿态，激荡着现实生活世界。为应对当今世界普遍而深刻的社会变革，探索人文社科的未来转型和发展方向，确立其新定位、新范式、新效能，从而发挥其新作为，自2018年始，教育部发出了大力建设新文科的倡议。

一

致思于专项问题研究。作为具备人才培养、科学研究、社会服务和文化传承基本功能的社会组织，高等学校是新文科体系化构建与系统性效能发挥的集中性原初发起点。

针对学科现状，广义的新文科建设诉求，在效能上，增强实用机能，以应对现实市场需求，进而匹配国家发展目标；在方法上，人文与社科、文科与自然科学无界融合；在道器体用上，新文科的建设，目的不在借他学以助己，而是如陈寅恪所言，是为了更好发挥其"天理人事之学，精深博奥者，亘万古、横九垓，而不变。凡时凡地，均可用之。而救国经世，尤必以精神之学问为根基"的特殊效能。

基于问题意识，立足应用转型地方高校的现实需求，结合公共管理学科、专业建设以及基层社会治理人才培养，以"应用人文教育"理念和实践为核心支撑的"新文科"建设，其产生的机缘和对症标的，依据实然应然、抽象具象、普遍具体的逻辑顺序，其价值效能所支撑的问题表现在：

——在生存共性上，每一人的人生存在三大普世求解：一是存在状态上，先天"本能常量"与后天"文化变量"交合的复合人性，导致"心形互役""天人大战"的人生之难；二是作为知识人之"真知知识"与"价值知识"的合理效益匹配之难；三是自觉主动经历一生的"工具人"与"目的人"亦即"生存"还是"生活"的真实理性定位。

——在大学因应的时代通识上，高等教育面临的共性背景及现实主题，亦即"时代三问"：第一，资讯自取自媒的时代，大学能做什么？第二，知识即生即灭的时代，大学该教什么？第三，追逐人工智能的时代，学生应学什么？

——在培养现代大学生必备的基本素质与能力上，如哈佛大学前校长德里克·博克在《回归大学之道》中所述：表达沟通，独立思考与批判思维，道德意识，公民意识，适应多元文化，全球化素养，学术兴趣，就业能力，内心的形上世界。为此，新文科如何应对？

——具象于宜宾学院，"应用""创新""国际化""特色鲜明"和"综合大学"为学校办学新要素。基于"应用人文教育"核心的新文科，在为"应用"立本的同时，可为"创新"修智性，为"国际化"建立中国人文底色和世界文明参照，为"特色鲜明"丰富"应用"的内在育人要素，为"综合大学"奠定人文基础。

——在专业理念上，立足法学与公共管理学部"良法从则，善管允公"是宏观理念，具体到公共管理类专业之职业特点，则以人为第一和根本工作对象，洞察人性、厘清事理是基础思维；律人驭事、建制善管是职业核心指向；知行合一、师生共建是常态化高效路径；好"技术"与高"素质"是人才完美匹配。而这一切，无不根植于人文之"以仁统智"的修养机理。

基于目标指向：

——探究"应用型"高校"新文科"建设路径。第一，功能融合：基于"应用"转型，探究人文学科与社会科学"形上"与"形下"的应用性功能融合，构建"新文科"；第二，功能延展：基于"学科思政"，探究应用型人才综合素养和科学与人文融合"以仁统智"观念的培养，构建"新文科"；第三，学科融合：基于人文、社科学科群功能的"软科学"化转化，围绕创新型应用人才培养，构建"新文科"。

——探究人才规格与标准，亦即探索构建"应用转型"与"应用人文教育"实践下的"创新型应用"人才规格的新内涵、新要素、新标准。着力培养能洞察人性事理，律人驭事，有深度、宽度、厚度和温度的"四度"职业人、开明人和生活人。

——探索现代高等教育的"纠偏"路径，亦即人才培养模式简单"工业化"、内容单一技术化、人才庸俗工具化倾向，以及"用"而无魂，重外轻内，有技术无素养，有知识无文化，有事功无价值之庸俗的科学主义、工具主义、技术主义的急功近利倾向和"应用"异化偏致。回归遵循目的人与工具人、价值理性与工具理性并重的人本原理以及道用一体，仁智同修，物我并重，有用之用与无用之用、成人与成才和谐共进的应用素质教育本真。

——实践创新诉求。第一，创造新模式："人文"+"应用"的"应用人文教育"模式，由于此前尚无先识，当然更没有系统化的实践，因而具有独创意义和实践价值。第二，探索新机制：呼唤大学人文精神回归与"应用转型"潮流不期而遇，如何在微观实务中具体实现二者的效益互促、价值共赢，意义重大。第三，证成新理念：在应用转型中普遍追逐物质技术"高精尖新奇奥"的潮流下，以切实和独辟蹊径的实践，尝试并证实"无用之用是为大用"的育人新智慧。

基于方法论原理：

——在总体思路上：依托创新应用导向，学术化认知，应用人文渗透，软科学化转化，仿真化训练，准职业化实践的转型策略，遵循治人与自治的人学，以仁统智的准科学，私德公用的行业个性以及以人为第一和根本工作对象、以理念主导和规则制定为第一要务之文科职业个性，通过人文与社科学科在知识、功能上的综合融合，有效实践学习力、应用力、就业力、发展力和有本事、有情怀、有正气、有理想的应用人才培养标准，以培养能洞察人性事理，具备和谐协调、理念主导、律人驭事、建制善管、变革思维、高效执行素养的创新型公共管理应用人才。

——技术路线包括：第一，效用原理："应用人文"教育的提出，不单纯以知识和技术培训为目标，而是立足培养一种素养、精神、内省和价值构建的内在修为。在"效用"逻辑上，则基于道器体用论的分层认知原理和大学教育之知识、能力、人格三个完整的维度，以及方法论上"有用"与"无用"、"大用"与"小用"、"道术裂"与"道术合"的体用原理。第二，特质贯通：充分挖掘和发挥人文学科比之于社会科学、自然科学更具超越与普遍性、根源性与母体性、长远性与历史纵深性、民族差异与价值性、综合性与贯通性、经典性与普适性、德性与智性、主观性与非实用性的特点，以弥补纯客观化、标准化、工具性应用精神之不足。第三，嵌入实践：亦即各专业采取组合式课堂教学的同时，延伸课程形式平台类别，特别是教师主导下的师资服务社会实务和课程化规范组织学生参与社会实践，各实践课程基于对其知识体系内在精神、思维方式和行为特质的自觉，实现"应用"与"人文"、技术与素质、专业与通识的育人结合，直击观念引导、修为养成、情怀陶育、价值构建、思维训练和视野拓展，促进学生价值理性与工具理性在认知和能力上的均衡匹配发展。同时以"师生同成"的目标获取实践上的效应：其应用，旨在工匠精神，契约精神，实学精神，事业情怀。其创新，侧重于变革理念、创新的事实与价值判断和批判思维。

——系列知识落地：第一，通用路径：全域挖掘每门课程内在的独特价值体系、思辨方式和实践技术资源，开展科学精神、人文主义、超越情怀、契约精神、工匠精神、哲学思辨、批判思维、价值构建等"应用"与"人文教育"。第二，专设课程：以道（信仰与情怀）、理（人性与事理）、法（契约与律理）、术（思维与智慧）为纲，以古今中外人文成果为主要教育资源和素材，专设12个专题：人性与人文、科学与人文、人本与人文、东方和西方、古典与现代、超越与情怀、理学与实学、常道与匠心、礼乐与契约、思辨与批判、变革与创新、六艺与礼仪。第三，博雅内涵：涵摄哲学、宗教学、伦理学、儒家实学、文化、美学、艺术、文学、史学等学科内容，指向东西方人文主义、传统文化、信仰情怀、人格人伦、躬行践道、创新求真、世界眼光、礼仪修为等方面的内修式的、安身立命内外兼修、积累传统底蕴、塑造现代素质的博雅教育。第四，目标指向：修养：东方人本、西方人文、价值构建、修为自省。能力：匠心磨砺、笃行笃业、批判包容、思辨创造。素质：人文健全、人性体悟、事理辨析、实学认知。人格：传统底蕴、现代要素、事业情怀与职业素质。

二

密切于管理实践传统。关于知识与人的渊源，荀子《解蔽》言："凡以知，人之性也。"亚里士多德《形而上学》言："求知是人的本性。"人是知识的存在物，天生于知识系统之内，而动物则生活在"物理宇宙"之中。知识是文化的载体，文化则是人在接受自然法则之外自觉约束本能的"后天法则"，它由非生物性的思想和行为习惯模式组成，所以，文化是人的本质属性和独有生活方式。文科，从知识到升华凝炼亦即文化层级，成为人之生活行为、特别是"名教"领域最为原始、直接和自发的知识体系。"知识如何可能？"的怀疑论，是知识学问化的质变性起点，而原始、自发之后的"枢纽"环节，是人自身对于人、人文的认知和行为效益的"自觉"。具体到以人为第一和核心关联对象的公共管理学科专业而言，无论个人专业自存、团队专业打造还是学术性专业创造，基于文科知识与文化效应的体系化有意呈现，其"新文科"构建的自觉，首在团队化专业的人、事、行的全域实践、验证和新知辨析。而其所直接对症的现实，就是大学事务中普遍存在的无意义的学习、无文化的知识、无温暖的技术、无人文的行政。功利取代价值，事实取代理解，现象取代思辨，当下取代长远，个别取代普世，变化代替发展，破坏代替创新，将所有新的、快的、大的、高的、强的都等同于好的——知识与科学的"非人化"等现象。

为此，基于专业自觉以及最高的管理是文化管理理念，在历时十余载的公共管理及相关专业团队建设（其中政府管理学院 12 年，法学与公共管理学部 3 年）、人才培养和学术研究实践中，立足"人学"文科及其文化升华效应，亦即文化的基础是里仁，文化的核心是价值，文化的载体是知识，文化的高度是思想，文化的目标是人格等实施点位，循序渐进开展了"新文科"的生活化与业务性融合、常态化与专业性交错的自然、细节性实践。

在组织文化方面，其中法学与公共管理学部和政府管理学院分别以"良法从则，善管允公"和"道理法术，正文立人"为总基调。在内容要素上，以崇善学术，追求卓越，发扬民主的大学精神为组织文化建设的圭臬。管理工作职业常道，基于两个朴实的假设。对教工——假如对面坐的是自己的兄弟姐妹，对学生——假如讲台下面坐的是自己的孩子。用学术思考，力戒单纯用权力思考。坚持职权面向全体，与私情保持距离。忠诚于恪守尊严，享受和谐，师者成就，学者成才的部门核心价值。着力打造先进合理的团队精神、干部风貌、学生规格。践行以师生为本位，制度为保障，变革为动力，政风带系风的管理策略，积极构建谦逊大度、朝气蓬勃、生动有序、严谨高效的组织文化，在教师中倡导知行合一、理想主义、批判精神、敬畏包容的知识分子人生姿态。努力营造清明的管理环境，健全的人文环境，和谐的人际环境，宽松的学术环境，严谨的工作环境和积极的成才环境。积极为师生创造提供发展、成才的环境和机会，在班子中带头倡导大度、敬畏、沟通、干净行政的工作态度，保持对部门的情感亲近和审视监督的距离感，以及秉持进退并存的公权姿态。队伍建设立足创造人人有希望的机制，重视民间舆论和业务权威的培养和积极作用。师生激励强调价值多元。注重构建和运用有效积极的程序、机制平台和文化生态。以校园而不是行政话语和行为彰显部门精神气质，杜绝单纯行政化倾向。

个体为人，反省自明为人与为事、职业人与生活人的本分和差异。奉行草根物欲，贵族灵魂，深邃思考，诗意生活的人生态度。坚持人格独立，思想独立的立世准则。奉行博文而勤勉善思，约礼则止于和善的处世标准。对人与物，胚执恻怛，民胞物与，尚友天下，从善嫉恶，不卑不亢。对利有欲亦刚，在意而不钻营，取之合乎善道与正道。追求耿介纯粹、刚健有为、警惕并力戒自我异化的做人风格。在做人的格局与气象上：自觉求道无论西东的眼界，知行合一的实践，兼具道、理、法、术的内在素养以及谦逊、包容、自省、敬畏的情怀。

于公权角色，则注重身份自觉，敏于学道政道、求真与求价值并重，做到遵纪守法，敬畏道义责任，执着学术追问，努力说真言、做净友。作为公共角色和人格健全的人，努力做到体用相成，"六艺"兼修，在公权行使特别是人事协调活动中领悟并践行器以载物，无以载人之"君子不器"古训。眼界、格局、御人、行事中努力铸就真诚、恻怛、包容、自省、谦逊、敬畏的胸襟。服务与问道取向自修目光向下，礼失求野的情怀。作为管理者，于道常驻不移，做到上有信仰，下有底线；于理谨守不悖，善意中行；于法敬畏不逾，坚贞执守；于术高效不居，变换有度。让个人修养的全面自省、各要素的辩证制约，成就知行合一的为人与为事的实践。针对学术性团队的创造性特质，以克制的行政之风，循序渐进有序建设自我主体的秩序，而非一切兜底管控的强制性秩序。

为政则尽力处理好多重关系："有用之用"与"无用之用"的关系：均衡成就事功与探究事理，杜绝庸俗实用主义，实践中兼具形上形下、体与用、道与器的思维方式，追求和实现无用则无所不用的实践价值。工具理性与价值理性的关系：深切认识人的存在和行为必受制于两种法则亦即自然的因果律与社会的价值律的制约，因此实践中应并重效率与善意的平衡，坚持以仁统智，达到工具理性与价值理性共同进步。形式合理与实质合理的关系：行事追求事理的价值根由和终极目标，超越"谁的""什么样的""新的""旧的"等狭隘阈限，执着于正确价值标准下"好的""善的""合理的""合乎实际的"和"有用的"。目的与手段的关系：清晰了解自身的真实需要，防止将手段、技术和工具目的化、价值化和终极化，造成建设、发展手段、行为与目标的异化。创新与集大成：防止"创新"舆论和行为的标签化、庸俗化，重在实施理性"变革"思维，并重创新与集大成，理性判断真实正面的效益和价值，让创新和变革真正成为发展的正面动力，方法上做到纳新而不弃旧，真正实现发展效益最大化。政绩焦虑与百年老店：为克服行为短视和过度功利的政绩焦虑，立足开"百年老店"的长远目标，公权行使者在"利"的权衡上明晰公与私、当下与将来的关系，树立长久、终极、正面、积极的利益目标，并确保每一阶段性行为的细节都正面有效地指向这一目标。建设发展的共性和个性：共性建设要素结构标准周全，以预防发展风险确保稳定安全；个性建设以突出优势特色，促进发展。

为事则积极进取，刚健有为，谦逊大度，坚持原则，谋略兼顾。强调问题意识和观念的理性觉悟，凡事必有清晰的理论、方法和价值取向。兼顾创新与集大成的成事理念。宏观工作敏于前瞻性，自觉强化守土意识、行权的人文关怀、决策行事的价值取向、职业操守的契约精神和同舟共济的团队精神。专业上多说截断众流之语，行政上多发涵盖乾坤之言。坚信道并行不悖，坚持极高明而道中庸，尊重规律，敬畏科学与学术，少为学术民工，戒为权威奴才，不为权力工具，拒为权利乞丐。力戒学术的意识形态化，深省自我局限，努力接近本质，追求实质合理，力戒形式合理。自省领与袖之脏、自身权利必藏污纳垢。对事权、财权等资源权利，坚持会商公开、接受监督、规范共享。坚信一切人文社科及人的管理最终都是人学，所有的失败和丑陋最终都是为人的失败和丑陋。警醒众口一致赞颂背后的专制污垢，尊重善待反对和异议背后的民主精神，防止知识分子工具化和下属家丁化。警惕寡头与民粹，不迷信好人政治，注重制度文明，善待基于工作利益出发的众议力量，包容大度，少做诸葛亮，多做臭皮匠。相信惩戒为恶，乃必有之恶。深切体悟掌权的原罪感，而充满对于行使权力的敬畏。

三

略述于局部成效。于外，"新文科与应用人文实践的公共管理实务研究"主题的实务性成果，亦即《基于新文科与应用人文实践的公共管理实务研究丛书》，包括《基层公共服务与治理实务案例研究》《基层公共经济与治理实务案例研究》《基层公共事务与治理实务案例研究》和《基层公共文化与治理实务案例研究》。丛书的实务内容以实践履行大学人才培养、科学研究、服务社会和文化传承四大功能的常态使命；文本的专业性和学术性成果，则源自省部级"四川省高等教育综合改革"项目《基于"应用转型"和"新文科"建设的"应用人文"教育综合改革试点》和校级"新文科研究与改革实践"项目《以系统化"应用人文教育"介入升级应用型人才培养体系研究》的课题研究内容与任务支撑，其主题核心，是课题任务设计中，以应用人文教育支撑"新文科"的理念与实践，通过师生团队服务地方亦即基层治理工作，将"新文科"和"应用人文"体系化互动效应，渗透到地方公共服务、公共经济、公共事务和公共文化及其治理实务的专业认知、规划制定、方案设计和实践落地之中，从而提升师资团队和学生应用型新文科实践素质的专项工程。

于内，基于新文科与应用人文教育理念与实践，结合学校创新学科综合建设和提升服务地方能力的大学部制改革，凝炼出部门团队具备中观实践效益的法学与公共管理学部（律政里）组织文化理念，以期实现"君自山海来，同栖律政里；学子相与契，朗朗问灵犀；惟愿近者悦，远者来，居者安，行者达"的团队工具性与目的性职业人生愿景：

——**问时篇** 资讯自取自媒的时代，大学能做什么？传授唯有走进大学才能获得的知识；知识生灭不已的时代，教师该教什么？教授恒定不变和不断创新的知识；追逐人工智能的时代，学生应学什么？学习智慧机器无以自为自足的知识。

——问事篇　谋事：道用一体，志功为辩。执业：道理法术，从则允公。转型：变革创新，应用导向，学术认知；新型文科，软科学化；人文渗透，仿真训练，职业实践。愿景：文化有本，专业有道；育才有方，学术有效；律人有节，资政有成；文质有型，行业有位[①]。

——问里篇　里型：人文情怀，契约精神；阳光个性，谦逊雍容；多元协同，创造有为。里风：行政清明，事业严谨；道义安全，学术宽松；人际清欢，师生同成。里禁：书生工具化，行政附庸化，学术平庸化；无意义的学习，无人文的技术，无温度的行政。

——问师篇　书生：理想主义，批判精神，尊严独立，经世致用。先生：理性担当，崇实超越，修己立人，经师人师[②]。经师：永澌育人，道术明晰，精细设计，素质导向。人师：人生建议者，学业参与者，精神引导者，大学见证者。服务：事业心，书生气，包容度，敬畏感。

——问学篇　方向：奉道奉公，修仁修智，笃行笃业，成人成才。规格：学习力，应用力，就业力，发展力；有本事，有情怀，有正气，有理想。本事：理念主导，变革思维，洞察人性，明辨事理，通透律则，建制善管，和谐协调，高效执行。

——问教篇　办学：组织文化传道，应用人文育人，专业自觉明本，学术研究铸体，培养方案树标，教育实践建效。施教：工具人与目的人，工具理性与价值理性，有用之用与无用之用，成才与成人和谐共progress。知识：核心知识强基础，经典知识强素质，形上知识强创造，前沿知识强专业，选修知识强个性，复合知识强就业。课堂：条理化知识，系统化观念，结构化能力，差异化审美，创新化体验。

——问成篇　亦即"五成"人才观：即学术追问、社会视野、仿真训练、实践砥砺的"成学"观；自我约束、自我超越、学养深厚、笃行高效的"成

[①] 此处属于工作"愿景"内容，即指通过自身的努力，在行业或同行中获得实有的、有分量的、有特色的亦即重要地位或位置。

[②] 出自《后汉记·灵帝纪上》，"经师"本义为研究传授儒家经典的人，"人师"即教人如何做人的老师。"经师人师"则指兼具教授经典学术和培养人才品德才能的老师。

才"观；科学精神、人文素质、艺术修养、宗教情怀的"成人"观；契约精神、天下情怀、人而仁道、志于智行的"成事"观；草根物欲、贵族灵魂、深邃思考、诗意生活的"成就"观。

关于思考、研究的动机与价值以及生命智慧应对世界实然，爱因斯坦在《探索的动机》中指出："人们总想以最适当的方式来画出一幅简化的和易领悟的世界图像，于是他就试图用他的这种世界体系来代替经验的世界，并来征服它。这就是画家、诗人、思辨哲学家和自然科学家所做的。他们都按自己的方式去做，个人都把世界体系及其构成作为他的感情生活的支点，以便由此找到他在个人经验的狭小范围里所不能找到的宁静和安定。"这是有限个体的主观认知局限。《庄子》言"吾生也有涯，而知也无涯。以有涯随无涯，殆已！"这是人识无以匹配世事的宿命。但是，人类作为主观、知识、自由以及极欲之物，注定新知永呈，卓识永现。

何 一

2022年10月25日

前　言

在推进国家治理体系和治理能力现代化背景下，加快转变政府职能、优化政府职责体系、提高政府经济治理效能是"十四五"时期提升政府经济治理能力、推动国家治理、构建新发展格局的新挑战、新任务。近年来，宜宾学院法学与公共管理学部公共管理学院充分发挥特色学科优势，根植宜宾社会经济发展实际，关注本土基层公共管理发展现状，深入开展理论、策略与战略研究，根据省部级教育综合改革项目"应用人文教育"和市厅级"新文科"建设的理论研究，结合基层公共管理的科研项目，组织出版了"基于新文科与应用人文实践的公共管理实务研究"丛书。

面临新时代竞争优势重塑、力量格局重构、治理规则重建的叠加态势，党和国家从具体实际出发，进一步提升政府经济治理的现代化水平。"十四五"规划明确指出，要从"完善宏观经济治理、构建一流营商环境、推进监管能力现代化"入手，提升政府的经济治理能力。基层公共经济与治理建设有利于推进城乡融合、区域协调发展和政府经济治理，从而为现代化经济体系建设与高质量发展助力。

本书以宏观经济治理理念为指导，基于宜宾市的地方经济与社会发展实际，梳理基层公共经济与治理的地方经验，探究推进基层公共经济建设和经济治理现代化的新路径。全书结合基层公共经济与治理的重要理念和实务案例，以推进政府经济治理为主旨，以加快基层公共经济建设为中心，关注特色产业与新兴产业融合发展的现代化产业体系建设和区域协调发展，分析基层公共经济与治理的新情况、新发展、新经验，彰显高质量发展的主题，提升政府的现代化经济治理效能。

本书共分为九章，每章探讨一个基层公共经济与治理的典型案例。

第一章为区域性金融中心建设实务研究——以宜宾市为例。本章分析了宜宾市建成区域性金融中心的现实基础、必要性及可行性，明确当地区域性金融中心的定位——建成长江上游区域性金融中心，并基于阶段性目标给出该中心的近期与远期建设方案,强化金融稳定保障体系在金融中心建设中的重要性。

第二章为白酒配套产业园项目实务研究——以宜宾市白酒产业为例。本章基于白酒产业链的系统分析与现状分析,以四川省宜宾五粮液集团有限公司为典型案例,结合打造白酒全产业链策略,探讨了白酒配套产业园项目的仓储配套、制曲酿造、包装设计、生态处理、研发物流等多方面内容,分析了白酒配套产业园与所在地的适用性、预期经济效益和社会影响。

第三章为白酒产业特色小镇建设实务研究——以宜宾市五粮液特色小镇为例。本章在明晰区位条件、建设条件的基础上,分析白酒产业特色小镇建设的可行性,详析该项目建设的具体内容,并对项目做利益相关者的效益分析,突出了多产业融合在地方经济社会发展中的作用。

第四章为县域现代物流产业发展建设实务研究——以宜宾市高县为例。本章围绕基础设施网络建设,尤其是物流建设,在详述区域发展优势、机遇、挑战的基础上,依据现代物流发展的总体要求对县域物流发展及行业需求进行预测,明确了案例区域物流发展的定位和目标,通过物流关键节点建设、通道发展建设、重点工程建设助力县域现代物流发展体系建设。

第五章为市域产业劳动力要素实务研究——以宜宾市为例。本章根据对劳动力就业的总体认识,详述案例中市域产业劳动力就业分布特点,尤其是灵活就业分布特点,通过对四川省7个副中心城市劳动力要素的对比分析,如"产业—就业"偏离度分析、"灵活就业—产业结构"与"灵活就业人数—参保人数"的实证分析,明确了拓宽就业渠道、帮扶重点群体、提升劳动者素质、强化组织实施对激发市域产业活力、推动地方经济社会发展的重要意义。

第六章为市域尺度创新创业环境实务研究——基于宜宾市的调查分析。本章基于对"双创"背景和环境的分析,剖析了案例区域"双创"的限制条件,指出通过机制建构、降低门槛、引进人才、完善服务、资金引导、氛围营造及奖励基金的建立等策略来优化市域创新创业环境。

第七章为产业发展中智慧化就业项目实务研究——以宜宾市为例。本章以人力资源最优配置和人力资本效用最大化为宗旨,通过搭建公共就业服务平台、建设示范项目等途径构建市域智慧化公共就业服务体系。

第八章为省级新区发展定位实务研究——以三江新区为例。本章以省级新区建设为目标,从横向空间、纵向时间、文质积累维度考量了三江新区之"新"及其建设路径与价值定位,并分别就三江新区发展的四个定位(长江上游绿色发展示范区、创新型现代产业集聚区、国家产教融合建设示范区、四川南向开放合作先行区）提供可行性、必要性、限制因素分析和策略性建议，进而推动三江新区创新性发展，助力区域协调发展。

第九章为省级新区服务业发展建设实务研究。本章基于"创新、协调、绿色、开放、共享"新发展理念，明确省级新区服务业发展的品质定位、业态定位、功能定位、品牌定位，提出案例区域应建构"一核、两带、四区、多点"的服务业发展空间布局，通过推动主导服务业跨越式发展、促进特色服务业创新发展、实现"短板"服务业优质发展及其他专项工程建设，实现区域服务业优质、高效发展，优化现代化服务业体系。

本书是宜宾学院法学与公共管理学部公共管理学院教师在基层公共经济发展与治理领域长期研究积累的部分成果，是融新文科、应用人文实践和公共管理应用为一体的实务案例研究，希望能为关注基层公共经济发展与地方经济治理的各界人士提供有益的参考。

在素材采集、实地调研和案例撰写过程中，编写组得到了地方党委政府和企事业单位的大力支持和积极配合。同时，吉林大学出版社编辑团队为本书的成稿、修改、出版提供了大力帮助。借此，编写组衷心感谢为本书出版付出努力的各界人士。

当然，由于实践领域的无限性及视野和能力的有限性，本书难免存在不足之处，恳请广大专家、学者批评指正。编委组希望通过本书的出版，能够提升宜宾学院法学与公共管理学部公共管理学院的教学质量和科研水平，为国家及地方的基层文化与治理工作贡献绵薄之力。

编写组
2022 年 11 月

目 录

第一章 区域性金融中心建设实务研究——以宜宾市为例 ····················· 1
- 一、区域性金融中心建设的现实基础 ····················· 2
- 二、区域性金融中心建设的必要性 ····················· 7
- 三、区域性金融中心建设具备可行性 ····················· 12
- 四、区域性金融中心的定位与建设方案 ····················· 15
- 五、保障措施 ····················· 23

第二章 白酒配套产业园项目实务研究——以宜宾市白酒产业为例 ····· 26
- 一、白酒全产业链系统分析 ····················· 26
- 二、白酒全产业链现状分析 ····················· 28
- 三、打造白酒全产业链的建议 ····················· 32
- 四、白酒配套产业园项目规划与建设内容 ····················· 34
- 五、白酒配套产业园项目效益分析 ····················· 38

第三章 白酒产业特色小镇建设实务研究
——以宜宾市五粮液特色小镇为例 ····················· 41
- 一、区位与建设条件 ····················· 41
- 二、项目提出的背景与可行性分析 ····················· 43
- 三、项目建设内容 ····················· 45
- 四、项目效益分析 ····················· 54
- 五、项目推进的建议 ····················· 55

第四章 县域现代物流产业发展建设实务研究——以宜宾市高县为例……57
一、发展建设背景……58
二、总体要求……65
三、需求预测……68
四、战略定位与目标……74
五、物流节点发展建设……77
六、物流通道发展建设……94
七、物流重点工程……101
八、保障措施……106

第五章 市域产业劳动力要素实务研究——以宜宾市为例……108
一、劳动力就业总体概况……108
二、劳动力就业分布特点……117
三、灵活就业状况特点……119
四、四川省7个副中心城市对比分析……123
五、就业与产业发展分析……127
六、存在的问题……132
七、对策建议……134

第六章 市级尺度创新创业环境实务研究——基于宜宾市的调查分析……137
一、研究背景……137
二、研究方法……138
三、"双创"环境现状……138
四、"双创"环境存在的问题……142
五、优化"双创"环境的对策……145

第七章 产业发展中智慧化就业项目实务研究——以宜宾市为例 153
- 一、基本情况 153
- 二、必要性和可行性 159
- 三、项目实施目标 160
- 四、项目实施内容 162
- 五、资金来源 166
- 六、绩效评估和绩效目标 167
- 七、组织实施及保障措施 169

第八章 省级新区发展定位实务研究——以三江新区为例 171
- 一、三江新区之"新"的历史比对与启示 172
- 二、三江新区之"新"的考量维度与效益研判 174
- 三、三江新区之"新"的落实路径与价值定位 175
- 四、长江上游绿色发展示范区研究 178
- 五、创新型现代产业集聚区研究 194
- 六、国家产教融合建设示范区研究 206
- 七、四川南向开放合作先行区研究 217

第九章 省级新区服务业发展建设实务研究 237
- 一、发展背景 238
- 二、总体要求 242
- 三、空间布局 245
- 四、重点任务 248
- 五、专项工程 270
- 六、保障措施 279

参考文献 281

后 记 287

第一章 区域性金融中心建设实务研究
——以宜宾市为例

近年来,宜宾市上承"一带一路"倡议、长江经济带发展战略等,下启"双轮驱动"的成功实践和"565"(五大战略、六大目标、五大中心)总体谋划的全面实施,实现了经济发展在质、量和模式上的根本性改观。在此基础上,因应四川省委南向开放战略的提出和实施,中国共产党宜宾市第五届委员会第六次全体会议上,明确了在2021年将宜宾市建设成四川省经济副中心,并加快建成四川南向开放枢纽门户、长江上游区域中心城市、区域性金融中心的发展目标。为此,宜宾市委、市政府提出了把宜宾市建设成为承接成渝、覆盖川南、辐射川渝滇黔、延伸东南亚的具有持续创新能力、专业特色和国际化特征的泛长江经济带区域性金融中心的目标。这些现实成就、发展趋势和未来愿景在宏观上成为宜宾市加快区域性金融中心建设可以依托的现实背景和内驱动力,在中观上则为这一新的发展预期提供了坚实的政治保障、政策扶持和经济支撑,在微观上可进一步增强宜宾市对各类金融要素集聚、辐射和配置的能力。

区域性金融中心是指某一区域内金融机构聚集、金融市场发达、金融交易活动频繁、金融信息灵敏通畅、金融服务全面高效、融通集散资金功能强,且对区域经济能产生极化和扩散效应的中心城市。一个地区或城市最终能否成为金融中心,取决于其是否具备建立金融中心的基本条件。具体条件如下:一为经济和基础条件。是否具有较强的经济实力,有利的地理区位,发达便利的城市交通、通信等基础设施,稳定的政治环境等,是金融中心形成和发展的前提或基本条件,将直接影响到金融机构的进驻、金融业务的开展及人们对金融业务安全性的判断，对金融中心的起步至关重要。二是金融要素条件。数量众多且高度集中的金融机构、国际化的金融专业人才、完善的金融市场结构、高效的金融服务等，是建立金融中心的核心或关键条件。三是制度和政策环境条件。健全的金融法规、完善的法律体系、防范风险的金融管理制度、适度有效的金融监管制度以及完善的公共政策服务、税收优惠、国民待遇等，是金融中心形成和发展的保障或必备条件。

宜宾市通过"双轮驱动""双城建设"等重大举措，实现了产业较快增长，有力地推动全市经济发展继续走在全省前列，金融总量规模迅速增长，金融业综合实力稳步提升，服务实体经济的能力不断提高。然而，金融中心的建设是一个长期积累的过程，必须经历相应的演化。在宜宾市建设区域性金融中心的过程中，政府应通过优化政策、改善环境、引进人才、培育市场等举措，促进金融机构的聚集，建成发达的金融体系，提供多元化的金融服务，进一步发挥金融中心的聚集效应和规模经济效应，加大金融辐射的广度和深度，从而使金融市场的运行和资源配置达到更高效率。

一、区域性金融中心建设的现实基础

（一）发展现状

1. 金融业运行质量与稳定性明显上升

经过多年的发展，宜宾市金融业取得了长足的进步，为宜宾市经济与社会发展提供了有力的支撑和保障。金融产业作为宜宾市第三产业的重要组成部分，近年来经济金融化程度、金融运行质量和稳定性明显上升，金融业增加值增速快于宜宾地区生产总值（Gross Domestic Product，GDP）与第三产业的增速，占GDP与第三产业增加值的比重逐年提高。由表1-1可知，2017年，宜宾市金融业增加值突破100亿元，占GDP的比重达5.5%，金融业同比增长71.3%，已经成为宜宾市服务业的重点支柱产业。

表1-1　宜宾市金融业数据统计表（2015—2017年）

项　目	2015年	2016年	2017年
GDP（亿元）	1 526	1 653	1 847
第三产业增加值（亿元）	420	514	690
金融业增加值（亿元）	50	58.95	101

续表

项 目	2015年	2016年	2017年
金融业占GDP的比重（%）	3.3	3.6	5.5
金融业占第三产业的比重（%）	11.9	11.5	14.6
金融业同比增长（%）	15.7	17.9	71.3
存款余额（亿元）	1 911	2 322	2 659
贷款余额（亿元）	1 054	1 224	1 395
存贷比（%）	55.2	52.7	52.4

2. 金融要素不断丰富，多元化金融服务体系正逐步形成

以法人机构改制为突破口，持续深化金融改革创新，2017年宜宾市筹建创立了宜宾农商银行，先后引进国寿财险、广州证券等7家金融机构，使金融要素的供给不断丰富。截至2017年，全市共有27家银行（含1家企业集团财务公司）、8家证券公司、36家保险公司、13家小额贷款公司、19家融资担保公司，银行数量居四川省第三位。银行、保险、证券等功能完备、运行稳健的多元金融服务体系正在逐步形成。

3. 服务实体经济与中小企业的融资结构初步形成

宜宾市紧紧围绕"8+2"新兴产业（智能终端、轨道交通、汽车、通用航空、新材料、节能环保、医药器械、页岩气）和传统优势产业（绿色食品加工业、竹产业），不断创新融资对接模式。宜宾市以银企战略合作协议为契机，引导金融机构为重点产业发展、重大基础设施建设、重要民生工程、重点项目提供高效金融服务。2017年，宜宾市开展政府搭台，金融机构、企业参与的银企融资对接活动40余场，对接企业1000余户，搜集融资需求300亿元，使企业拓宽了融资渠道，降低了融资成本。2017年成立的宜宾市新兴产业发展投资有限公司、宜宾市科教产业投资集团公司、宜宾市城市和交通投资集团有限公司与宜宾市城市和交通工程建设集团有限公司四大国有公司为聚焦资本、重组资产、整合优势、引资联合等方面奠定了基础。截至2017年，全市有上市企业4家、新三板挂牌企业4家，天府（四川）联合股权交易中心挂牌企业63家，全省新三板后备企业34家，资本市场逐步发展，投融资渠道进一步通畅。

（二）金融业细分

1. 银行业

宜宾市现有 27 家银行，其中政策性银行 1 家、国有商业银行 5 家、城市商业银行 3 家、农村商业银行 10 家、全国股份制商业银行 3 家、村镇银行 3 家、邮政储蓄银行 1 家、企业集团财务公司 1 家。2017 年，全市银行业资产总额 3 145.93 亿元。金融机构本外币存贷款余额 4 053.94 亿元，同比增长 14%，增量与增速分别排在四川省第 3 位和第 4 位。其中，存款余额 2 659.45 亿元，同比增长 14.09%，居全省第 5 位；贷款余额 1 394.49 亿元，同比增长 13.85%，居全省第 6 位。2017 年，全市新增贷款 169.6 亿元，同比增长 0.4%，信贷融资的主渠道作用得到充分发挥。

2. 保险业

宜宾市现有保险公司 35 家，其中产险公司 17 家、寿险公司 16 家、养老公司 1 家、健康险公司 1 家。2017 年，全市保险业保费收入 52.35 亿元，居全省第 9 位，同比增长 29.3%，居全省第 3 位。其中，寿险业务保费收入 35.53 亿元，同比增长 46.52%；健康险和意外伤害险保费收入 5.19 亿元，同比增长 39.89%；财产险保费收入 17.82 亿元，同比增长 9.86%。各项赔款和给付 18.82 亿元，同比增长 3.43%，其中寿险业务给付 8.65 亿元，财产险业务赔付 10.17 亿元。

3. 证券业

2017 年，宜宾市有证券营业部 8 家，较上一年增加了 2 家，全年实现证券交易额 1 505.27 亿元，比上一年下降 0.3%，较上一年 13% 的下降率有所缓减。

4. 贷款与担保公司

宜宾市现有小额贷款公司 13 家，资本规模 8.32 亿元，2017 年贷款余额 13.76 亿元，同比下降 10.7%；融资担保公司 19 家，资本规模 15.40 亿元，在保余额 29.71 亿元，同比下降 6.69%。融资性担保公司担保在保余额 35.39 亿元，同比下降 10.7%。

5. 产业基金

产业基金在宜宾市发展势头良好，2018 年宜宾五粮液农村产业融合发展投资基金管理有限公司成功注册了全国第一支乡村振兴发展基金。宜宾市政府鼓励合格投资者发起设立天使投资、风险投资、产业并购基金等各类股权投资基金,用于投资全市创新创业企业。

6. 普惠金融

宜宾市重视普惠金融的发展,在做好"互联网+企业融资"的培育与"互联网+农村金融"模式的试点工作的同时,加快"农贷通"平台建设,在强化监管的条件下,有序推进普惠金融和互联网金融的发展,积极防范金融风险。

但是,截止2017年投资银行、期货、信托公司等非银行业金融机构在宜宾市尚属空白,有待引进新的金融机构,不断拓展金融要素,提升金融服务的多元化。

(三)川渝滇黔接合部城市比较

1. 发展状况

宜宾市金融业增加值及其在GDP中所占的比重高于川渝滇黔接合部的同类别城市,经济发展总量与存贷款余额也存在一定优势,金融业总体发展状况在区域内的同类别城市中处于前列。宜宾、泸州、内江、自贡、昭通、毕节金融业发展数据如表1-2所示。

表1-2 宜宾、泸州、内江、自贡、昭通、毕节金融业发展数据(2014—2017年)

项目	地区	2014年	2015年	2016年	2017年
GDP（亿元）	宜宾市	1 444	1 526	1 653	1 847
	泸州市	1 260	1 353	1 482	1 591
	内江市	1 157	1 199	1 298	1 332
	自贡市	1 073	1 143	1 235	1 312
	昭通市	670	709	768	832
	毕节市	1 267	1 461	1 626	1 842
金融业增加值（亿元）	宜宾市	44	50	69	101
	泸州市	34	40	45	67
	内江市	19	20	27	49
	自贡市	29	34	39	55
	昭通市	28	30	37	40
	毕节市	35	46	60	73

续表

项　目	地　区	2014年	2015年	2016年	2017年
金融业增加值占GDP的比重（%）	宜宾市	3.0	3.3	4.2	5.5
	泸州市	2.7	3.0	3.0	4.2
	内江市	1.6	1.7	2.1	3.7
	自贡市	2.7	3.0	3.2	4.2
	昭通市	4.2	4.2	4.8	4.8
	毕节市	2.8	3.1	3.7	4.0
存款余额（亿元）	宜宾市	1 685	1 911	2 322	2 659
	泸州市	1 613	1 835	2 183	2 497
	内江市	1 136	1 205	1 370	1 516
	自贡市	1 075	1 320	1 524	1 724
	昭通市	1 043	1 209	1 398	1 497
	毕节市	917	1 255	1 667	1 990
贷款余额（亿元）	宜宾市	901	1 054	1 224	1 394
	泸州市	921	1 093	1 282	1 479
	内江市	610	689	732	783
	自贡市	521	615	708	826
	昭通市	534	617	646	715
	毕节市	689	885	1148	1321
存贷比（%）	宜宾市	53.5	55.2	52.7	52.4
	泸州市	57.1	59.6	58.7	59.2
	内江市	53.7	57.2	53.4	51.6
	自贡市	48.5	46.6	46.2	47.9
	昭通市	51.2	51.0	46.2	47.8
	毕节市	75.1	70.5	68.9	66.4

2. 宜宾、泸州、毕节金融业现状分析

宜宾市凭借多年的积累沉淀，经济总量继续保持在全省第4位，在川渝滇黔接合部同类别城市中居第1位，2017年GDP同比增长8.8%，增速居全省第5位。但是，近年来川渝滇黔接合部中毕节市的经济增长速度加快，2017年GDP同比增长13.3%，与宜宾市经济总量差距越来越小。2017年，宜宾市金融增加值突破100亿，增长速度较快，但同处于川南城市群的泸州市金融增加值同比增长速度也不断加快，高于宜宾市增长水平，且在保费收入、存贷比等指标上存在优势。表 1-3 为 2017 年宜宾、泸州、毕节经济总量与金融业发展情况，表 1-4 为 2017 年宜宾、泸州、毕节金融业情况。

表 1-3　2017 年宜宾、泸州、毕节经济总量与金融业发展情况

城市	GDP/亿元	GDP同比增长/%	金融增加值/亿元	金融增加值同比增长/%	金融业增加值占GDP的比重/%
宜宾	1 847	8.8	101	46.4	5.5
泸州	1 591	7.4	67	48.8	4.2
毕节	1 842	13.3	73	21.7	4.0

表 1-4　2017 年宜宾、泸州、毕节金融业情况

城市	存款余额/亿	贷款余额/亿元	存贷比/%	银行金融机构数/个	保费收入/亿元	金融聚集度[①]
宜宾	2 659	1 394	52.4	27	52.4	0.7
泸州	2 479	1 479	59.7	22	69.6	0.53
毕节	1 990	1 321	66.4	16	—	0.51

二、区域性金融中心建设的必要性

（一）内生动力

宜宾市迫切建设区域性金融中心有其内生动力的驱使，具体体现如下。

1. "双轮驱动"战略有效实施的必要

过去，宜宾市的产业结构相对单一，以白酒、煤炭等为代表的"一白一黑"传统支柱产业在工业总产值中所占的比重偏大，新兴产业基础相对薄弱，经济结构抗风险能力较差，经济增长动力不足。2013 年，宜宾市 GDP 增速在四川省 21 市州中位居第 20 位，比 2012 年下降 14 位。为此，宜宾市委、市政府高度重视经济增长方式的转变和经济结构的调整，实施"双轮驱动"战略，有效推动了宜宾市经济快速发展，使宜宾市在 GDP 增速方面从 2013 年的第 20 位逐步上升至 2017 年的第 5 位，如表 1-5 所示。然而，不论是"双轮驱动"

[①] 金融聚集度（FLQ）是区位商指标在金融业的具体运用。区位商（location quotient, LQ）通常被用来分析产业专业化和集中化程度，计算公式为某地区某产业的增加值与该地区 GDP 的比重与全国该产业的增加值与全国 GDP 的比重之商。因此，反映金融业专业化和集中程度的金融聚集度指标，其计算公式为 $FLQ = \dfrac{\text{地区金融业增加值占该地区GDP的比重}}{\text{全国金融业增加值占全国GDP的比重}}$。

中传统产业的转型升级,还是战略性新兴产业的培育壮大,都离不开金融的支持,尤其是目前宜宾市还处于新兴产业加快培育发展的初创阶段,产业集聚程度与协作发展程度不高,产业链条尚处于搭建阶段,后续资金需求极大。[①]加快建成区域性金融中心可以有效实现资源有效配置与利用,化解资金难题,便利资金融通,节约交易成本、信息搜寻成本,推动产业技术进步,促成新兴产业融资意愿,推动"双轮"战略持续、有效地实施。

表1-5 经济新常态下宜宾市GDP总量及增速一览[②]

年 份	GDP/亿元	总量全省排名	GDP增速/%	增速全省排名
2013年	1 342.89	4	8.1	20
2014年	1 443.81	4	8.0	16
2015年	1 525.90	4	8.5	11
2016年	1 653.05	4	8.3	6
2017年	1 847.23	4	8.8	5

2. 长江生态与绿色宜宾建设的驱动

近年来,宜宾市坚决贯彻落实习近平总书记关于推动长江经济带发展的重要指示精神,把长江生态修复、筑牢生态屏障摆在压倒性位置。宜宾市先后搬迁或关停了曾对长江生态环境产生过不利影响的五家大型沿江工业企业,并启动了总长度约192 km、总投资约92亿元的长江生态综合治理项目。《宜宾市国民经济和社会发展第十三个五年规划纲要》中还明确提出要积极推进绿色产业的发展,建设绿色城乡,打造绿色宜宾。然而,生态建设和"绿色"发展模式不仅具有较强的外部性,其社会效益远高于经济效益,还具有长效性,其投入资金的回收周期相对较长。在此类项目融资上,传统商业性金融机构资金供给动力不足,政策性金融机构资金供给数量不足。事实上,绿色产业的发展和绿色城乡的建设都离不开绿色金融的支持。若宜宾市加快建成集绿色金融、文旅金融、科技金融等功能于一体的区域性金融中心,让不同性质、规模、业态的金融机构聚集一堂,通过信息共享、降低融资成本、提升融资效率,通过

---

① 据悉,截止2017年智能终端产业园协议总投资430亿元,新能源汽车首期项目投资37亿元,轨道交通首期投资30亿元。
② 虽然"经济新常态"是习近平总书记于2014年5月在河南考察时提出的,但考虑到我国GDP从2013年便开始回落并实质性地进入了新常态,因此这里的研究期间选择2013—2017年。

知识交流、创新金融产品、拓展融资渠道，通过抱团合作等形式，提升融资数额，分散投资风险，最终将极大地推动宜宾市的产业与城乡建设，充分发挥"长江首城"在长江上游生态屏障建设伟大工程中的作用。

3. 金融体系培育完善的需要

随着宜宾市创建四川省经济副中心城市工作的展开，宜宾市必将需要更巨大的资金投放数量、更多元的投融资方式、更创新的金融产品、更灵活的金融服务、更高效的结算体系，这也就要求宜宾市培育与发展战略目标相匹配的、健全完善的金融体系，形成丰富多样的金融业态，拓展多元高效的融资渠道，营造良好的金融生态环境，寻找金融与社会发展相契合的增长点，积极发挥金融促经济发展的作用。宜宾市要加快建成区域性金融中心，通过聚集金融机构、丰富金融业态，来聚集金融资源要素，优化金融功能，最终形成健全的金融体系，提升金融服务经济的广度和深度，更好地发挥金融对宜宾经济社会发展的促进作用。

（三）外部推力

宜宾市建成区域性金融中心还有其外部推力的驱动，具体表现如下。

1. 长江经济带"多点"发展格局的助力

2016年由中共中央政治局印发的《长江经济带发展规划纲要》确立了长江经济带"一轴、两翼、三极、多点"的发展新格局，明确指出要打造长江经济带的三大增长极，发挥三大城市群以外的地级城市的支撑作用，加强与中心城市的经济联系与互动，带动地区经济发展。以上海为龙头的长江三角洲经济已日益发达，以南京、武汉为中心的经济协作区也已成为推动长江流域经济快速发展的重要力量，而以成都、重庆为中心的西部区域经济发展相对落后，区域内的协作性相对较低，区域经济发展不均衡。宜宾市地处川渝滇黔接合部，特殊的地理区位使得"一带一路"倡议和"长江经济带"战略能在这里产生叠加效应。宜宾市建成区域性金融中心不仅弥补了在长江之首的川渝滇黔接合部——大西南（除西藏外）的腹部中心地带尚无金融中心的空白，还可以作为"多点"之中画龙点睛那一点支撑成渝城市群的发展，利用金融对经济的促进作用，助力宜宾市成为长江流域第五大中心城市，造就具有强大聚集和辐射功能的新经济"增长极"，从而使长江巨龙有首有尾，全身齐动，威力迸发，使长江流域经济带真正成为我国经济发展中耀眼的经济轴线。

2. 川南经济区核心竞争力提升的推动

为更好地融入"一带一路"倡议、"西部大开发"和"长江经济带"战略，四川省委布局五大经济区，实施多点多极支撑发展战略。川南经济区凭借其经济体量和地理优势，成为五大经济区中除成都平原经济区之外最有可能成为全省新兴经济增长极的区域。2014年，川南四市①签署《川南经济区合作发展协议》，提出了在加强规划政策衔接、推进基础设施一体化建设、联动推进产业优化升级、构建统一市场体系、推进公共服务对接共享、加强生态环境共建共治等九大合作领域的原则性内容。从长三角、珠三角等地的区域合作经验看，基础设施往往是区域合作的先行领域。宜宾市建成区域性金融中心，可以及时为区域基础设施一体化建设提供资金保障，促进区域内各城市之间在交通、能源、水利等基础设施领域的合作，提升区域协作力度，加快区域合作进程，并以此为纽带，联动区域内产业集群的发展，最终提升川南经济区的核心竞争力。

3. 区域地缘经济竞争白热化的驱使

虽然宜宾市的经济体量处于川南经济区和川滇黔接合部的领军地位，然而其GDP增速差强人意，如表1-6所示。2013—2017年，毕节市的GDP增速稳居川滇黔接合部第1位，与宜宾市经济体量的差距从2013年的300.96亿元缩小到2017年的5.59亿元。2014—2017年，泸州的GDP增速居川南地区第1位、川滇黔接合部第2位，甚至在2014年和2016年，分别以11%和9.5%的增速居全省第1位，增长动力强劲。从地理区位看，宜宾市、泸州市和毕节市都处在长江经济带和川滇黔渝接合部，优势各异、难分伯仲；从产业结构看，宜宾市、泸州市和毕节市都以"一白一黑"为传统优势产业，并积极培育新兴产业集群，同质化现象明显；从金融发展看，泸州于2013年确定建设川南首条金融街，打造服务泸州、辐射川滇黔渝接合部的区域性金融资本集散中心、金融信息中心和金融中介服务中心，毕节市则在《毕节市国民经济和社会发展第十三个五年规划纲要》中确定在金海湖新区建立金融中心，并积极"引金进毕"。区域地缘经济竞争的日趋白热化迫使宜宾市必须加快建成区域性金融中心，增强金融产业的集聚力、辐射力和竞争力，发挥金融在经济建设中的核心作用，提升区域竞争力。

---

① 川南四市指宜宾、泸州、内江和自贡。

表1-6　2013—2017年川滇黔区域代表城市GDP及增速一览[①]

年　份	城　市	GDP/亿元	GDP增速/%	增速排名
2013年	宜宾市	1 342.89	8.1	6
	泸州市	1 140.48	10.7	4
	自贡市	1 001.60	13.2	3
	内江市	1 069.34	9.3	5
	毕节市	1 041.93	15.1	1
	昭通市	634.7	13.4	2
2014年	宜宾市	1 443.81	8.0	4
	泸州市	1 259.73	11	2
	自贡市	1 073.4	7.6	5
	内江市	1 156.77	8.9	3
	毕节市	1 266.70	14.0	1
	昭通市	670.34	5.3	6
2015年	宜宾市	1 525.90	8.5	4
	泸州市	1 353.41	11	2
	自贡市	1 143.11	7.6	6
	内江市	1 198.58	8.9	3
	毕节市	1 461.35	12.9	1
	昭通市	709.18	8.0	5
2016年	宜宾市	1 653.05	8.3	4
	泸州市	1 481.91	9.5	2
	自贡市	1 234.56	7.7	6
	内江市	1 297.67	7.8	5
	毕节市	1625.8	12.1	1
	昭通市	768.23	8.6	3
2017年	宜宾市	1 847.2	8.8	4
	泸州市	1 596.2	9.1	2
	自贡市	1 312.1	8.3	5
	内江市	1 332.1	7.1	6
	毕节市	1 841.61	11.7	1
	昭通市	832.45	9	3

[①] 资料来源：中国统计信息网（http://www.tjcn.org/tjgb/25yn/32792.html），其中增速为按照可比价格计算的增速。

三、区域性金融中心建设具备可行性

宜宾市地处川渝滇黔接合部，其经济总量和金融业增加值长期居川渝滇黔接合部第1位；无论在当前我国还是四川省的发展战略中，宜宾市都具有该区域内其他城市所不具有的区位优势；面对产业升级和经济转型，宜宾市委、市政府提出"推进传统产业改造升级，培育壮大战略性新兴产业、高端成长型产业，加快发展现代服务业"，已经取得显著成效，传统特色产业和服务业以及战略性新兴产业的迅猛发展，与金融发展滞后之间的矛盾日益加深。上述三方面因素是宜宾市建设和发展金融中心的重要基础、前提、保障和支撑。宜宾市建设和发展区域性金融中心具备可行性。

（一）地理区位优势

地理区位优势是宜宾市建设区域性金融中心的重要前提，具体如下。

1. 国家和四川省的支持政策扩大了宜宾市的地理区位优势

21世纪以来，我国依靠投资驱动和要素驱动，以城市化和房地产经济为主要推力增长方式，推动了我国经济十余年来的高速增长。然而，这种增长方式必然难以持续。2012年以后我国经济面临着增长乏力、节能减排压力大等诸多困局，经济整体进入低增长阶段。面对四川省经济增速下降以及成都经济区的"支撑作用明显、区域发展差异较大"的困境，四川省委、省政府提出培育川南和川东北经济增长极，优先实现次级突破的发展战略，以实现四川省经济快速协调发展。党中央、国务院审时度势，于2014年和2015年分别提出推进长江经济带和"一带一路"建设，这是谋划中国经济新棋局，打造中国经济新支撑带的重大举措。

宜宾市是四川省建设的经济副中心城市之一，也是"南丝绸之路"的起点。川南城市群是四川经济发展的"第二增长极"，是四川省次级突破战略的首选地区。宜宾市作为川南城市群经济最为发达的城市和领头羊，是贯彻四川省委、省政府"一干多支"和"鼓励和支持有条件的区域中心城市争创全省经济副中心"等发展战略的重要支撑城市。因此，宜宾市不仅在长江经济带和"一带一路"建设中具有重要地位，也是四川省政府实现次级突破战略的关键城市；既是我国重点支持和发展的城市和重要口岸，也是四川省重点支持发展的川南地区经济增长极城市。无论在国家战略和省级战略中，宜宾市都具有川滇黔接合部中其他城市难以超越的地位。国家和省级的战略支持是宜宾经济更快增长的重要前提。

2. 立体交通枢纽体系建设加强了宜宾市的区位优势

宜宾市地处川、滇、黔三省接合部和金沙江、岷江、长江三江交汇处，是长江黄金水道的起点，素有"长江第一城"之美称，自古以来就是"南丝绸之路"的重要驿站，也是沟通东西、连接南北的物流、人流、资金流、信息流的战略转换要地，被誉为"西南半壁古戎州"。由于特殊的地理区位，宜宾市成为国家"五纵七横"交通规划中南北干线与长江东西轴线的交会点，是川渝滇黔接合部和攀西—六盘水地区出入长江黄金水道、成渝经济区连接南贵昆经济区走向东南亚的重要门户。

不断完善的交通体系加强了宜宾市的区位优势，有利于促进宜宾市经济发展，这无疑是建设区域性金融中心的重要前提。近年来，宜宾市交通基础设施建设不断加强，交通条件不断改善，已初步形成配套衔接的"铁路、公路、水运、航空、港口"区域性综合交通枢纽，高效、便捷的集、疏、运物流体系日趋完善。与处于川渝滇黔接合部的其他城市相比，这样立体完善的交通体系在川渝滇黔接合部优势明显。

（二）经济与金融体量优势

宜宾市要成为区域性金融中心有两个条件，即经济总量和金融业增加值。一直以来，宜宾市的经济总量和金融业增加值均位列川渝滇黔接合部第1位，金融业增加值占GDP的比重也处于区域领先地位，这正是其建设区域性金融中心的坚实基础。

1. 宜宾经济总量长期处于川渝滇黔接合部第1位

在川渝滇黔接合部这一区域，宜宾市的地理位置和资源优势得天独厚，其拥有丰富的煤炭水力资源，独特的地理位置和水文条件也孕育和发展了四川省宜宾五粮液集团有限公司（以下简称"五粮液集团"）这样的世界著名企业，而且宜宾市的工业增加值领先于区域内其他城市。"一黑一白"（白酒行业和煤炭行业）的产业支撑优势是宜宾市GDP长期居川渝滇黔接合部第1位的基础，也造成了宜宾市过度依赖白酒、煤炭等传统产业，其他工业产业发展薄弱。近年来，我国经济增速下降，对煤炭等传统产业的需求下降，宜宾市经济发展同样面临转型发展的挑战和机遇。于是宜宾市政府提出强力推进传统产业改造升级，培育壮大战略性新兴产业、高端成长型产业，加快发展现代服务业。2015年以来，宜宾以白酒为核心的传统特色产业稳步增长，八大高端成长型产业增加值增长速度不断加快，但传统产业之外的新兴产业和高端成长型产业基础较弱。从统计数据看，2016年以来，毕节、泸州等和宜宾经济总量的差距有不断缩小的趋势。然而，考虑到相较区域内其他地区，宜宾市优越的地理位置资源和工业总量的比较优势，以及八大高端成长型产业的增长趋势，以五粮液集团为龙头的白酒业在宜宾经济总量中的地位及其增速，上述这些坚实的基础足以支撑宜宾市在川渝滇黔接合部的经济总量方面保持第1位。

2. 金融业增加值及其占GDP的比重处于区域领先地位

近年来，宜宾市金融业增加值的总量长期居川渝滇黔接合部第1位，其占GDP的比重也一直处于区域领先地位，呈现良好的增长势头，如表1-7所示。

表1-7 川渝滇黔区域代表城市金融业增加值及其占比情况一览

城 市	金融业增加值/亿元				金融业增加值占GDP比重/%			
	2014年	2015年	2016年	2017年	2014年	2015年	2016年	2017年
宜宾	44	50	69	101	3.05	3.28	4.17	5.47
泸州	34	40	45	67	2.70	2.96	3.04	4.20
自贡	29	34	39	55	2.70	2.97	3.16	4.19
内江	19	20	27	49	1.64	1.67	2.08	3.68
毕节	35	46	60	73	2.76	3.15	3.69	3.96
昭通	28	30	37	40	4.18	4.23	4.82	4.81

（三）产业发展优势

产业发展需要是宜宾市建设区域性金融中心的支撑和保障，具体如下。

1. 传统特色产业和服务业发展可以为宜宾区域性金融中心的建设提供重要支撑

2017年，宜宾市传统特色产业工业增加值增长8.8%，高于当年GDP增速8%。其中，占全市规上工业增加值比重高达34%的酒类产业强势回暖，增长10.4%，对规上工业增长的贡献率达34.9%；绿色食品加工业增加值增长9.5%。随着宜宾市交通体系的不断发展完善，服务业在宜宾市经济增长中会发挥越来越大的作用。自2014年以来，宜宾市服务业一直高速增长，旅游业的增速一直高达20%以上。2014年，宜宾市服务业增加值为368.01亿元，比上年增长10%，2015年增长10.8%，2016年增长9.1%。2014年，宜宾市实现旅游总收入256.05亿元，比上年增长22.7%，居全省第11位；2015年，宜宾市的旅游总收入比上年增长29.8%；2016年增长26.6%；2017年，宜宾市旅游总收入538.72亿元，居全省第4位，比上年增长28%。传统特色产业和服务业的不断发展必将为宜宾区域性金融中心的建设提供重要支撑。

2. 新兴产业升级换代可以为宜宾区域性金融中心的建设提供保障

2015年，战略性新兴产业基地领跑，增长19.9%；2016年，战略性新兴产业基地领跑，增长13.2%；2017年，宜宾市八大高端成长型产业规上工业增加值一直保持20%以上的高速增长，全年增长24.8%。战略性新兴产业的发展需要通过新的金融工具来满足其融资需求，将不断支撑宜宾区域性金融中心的发展壮大。

四、区域性金融中心的定位与建设方案

合适的区域性金融中心的定位与建设方案非常重要。它不仅决定着宜宾建设区域性金融中心的速度和质量，还关系到宜宾区域性金融中心未来的健康、可持续发展。其包括准确可行的目标定位、实用优惠的配套政策、集聚要素的金融机制、坚强有力的实施主体、业态齐全的金融体系等。

（一）目标定位

现代区域经济发展的实践证明，任何国家和地区的区域经济发展目标定位都必须以事实和理论为支撑。没有客观事实和充足理论作为支撑的目标定位不但是空洞的，而且根本就无法实现。同时，目标定位应具备对区域经济项目发展的引领、统摄、集聚、整合和协调作用。从这个意义上讲，目标定位是项目经济发展的灵魂和统帅，处于核心地位。

在中国共产党宜宾市第五届委员会第五次全体会议上，时任宜宾市委书记刘中伯在报告中明确提出要实施"565"发展新战略。在中国共产党宜宾市第五届委员会第六次全体会议上，刘中伯书记又明确提出在2021年建成"全省经济副中心"，加快建成"四川南向开放枢纽门户和长江上游区域中心城市"。这就为宜宾市加快建成区域性金融中心指明了目标方向。但是，这一目标方向的实现并非是直线式的，而是在内外因共同相互作用下，呈现出阶段性特征地推进。这就是目标分解，将总目标分解为若干个子目标。宜宾市建成区域性金

融中心的目标分解如下。

1. 总体目标定位：建成长江上游区域性金融中心

总体目标定位是至2022年"十三五"规划末期，将宜宾建成立足川西南，承接成都、重庆，直接服务川渝滇黔接合部，面向中西部地区及辐射东南亚缅甸、老挝、泰国、越南、印度等国家的区域性金融中心和结算地。

之所以将总体目标定位的时间设为2022年"十三五"规划末期，首先是因为建成区域性金融中心和结算地除了宜宾市自身的努力外，还充满着诸多外部的不确定因素，而且金融总部、金融要素和金融业态的聚集和培育需要一个较长的过程；其次是区域性金融中心与中国共产党宜宾市第六届委员会第五次全体会议提出"在2021年建成全省经济副中心，GDP达到3000亿元人民币，城镇化率达到55%"的目标建成时间基本同步；最后是成都市提出建成西部金融中心定位的时间也是2022年。

宜宾市建成的长江上游区域性金融中心涵盖五个层次：①核心区：以宜宾市为聚集金融核心；②直接服务区：自贡、泸州、内江、昭通、毕节、遵义等地区；③影响区：凉山彝族自治州、攀枝花、乐山南部区域；④承接区：成都、重庆、昆明、贵阳、西安等；⑤辐射区：中西部地区及东南亚缅甸、老挝、越南、印度等国家。

2. 具体目标定位

根据当前国内外经济形势的变化，结合宜宾市及周边地区发展态势，宜宾建成区域性金融中心应考虑因地制宜地实施目标。

（1）近期目标：建成全省金融聚集副中心。由于宜宾市在四川省经济版图上具有自然条件优越、物产资源丰富、交通体系完备、产业门类齐全和地缘经济优势突出等优势，省委、省政府多届主要领导站在全局统揽谋划的高度，都明确要求宜宾市在川南地区当排头兵，勇挑重担走前列。时任四川省委书记彭清华在宜宾市考察时更进一步要求宜宾市建成"川渝滇黔接合部区域性中心城市"，要求宜宾市加快行政区划调整，搭建城市"大骨架"，推进城市重点项目，加快高铁站建设。

2018年4月，成都市出台《关于进一步加快建设国家西部金融中心的若干意见》和《建设西部金融中心行动计划》，提出成都的目标定位是"2022年，建成立足四川、服务西部、具有国际影响力的西部金融中心"。纵横向比较，为贯彻落实好省委新指示精神，宜宾市提出建成全省金融聚集副中心，成为四川"一干多支""五区协同"的主要支撑城市和结算中心。

（2）中期目标：建成服务川渝滇黔接合部区域性金融聚集辐射中心。眼界决定格局，格局决定思路，思路决定出路。我国经济在新时代已经由单纯投资驱动向创新驱动、财富驱动转变。四川省委已明确将宜宾市定位为"长江上游区域中心城市和全国性综合交通枢纽"。宜宾市在地理区位上不但处于金沙江、岷江、长江交汇处，占据"长江首城"地位，而且在经济总量、人口规模、物流交通上长期处于川渝滇黔接合部核心枢纽位置，对川南及周边地区经济社会发展有着深刻而重大的影响。如果宜宾市能够紧紧抓住长江经济带、成渝经济区建设等重大战略机遇，坐实四川金融聚集副中心位置，再加上华侨城集团有限公司等国企的强势入驻和宜宾"双轮驱动""双城建设"的提速，就能建成服务川渝滇黔接合部区域性金融聚集辐射中心。

（3）远期目标：建成长江上游区域性金融中心。经过上述分步实施打造，到2022年"十三五"规划末期，宜宾市会建成川渝滇黔接合部金融机构集中、金融市场发达、金融信息敏捷、金融设施先进、金融服务高效、金融业态体系健全、资金信息人才流交汇融通的区域性金融中心，为加快建成全省经济副中心、四川副都提供有力支撑。

（二）功能定位

宜宾市建成的长江上游区域性金融中心必须根据宜宾市在国家和四川省政策中的战略定位，结合本地和本区域的区位特点，因地制宜地发展符合地区特点的特色金融。

1. 绿色金融

2016年9月，《长江经济带发展规划纲要》（以下简称《纲要》）正式印发。该《纲要》从规划背景、总体要求、大力保护长江生态环境、加快构建综合立体交通走廊、创新驱动产业转型升级、积极推进新型城镇化、努力构建全方位开放新格局、创新区域协调发展体制机制、保障措施等方面描绘了长江经济带发展的宏伟蓝图，是推动长江经济带发展重大国家战略的纲领性文件。宜宾建成的区域性金融中心作为长江经济带的组成部分，必然承担着维护长江上游生态屏障的责任，必须发挥绿色金融作用。

2. 商贸物流金融

中国共产党四川省第十一届委员会第三次全体会议提出，支持宜宾建设长江上游区域中心城市和全国性综合交通枢纽。中国共产党宜宾市第五届委员会第五次全体会议提出，把宜宾建设为区域性国际商贸物流中心、区域性金融中心、区域性国际会展中心、区域性国际旅游度假中心和区域性国际信息服务中心。随着宜宾市交通体系的不断发展、完善，铁路、公路、水运、航空、港口的区域性综合交通枢纽逐渐形成。宜宾市的商贸物流业发展越来越快，必然需要金融支持。从这点看，宜宾市建成的区域性金融中心要充分发挥商贸物流金融的作用。

3. 科技金融

当前我国经济面临着"经济转型，产业升级"的战略目标，只有实现这一战略目标，我国经济才能实现新旧经济增长动能的转换，经济才能实现又好又快增长。在这一转换过程中，科技发挥着关键作用。宜宾市建成的区域性金融中心要引导科技对区域内城市产业进行改造升级，实现经济转型，充分发挥科技金融的作用。

4. 现代服务金融

产业升级和经济转型必然是科技进步及其运用的结果，新科技和新技术在实践中的运用需要信息技术咨询服务机构、会计师事务所、律师事务所等中介机构的支撑。这些中介机构属于现代服务业，它们既能提供专业的业务帮助，促进技术和市场的融合，也可以促进技术和资本需求的融合。宜宾市产业升级和经济转型必然需要技术创新和应用，需要现代服务业发挥融通服务作用。这就需要宜宾市建成的区域性金融中心发挥现代服务金融的作用。

5. 文旅金融

川渝滇黔接合部有丰富的红色文化资源，川南地区地质构造独特多样、生态资源禀赋突出，具有丰富的旅游资源。近年来，宜宾市旅游业发展迅速，而高速发展的旅游需要金融的支持。因此，宜宾市建成的区域性金融中心要充分发挥旅游金融的作用。

6. 金融智库

当前，宜宾市金融从业人员数量居川滇黔接合部第1位；近年来，宜宾市委、市政府实施"双城建设"，已与四川轻化工大学、电子科技大学、西华大学、西南财经大学、四川大学、中国人民大学、同济大学、北京工商大学等十余所高校签署了战略合作协议，引进省内外著名大学到宜宾市办学、设立研究机构，形成了集金融、投资等专业于一体的多层次金融人才培养体系和金融智库体系，同时为宜宾市储备了大量的金融领域潜在人才；宜宾市建成的区域性金融中心将汇聚金融监管机构、各类金融机构和金融中介机构，也是金融专业人才的集聚中心，不仅能够促进地区经济和金融业更好更快发展，还通过金融工具的不断完善、金融交易的日益频繁、金融中心的不断发展，促进了金融专业人才汇聚和金融智力的快速成长。随着区域性金融中心的建成及其集聚作用的日益增强，宜宾市的金融人才优势将愈加突出，区域性金融中心必能发挥金融人才培训中心等金融智库作用。

7. 国际金融结算

多年来，宜宾市进出口总额位居川滇黔接合部前列。当前，我国改革开放不断深入，国家实施"长江经济带"战略和"一带一路"倡议，使川滇黔接合部区域经济不断融入开放的世界经济体系。近年来，宜宾市及周边区域与东南亚经济的融合不断深入，从缅甸、老挝、泰国、越南回流的资金不断增多，对小币种的结算需求也日益增加。因此，宜宾市应探索建立东南亚小币种外汇结算中心，并积极参与到"南丝绸之路"跨境人民币结算中心的建设中。

（三）空间布局

中国共产党四川省第十一届委员会第三次全体会议明确提出："对内实施一干多支、五区协同，支持宜宾建设长江上游区域中心城市和全国性综合交通枢纽。"根据前述宜宾市建设区域性金融中心的目标定位和功能定位，其空间布局大致如下。

1. 空间布局的基本原则

（1）规划引领，分步实施。这是宜宾市建成区域性金融中心的内在要求，可以有效地避免建设过程中出现的随意性和无序性，实实在在地提高聚集效率、节约建设成本和整合各方资源。

（2）点面结合，重点打造。宜宾市建成区域性金融中心不仅要考虑到中心城区未来金融总部、金融业态的落地布建，还要考虑到市内区县金融机构的设置及周边地区金融网络体系的建设，以点带面，点面结合。

（3）布局合理，功能配套。区域性金融中心在结构布局上，既要充分利用当地原有金融分支机构、金融市场细分、金融业态格局，又要根据未来宜宾市金融业发展的走势，优化配置资源和功能配套。

（4）突出特色，设施一流。综合各方面的情况考虑，宜宾市建设区域性金融中心既要因地制宜，充分突显宜宾市经济社会发展的地域特色和市场习惯，又要重视超前建设一流的设施，提振宜宾市金融聚集中心的核心竞争力。

2. 空间布局的层次

从四川省委对宜宾市未来发展的战略部署和宜宾市地缘经济变化趋势看，宜宾市建设区域性金融中心的空间布局应分三个层次安排布建。

第一层次：建立金融总部聚集中心。

金融中心空间布局应先布建金融总部聚集中心，以此作为建设区域性金融中心的核心载体。因为从金融中心的形成过程看，多是先通过机构的聚集逐渐形成金融功能的聚集、金融要素和资源的聚集以及金融研究和信息的聚集。通常而言，金融聚集是动态发展的过程，金融中心是静态形成的结果。金融聚集是金融中心形成的必然过程和必经路径，同时金融中心的形成和发展会吸引更多的金融机构、金融要素和金融活动向其聚集，并与当地人文、地理环境及其他产业形成相互融合和相互促进的紧密联系，进而带动实体产业的发展，最终促进地区经济的增长。

考虑到宜宾"长江首城"的区位优势和金融机构选址的客观规律，建议以三江口 CBD（Central Business Bistrict，中央商务区）项目为核心载体，聚集各类金融总部和分支机构，形成宜宾金融总部聚集中心。原因有三：一是宜宾位于金沙江、岷江、长江交汇处，建成后将成为真正意义上的长江经济带上游首个金融中心；二是交通便利，经济繁华，可以形成资金流和信息流的交汇，降低投融资交易成本，减少信息的不对称性，缩短资金供求匹配时间，提升金融效率，充分发挥金融中心的集聚效应和辐射效应；三是该项目与中国人民银行宜宾支行和宜宾银监分局的办公大楼仅一街之隔，与宜宾保监分局和中国工商银行宜宾分行直线距离不足 1000 米，在此区域布建金融总部聚集中心，不仅可以将金融经营机构与金融监管机构有机结合，因地制宜地延伸金融中心的空间范围，丰富金融中心的功能定位，还能在一定程度上降低监管成本，提升监管效率，维护金融安全，守住不发生系统性金融风险的底线。

三江口 CBD 金融总部聚集中心具体规划布局五大功能：①金融智库；②现代服务金融；③国际金融结算；④科技金融；⑤文旅金融。

第二层次：主城区和区县金融分支机构与网点。

在三江口 CBD 金融总部聚集中心的带动下，宜宾市稳步推进金融同城化和智慧金融。对此，宜宾市委已明确提出："坚持与成都金融中心互动互补，大力实施金融国际化、实体经济证券化、千亿产业基金引导、民生金融推广、金融组织提升、金融服务创新、金融生态环境优化、金融智库人才建设八大金融工程，到2020年全市金融业增加值突破150亿元，金融机构达到75家，境内外上市公司7家，本外币存款余额3 840亿元以上，贷款余额2 300亿元以上。"因此，在空间布局上，在宜宾市现有金融分支机构与网点布局格局不变的前提下，应更加突出金融体系化建设和金融大数据平台共享。

第三层次：长江上游区域性金融中心辐射区机构分设与网点布建。

聚集与辐射是现代区域经济的两大突出效应，有聚集就必然有辐射，有辐射也必然有聚集，可以说聚集与辐射是一枚硬币的两个面。根据宜宾市委学习贯彻省委书记彭清华来宜视察调研重要讲话精神的要求，即"力争到2025年建成承接成渝、覆盖川南、辐射川渝滇黔、延伸东南亚的具有持续创新能力、专业特色和国际化特征的泛长江经济带区域性金融中心"，宜宾市建成的区域性金融中心必须在空间布局上辐射整个长江上游及东南亚区域。因此，宜宾市应将金融分支机构设置与功能布建一并纳入总体规划安排，并逐步完善自身的金融市场体系。

（四）建设方案

基于宜宾市建设长江上游区域性金融中心的目标功能定位，结合宜宾市经济社会发展的现实，宜宾市建设区域性金融中心应该分两步进行。当前主要进行金融总部建设，金融总部的聚集效应将极大地提高宜宾市金融业的生产效率，提高宜宾市金融业增加值和金融业增加值对经济的贡献，促进宜宾市区域性金融中心的形成。同时，宜宾市应构建金融中心功能体系。

1. 近期建设方案

宜宾市建成全省金融集聚副中心的核心载体要以三江口CBD建设项目实施为主，聚集各类金融机构和业态。具体规划布局六个分区。

（1）金融总部聚集区。集中银行、保险、证券等各类区域性金融机构，形成金融总部，发挥聚集效应。

（2）股权投资基金聚集区。实现当前川滇黔接合部的经济转型，需要科技创新带动下产业升级换代，但技术创新的高风险性并不符合银行等机构的投资要求，这就需要大力发展投资基金（PE）、风险投资基金（VC）等股权投资基金。

（3）金融监管机构聚集区。金融总部聚集区集中了大量金融交易和金融要素，也聚集了更多的金融风险，中国人民银行和银保监会的分支机构这类金融监管机构的聚集有利于提升监管的便利性和有效性。

（4）文旅金融服务聚集区。基于近年来宜宾、川滇黔接合部旅游业的迅猛发展及其在GDP中越来越重要的地位，宜宾市需要形成专门服务文化旅游的金融机构聚集区。

（5）金融智库。"双城建设"使宜宾市形成了集金融、投资等专业于一体的多层次金融人才培养体系和金融智库体系，为宜宾市储备了大量的金融领域潜在人才。

（6）区域性国际金融结算中心。随着"一带一路"倡议和"长江经济带"战略的实施，川滇黔接合部区域的进出口贸易、跨境资本往来和劳务合作愈来愈频繁，国际贸易和国际投资数额不断增加，需要本区域建立一个国际金融结算中心来满足不同国家货币的兑换需要，以适应不断扩大国际贸易和国际投资的需要。

2. 中远期建设方案

金融总部建设方案，能够促进宜宾金融发展和宜宾区域性金融中心地位的形成。然而，要达成区域性金融中心的目标功能定位，重要的是完成以下五大重点任务，构建金融中心功能体系。

（1）发展现代金融机构体系，夯实金融基础功能。宜宾市要加大机构牌照培育、重组、引进力度，健全金融机构体系；发展批法人机构、专业机构，完善机构门类和结构层次，增强金融机构实力，为区域性金融中心建设提供载体和支撑；吸引全国知名的银行、证券、保险等传统金融机构来宜宾市设立区域性总部、功能性总部；支持宜宾市商业银行、宜宾农商银行等银行增资扩股，引入战略投资者，发展壮大；支持五粮液集团的财务公司发展成为大金融产业，做大做强国有平台公司；吸引各类私募基金、风险投资基金、互联网金融企业等新型机构来宜宾市设立专业子公司和区域性分部，促进本地股权投资基金的培育发展；在风险可控的前提下，鼓励金融与互联网、云计算、大数据等结合，规范发展网络小贷公司；大力支持会计师事务所、律师事务所、资产评估、技术咨询、信用评级、信息服务等金融中介机构发展，完善金融中介服务体系。

（2）金融国际化推进工程。宜宾市要积极探索自贸协同区金融改革创新，积极参与同东南亚的"跨境人民币"结算中心建设，促进跨境投融资便利化；鼓励临港自贸协同区发展成为对外金融区，在资本项目兑换、人民币跨境使用、跨境投融资便利等方面开展探索。

（3）推进实体经济证券化工程，促进金融中心建设和发展。宜宾市要积极培育重点企业挂牌上市，做大做强企业；鼓励符合条件的企业通过银行间市场、交易所市场发行债务融资工具；在依法依规风险可控的前提下，探索开发航运、碳金融、大数据、白酒等新兴交易品种。另外，实体经济的证券化满足了实体经济的资金需求，有助于区域性金融中心的建设和发展。

（4）改造金融生态环境。宜宾市要把营造良好的金融生态环境作为建设金融中心的重要前提，加快优化全市法治和社会信用环境，完善政策和政务环境，加强金融消费者权益保护，着力打造在全国具有良好美誉度、对金融机构有较强吸引力的生态环境。

（5）建成金融人才高地。金融人才是金融中心建设的根本保障理念，宜宾市要健全"高端靠引进、中端靠培训、低端靠教育"的金融人才队伍梯度培养机制，创新金融人才引进方式，加大人才引进政策支持力度，健全多层次金融人才培养机制，营造实现金融人才价值的良好制度氛围和可持续发展环境。

五、保障措施

（一）强化组织领导

建议宜宾市成立以市政府主要领导为组长，市有关部门、相关重要企业为成员单位的区域性金融中心建设工作小组，建立健全跨行业、跨部门的工作联动机制。工作组统筹协调金融中心建设的相关战略、方针与政策的制定，整体推进和监督落实重大金融项目和金融改革政策落地实施，形成长效工作机制。根据区域性金融中心建设推进情况，宜宾市可定期召开工作协调联席会议，统筹协调解决建设过程中的困难问题，按照工作要求，明确职责，分工推进，形成合力，积极争取国家、省级层面的政策支持和指导。

（二）改善金融环境

宜宾市要健全金融风险防控机制，做好地方政府与金融监管部门的协调工作，加快构建部门联动、综合监控、分级管理的金融风险防范处置工作机制；鼓励建立金融领域专业纠纷调解机构，加快行业自律组织建设，强化行业自律监督和规范发展；深入开展金融法制宣传，加强投资者教育和消费者权益保护；完善金融执法体系，严厉打击非法集资、恶意逃废金融债等非法金融活动；加快推进征信体系建设，加强部门信息互通共享、信用披露和信用分类评级等工作，健全信用信息查询和应用制度，加快推进信用信息有序规范开放，建立守信联合激励和失信联合惩戒制度；鼓励各类社会资本发起设立新型征信机构，培育、发展信用服务市场；规范发展信用评级市场，建立和扶持一批企业信用评级机构；规范发展适应金融改革发展需要的会计、审计、法律、资产评估、资信评级等中介体系。

（三）实现人才支撑

宜宾市要实施金融智库人才建设工程，构建以政府部门、大中型金融机构、高等院校为核心，具备较高专业化程度与国际化视野的金融智库体系；积极引进金融人才，着力解决本市金融业发展的短板问题，落实和完善金融人才待遇政策，引进各类熟悉金融市场、金融业管理、金融创新技术、金融资本运作等方面的高层次人才；培育金融人才，充分依托研究机构和高校的学科专业优势，建设产学研合作、专业水平高、多学科交叉的地方金融人才培训基地，开展以金融管理、创新为核心内容的职业培训，为区域性金融中心的建设提供人才保障。

（四）加强政策保障

1. 全面梳理，加大优惠政策力度

为了更好地招商引资、筑巢引凤，宜宾市可参照国内相关城市金融中心建设的优惠政策，采取给予新设或迁入区域的金融机构及其管理层奖励或补贴等方式，增强区域对金融机构落户的吸引力，在额度、给予方式等方面形成政策亮点。编委组立足川渝滇黔接合部城市，同时在借鉴国内金融集聚先进地区经验的基础上，选取天津于家堡金融区、重庆江北嘴中央商务区、西安金融商务区、南京河西中央商务区、广州国际金融城、成都高新技术产业开发区、贵州省毕节市、四川省泸州市等地区的优惠政策与宜宾市对三江口 CBD 的扶持政策进行综合对比分析和汇总。在梳理相关城市现行优惠政策的基础上，宜宾市结合自身实际情况，通过调整准入对象土地优惠政策，提高对重大引进项目在购房、租房方面的政策优惠，缩小与其他城市在高管激励、税收扶持等方面的差距等，有针对性地提高政策标准。

2. 形成合力，争取省级财政支持

兑现金融中心优惠政策的资金主要源于入驻企业缴纳的税费，按照四川省现行财税体制，市、区级留成比例相对较低，在一定程度上制约了优惠政策的有效实施，因此应切实推进税收资金到位。通过跟进落实，宜宾市要进一步推进金融业的税收统筹资金实际到位，切实落实税收统筹政策。在目前省级财税体制大形势下，宜宾市可以参照其他城市金融中心的做法，整合省、市财力，共同支持区域性金融中心的建设和招商。

3. 强化吸引，加大高管激励力度

金融行业是人才密集型行业，针对金融机构高管的优惠政策是成功招商引资的重要砝码。宜宾市可增加激励措施，参照其他区域做法，补充制定对高管人员提供住房补贴、宜居便利等政策，结合金融总部商务区、本市的实际情况，制定对高管人员更加个性化、更体现人文关怀的激励政策，如入驻后的项目研发专项奖励、入驻后企业的创税奖励、高管个人的突出贡献奖励、高管家庭优惠等政策，切实提高对企业高管和人才的吸引力。

执笔人：单琰秋、王浩、李裕坤

第二章　白酒配套产业园项目实务研究
——以宜宾市白酒产业为例

产业园区是区域经济发展、产业调整升级的重要空间聚集形式，担负着聚集创新资源、培育新兴产业、推动城市化建设等一系列重要使命。建立宜宾市白酒产业园依托五粮液集团在宜宾市的特殊地位，有效地创造聚集力，通过共享资源、克服外部负效应，带动关联产业的发展，从而有效地推动产业集群的形成。

一、白酒全产业链系统分析

(一) 全产业链概述

产业链是物流和信息流的结合，其中贯穿着供应商、制造商、分销商和消费者。全产业链又可以称为纵向整合或纵向一体化（vertical integration）式产业链，是通过资本运营的手段对不同行业的节点企业实施控制，实现产业链的整合，以期在价格、渠道、品牌等方面取得更大的竞争优势，实现链上企业的共赢的一种发展战略。全产业链作为将企业业务同时向产业链上下游延伸，将原料、供应、生产制造和销售物流等环节同时纳入组织内部进行管理的一种战略模式，从本质上说，其实现过程也是纵向一体化的过程。

"全产业链"集纵向一体化和多元化双重特性于一体，不仅涉足不同的产业链，还打通了各链条的上下游，通过各子公司之间的资源配置与互补、单一产业链上下游的衔接、横向产业链之间的关联与协作，提高企业的整体竞争力。白酒产业在近20年获得长远的发展，而白酒产业链在近10年才逐渐自发形成，在近5年才逐步完善。白酒产业链是关乎白酒企业的成本控制、产品包装、原酒酿造、生产工艺、营销渠道等方面的核心要素。2014年，中国酒业协会联合数十家知名白酒企业成立"中国白酒酒庄联盟"，首次正式提出整合产业资源，树立酒庄形象，助力白酒产业的全产业链发展。山西杏花村汾酒集团有限责任公司、云南褚酒庄园酒业有限公司等都提出打造自己的酿酒原料种植基地。重庆江小白酒业有限公司打造的江记酒庄三期项目包括手工精酿车间、手工米酒精酿车间、生态水果酒发酵车间、基酒储存及灌装生产、成品酒库及麻坛酒库、酒体研发中心、国家级食品安全检测中心、酒文化展示中心、数据化仓储物流配送中心等。由此不难看出，依托龙头企业，形成以酒类生产加工为枢纽、连接上下游产业配套的产业集群，打造研发、生产、储存、配送、文化旅游全白酒产业链发展新格局已成趋势。

（二）基于供应主体的白酒产业链分析

2019年10月30日，国家发展和改革委员会发布了《产业结构调整指导目录（2019年本）》，将白酒生产线建设移出"限制类"，不再限制白酒企业新增建设。中国酒业协会发布了《中国酒业"十四五"发展指导意见（征求意见稿）》，该文件指出基于全产业链的转型发展、高质量发展将是中国白酒行业的重要发展趋势之一。依托宏观层面发展环境的优化，中国白酒行业迎来了又一个黄金时期。当前，我国白酒产业正从粗放式发展转向集约式发展，白酒全产业链集约式发展成为必然。以产区为白酒品质、品牌和价值表达的方式，打造产业集群，优化全产业链建设，推动产业创新升级成为地方政府发展白酒产业的重要举措。全国白酒核心产区各级政府和主管部门相继出台了一系列支持白酒产业升级发展的产业政策和配套政策，吸引上下游企业进入。在川酒、黔酒、苏酒、豫酒、鲁酒等白酒的主要产区及大型白酒企业的带动下，我国白酒核心产区（泸州、宿迁、仁怀、宜宾等）开始注重白酒配套产业的集群发展、配套化发展，将以企业竞争为主逐渐转向以产区竞争为主，如建立灌装包装园区、配套辅料生产园区和物流仓储园区等，白酒及其上下游产业资源向核心产区聚集已成为趋势。以发展较为成功的四川泸州白酒产业园区为例，该产业园区已经形成两条较完整的产业链条：一条为白酒制造，涵盖原粮种植、酿造储存、灌装生产、检验检测、仓储物流、会展金融；另一条为包材生产，涵盖酒瓶、瓶盖、包装盒、包装箱等产品，覆盖研发、设计、印制、防伪等环节，极大地提升了泸州白酒产业的整体竞争力。白酒产业链的梳理如图2-1所示。

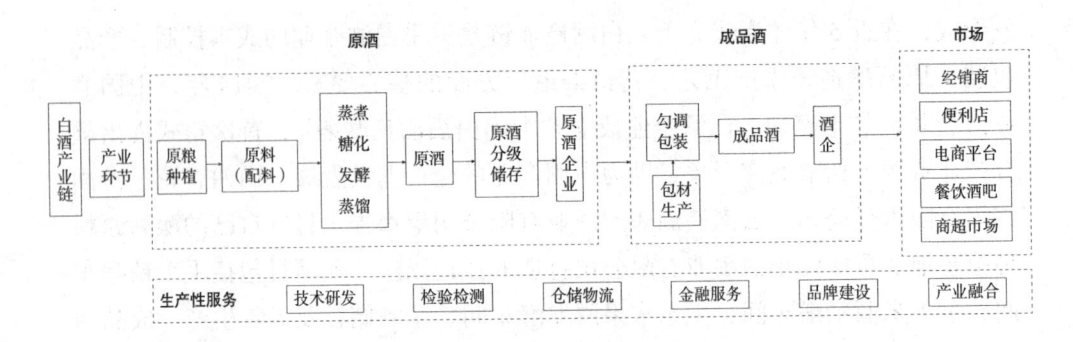

图 2-1 白酒产业链梳理

面对同类白酒产区在全产业链上的不断发力，包括五粮液集团在内的宜宾市白酒企业有必要强化酿造主业，积极谋求核心产业配套，通过强链补链优化白酒产业结构、创新升级、转型发展等。

二、白酒全产业链现状分析

宜宾市是我国白酒六大产区之一，地处中国白酒金三角核心区域，区域独特的自然环境和传承的酿酒工艺造就了高品质的浓香型白酒，为宜宾市白酒产业发展奠定了坚实的基础。截至2019年底，宜宾市已聚集白酒生产企业174家，白酒产量达到677 000 000 L，占全国六大白酒产区总量的8.61%，位列第二，占全国浓香型白酒原酒产量的一半以上。打造优质白酒产业链，是白酒产业发展的重中之重。依托白酒酿造的主业，龙头企业和宜宾市政府积极牵头推进宜宾市白酒产业的全产业链发展。在产业链上游，宜宾市白酒企业开始与相关科研院、企业、高校创建合作，开发原粮，引进高新技术和设备，建立相关产业园区，培养高新人才，科学合理地经营、管理企业，制订适宜的开发计划，以带动本土白酒产业升级。在产业链下游，宜宾市白酒企业与各地经销商、商超以及优质线上平台（如阿里巴巴、京东）等积极对接，共同合作。

（一）白酒产业龙头带动白酒产业链特征明显

宜宾市在白酒制曲、酿造方面的优势明显，龙头企业五粮液集团年产值已突破千亿元，产品价值突显。在五粮液集团的带动下，宜宾市初步形成了白酒产业链体系，如图2-2、图2-3、表2-1所示。

上游产业链

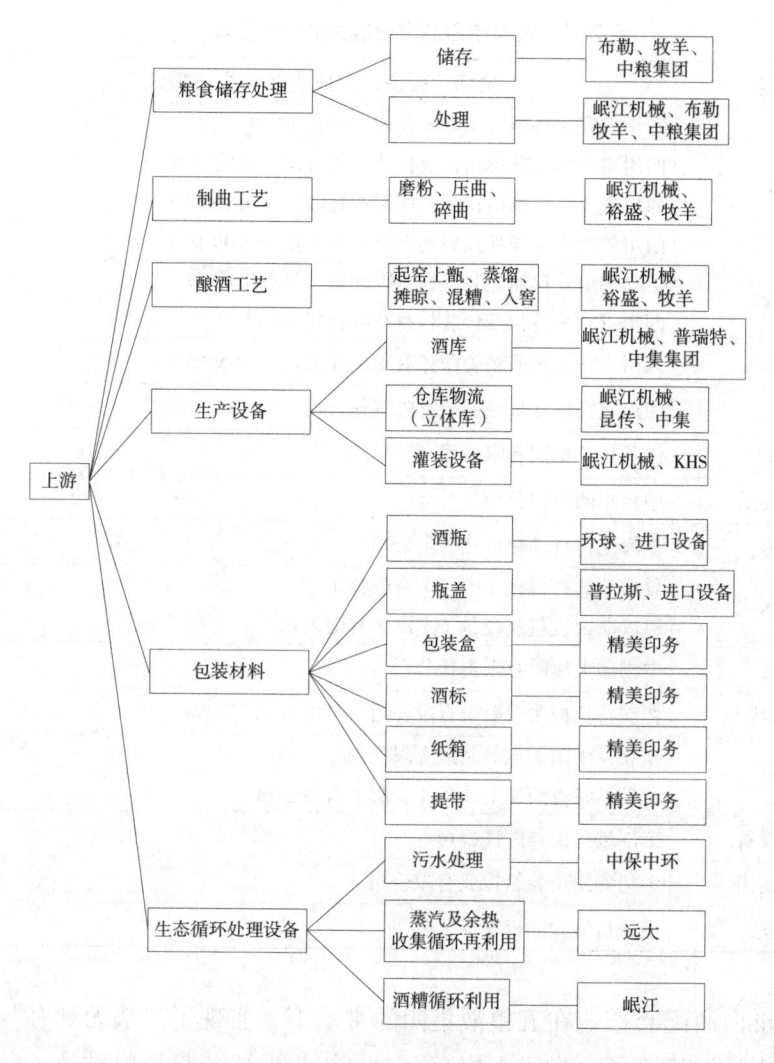

- 粮食储存处理
  - 储存：布勒、牧羊、中粮集团
  - 处理：岷江机械、布勒、牧羊、中粮集团
- 制曲工艺：磨粉、压曲、碎曲 —— 岷江机械、裕盛、牧羊
- 酿酒工艺：起窖上甑、蒸馏、摊晾、混糟、入窖 —— 岷江机械、裕盛、牧羊
- 生产设备
  - 酒库：岷江机械、普瑞特、中集集团
  - 仓库物流（立体库）：岷江机械、昆传、中集
  - 灌装设备：岷江机械、KHS
- 包装材料
  - 酒瓶：环球、进口设备
  - 瓶盖：普拉斯、进口设备
  - 包装盒：精美印务
  - 酒标：精美印务
  - 纸箱：精美印务
  - 提带：精美印务
- 生态循环处理设备
  - 污水处理：中保中环
  - 蒸汽及余热收集循环再利用：远大
  - 酒糟循环利用：岷江

图 2-2　宜宾市白酒产业链上游及支撑企业

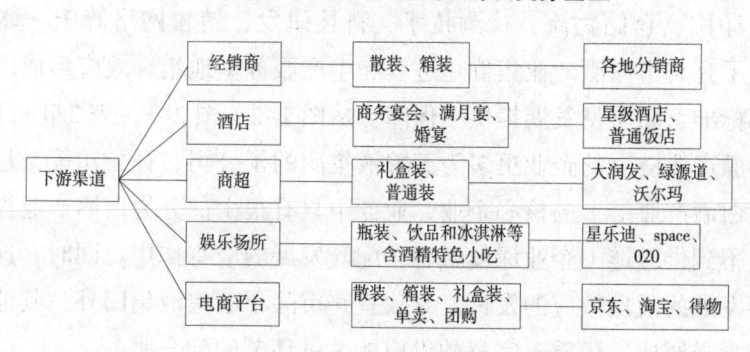

下游渠道

- 经销商：散装、箱装 —— 各地分销商
- 酒店：商务宴会、满月宴、婚宴 —— 星级酒店、普通饭店
- 商超：礼盒装、普通装 —— 大润发、绿源道、沃尔玛
- 娱乐场所：瓶装、饮品和冰淇淋等含酒精特色小吃 —— 星乐迪、space、O2O
- 电商平台：散装、箱装、礼盒装、单卖、团购 —— 京东、淘宝、得物

图 2-3　宜宾市白酒产业链下游及支撑企业

表2-1 宜宾市白酒产业链关键企业梳理

简　　称	全称（投资、参股主体均为五粮液）
环球	四川省宜宾环球集团有限公司（投资100%） 四川省宜宾环球神州包装科技有限公司（参股100%） 四川省宜宾环球格拉斯玻璃制造有限公司（100%） 四川省宜宾环球神州玻璃有限公司（投资1.09亿）
普拉斯	广东佛山普拉斯包装材料有限公司（参股100%） 四川省宜宾普拉斯包装材料有限公司（100%）
精美印务	四川宜宾五粮液精美印务有限责任公司（参股97%）
岷江	四川宜宾岷江机械制造有限责任公司
牧羊	江苏牧羊集团有限公司
中粮集团	中粮集团有限公司
昆传	上海昆传自动化科技有限公司
KHS	科埃斯饮料机械（中国）有限公司 科埃斯罐装包装设备（上海）有限公司
远大	中国远大集团有限责任公司
普瑞特	普瑞特机械制造股份有限公司
布勒	布勒（中国）机械制造有限公司 布勒索特克斯光电设备（合肥）有限公司
进口设备	中国进口设备配件公司
中集集团	中集集团集装箱控股有限公司
裕盛	南通裕盛食品机械有限公司

宜宾市白酒配套产业在五粮液集团的带动下，实现了"从无到有"的突破，陆续引进和培育了一批重点配套企业，初步形成了集原料种植、白酒生产、包装印刷、仓储物流、检测技术、科技研发、销售网络等于一体的产业链，加速了宜宾市白酒产业集群化进程和生产服务基地集聚效应形成，为宜宾市白酒高标准、高质量发展提供了保障。从图2-2、图2-3、表2-1可以看出，宜宾市白酒产业链上的企业更多为五粮液集团的子公司、孙公司等，且部分企业并不是白酒产业链上的核心企业，业务中只有很少部分为白酒产业提供配套服务，起不到供应链上企业深度融合、配套发展的应有作用。同时，这限制了全产业链发展的溢出效应的发挥，导致宜宾市除了五粮液集团外，其他白酒企业很少能享受便捷、优质、完整的供应链关键环节的配套服务。

（二）白酒产业链部分环节有进一步提升的空间

综合而言，宜宾市白酒产业链亟待进行全产业链梳理，在关键缺失环节，如白酒文化营销、白酒文化创意产品开发与传播等方面进行针对性的提升。相关白酒企业可通过公众号、抖音、微博等平台开展创意白酒包装设计活动，进行有奖征集，结合各类新颖作品，设计出更能突显企业核心文化、体现企业价值、吸睛的包装。企业应与各大机械类公司保持联系，及时对生产设备进行更新换代，保证白酒产品的口感、品质，同时结合本地酒文化历史，推出文创或白酒周边产品，着手多样化发展，突出优势，打出名气。完善物流中心建设，目的是业务扩大化，创造更多经济收益。白酒产业链中，在物流板块相对完整者应帮助本土其他白酒小微企业完善物流体系，通过定期与国内外知名酒类企业的交流学习，构建适宜本土发展的物流模式。建立创意创新中心，目的是推陈出新，使旧物有新价值。宜宾市白酒企业应发挥主观能动性，将业务扩展到下游渠道，通过实践科学创新，兼顾线下线上，如与各地各大卖场、网购平台合作，采取线上下单、线下实体店取货或发货模式，来保证白酒产品的真实性，打消消费者顾虑，拓展白酒业务市场，树立白酒企业良好形象，这有利于宜宾市酒都文化传播。

（三）白酒产业链部分环节有完善的余地

宜宾市白酒产业链在生态循环处理设备制造、粮食储存处理、成品酒瓶储存、粮食整理、仓储和生态酿酒方面仍有待完善。生态循环处理设备制造主要体现在污水处理、蒸汽及余热收集循环再利用和酒糟循环利用等方面。2019年，中国酿酒工业协会向全行业发文《关于开展向五粮液发展循环经济增强可持续发展学习的通报》，可见五粮液集团环境保护和循环经济工作在全国同行业内处于领先水平。但宜宾市其他白酒企业大多达不到污水的零污染排放，会造成环境污染。白酒企业应与专业污水处理厂联系合作，对污水进行科学、专业处理，践行绿色发展理念。酿酒过程中还会产生大量蒸汽余热，各酒厂应与相关企业合作，购入科学装置，进行余热回收，节约产能，避免浪费，达到资源可合理利用最大化，提升循环经济能力。酒糟内含丰富营养，除可作为饲料、肥料外，还可通过微生物提取技术开发护肤品等，以延伸产业链，提升产业创新能力和韧性。粮食储存处理主要分为存储和处理两个方面，白酒企业可与相关机械设备公司合作，搭建临时储存仓库——酒厂粮食筒仓，对粮食进行妥善存储，防止粮食受潮变质。在制曲用粮方面，白酒企业可与相关高校联系，学习其先进研究理论，根据科学实验周期，对粮食进行适当处理。瓶装白酒通常存储在阴凉、通风和干燥之处，白酒企业应勘测适宜之处，修缮或建设成品酒瓶储存场所，对酒瓶质量进行检测，防止漏酒、跑度或瓶盖生霉。在粮食整理方面，酒厂应定期派专人整理粮仓内的粮食，翻看粮食状态，避免粮食发生霉变、受潮情况，影响白酒品质，损坏企业形象，造成经济损失。在仓储方面，白酒企业应成立专门的仓储库，完成对仓库保管员应聘、物流采购跟单和定期原料盘点等重要工作，保证仓库安全和原粮质量。在生态酿酒方面，宜宾市白酒企业应着力打造生态酿酒园区，实行生态化酿造、管理。重点可放在酿酒废弃物的资源化利用方面。比如，发酵完成后醅池里的黄浆水含活性微生物和香味成分较多，可用于开发保养用品，提高酒曲的糖化发酵能力，保证酒窖中湿润厌氧环境；蒸酒后半段的尾水会产生低沸点的酸，可回炉重蒸、养醅，促成新醅老熟，增加白酒醇厚口感。

三、打造白酒全产业链的建议

（一）龙头带动，优化配置，夯实园区支撑

五粮液集团作为宜宾市头部企业，企业体量庞大、根基深厚、发展历史悠久、影响力巨大，其发展利好将对宜宾市争创省域经济副中心产生积极作用，其自身创新型实践将对宜宾市内白酒行业甚至其他领域行业企业生态化战略改革等起到启示性、示范性、带头性作用。五粮液集团通过自身完善酿酒配套产业建设，整合行业上下游产业资源，形成了以五粮液生态酿酒产业为核心、多业态融合发展的全产业链条，形成了五粮液总体产业布局绿色循环的生态产业闭环。基于五粮液集团自身在宜宾市的经济地位，其生态产业工程的成功实践将对宜宾市白酒企业甚至其他行业企业积极融入绿色经济带工程、实现全面绿色生态发展目标起到促进作用，特别是五粮液集团在生态酿酒方面走在前沿，是宜宾市中小白酒企业学习的行业标杆。在生态酿酒方面，五粮液集团采用原生性、创新性、低碳绿色等观念，建立五粮液和消费者的和谐关系，提升五粮液酿造水平，挖掘和体现中国白酒的生命力，丰富"中国五粮液、世界五粮液"的文化内涵，真正意义上将五粮液打造成了宜宾市区域品牌。同时，五粮液集团通过生态酿酒工业园区建设，将现有的生态文明建设相关理论和宜宾市本土酒文化、五粮液集团自身的酒文化、川酒品牌、浓香型白酒特性等有效融

合，建立了独特的宜宾五粮液绿色生态酒文化，丰富了宜宾市酒韵内涵，提高了宜宾市酒韵价值，宣传了宜宾市酒韵精神。

宜宾市要保持"多粮浓香型白酒核心产区"地位，白酒龙头企业供应链管理的转型升级尤为重要，而园区全产业链布局与之相契合。根据《宜宾市白酒产业2020年工作安排》，2020年，宜宾市将通过推动融合发展，延长做强产业链条等，确保宜宾市酒类产业营收突破1400亿元。宜宾市白酒产业配套园建成后，五粮液集团35万吨勾储酒库技改工程、成品酒包装及智能仓储配送一体化项目、酿酒专用粮工艺仓及磨粉自动化改造项目等都可部分转移、落户园区，或者在园区内建立上下游产业结合、一二三产业融合的渠道，从而实现生产、仓储和物流一体化，使企业的供应链管理全面转型升级。

（二）加强技改，增强活力，强化产业优势

生产设备和包装环节作为白酒行业生产链的重要组成部分，其有独特的经济价值可以不依附生产链单独存在。生产设备和包装环节核心技术掌握在白酒企业手上将大大提高企业生产效率，降低生产成本，增强企业的核心竞争力。五粮液集团虽然已具备较为完备的生产设备和酒类包装生产线，但与其总体发展目标、发展要求相比，仍有较大的向前迈进、功能强化的空间。五粮液集团打造生态全产业链强链环节应将重点放在改进生产设备和优化包装环节，使自身优势更加突出，实现产业链互补，最终实现多样化发展。

要想产业链安全可控，企业不仅需要用投资夯实"硬基础"，还需要用新技术、新模式提升"软实力"。借助自身在工业互联网领域的综合性优势，五粮液集团需要加强新一代信息技术与实体经济的融合，以"数据流"激活"物资流""技术流""资金流"，建立敏捷、智慧的产业链，为产业链的稳定运行增添一分保障。

宜宾市五粮液白酒配套产业园通过建设综合物流中心和创意（设计）创新（技改）中心，基于区块链、分布式数字身份、可信计算和金融级风控等技术，解决物流运输及资金真实性证明问题，实现数据交叉核验。同时，宜宾市五粮液白酒配套产业园通过各种福利政策吸引全国各地知识型人才进入创意（设计）创新（技改）中心，通过合理的人力配置，优化创意（设计）创新（技改）中心的创新型人才结构，并组织相关工作人员在专业化的实验场所进行相关技术创新实验，从而促进五粮液集团整体技术的创新。

(三)自主可控,创新资源,补强产业短板

白酒产业龙头企业——五粮液集团砥砺奋进、筑梦前行,取得了丰硕的成果,但其越发展,越要深化改革,激发内生动力,增强发展新动能。当前,宜宾市白酒行业产业链还不够完整,相关配套产业发展较慢,甚至出现缺位的状态,制约着宜宾市白酒产业龙头企业的转型升级和宜宾市白酒产业的整体转型升级。白酒配套产业园的建设将有效弥补白酒产业发展的关键链条,强化整体链条的协同发展、高质量发展。白酒配套产业园区内可建成中国白酒产业链上专业化、规模化、种植标准化、生产机械化及原粮品牌化的酿酒专用原粮生产企业,经营规模化、管理营销数字化的酒类机械生产企业,这在补链强链之后将有助于全产业链的可溯源运行,强有力地推动五粮液集团发展,促进宜宾市白酒产业高质量发展。

四、白酒配套产业园项目规划与建设内容

结合前面中国白酒产业全产业链发展趋势及宜宾市白酒产业链发展现状的分析,根据"夯实园区支撑、强化产业优势、补强产业短板"的发展思路,宜宾市白酒产业链当前急需补链强链的模块为数字化粮食整理及成品酒仓储,包装材料配套设备制造及包装创意设计,制曲、酿造、生产配套设备制造,物流服务平台构建及生态循环处理配套设备制造(图2-4)。

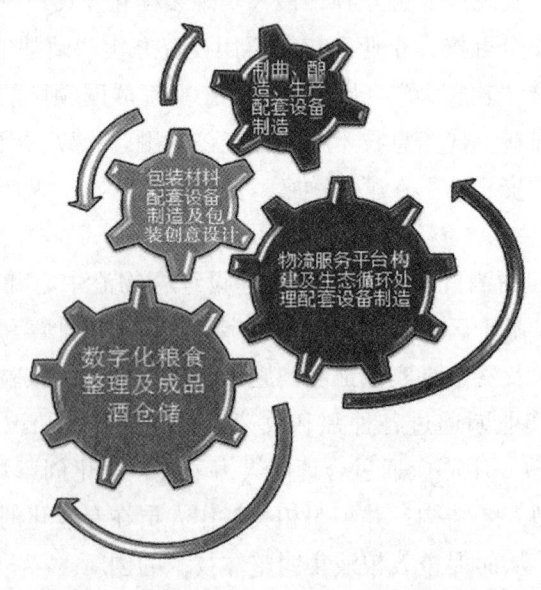

图2-4 宜宾市产业链需要补链强链的模块

（一）园区选址分析

围绕数字化粮仓整理及成品酒仓储，包装材料配套设备制造，制曲、酿造、生产配套设备制造，物流服务平台构建及生态循环配套设备制造四个方面，根据前期考察论证，宜宾市拟在翠屏区象鼻街道岷江新区方碑村范围建设宜宾市白酒配套产业园。地块紧邻五粮液产业园区，距宜宾港 25 km、宜宾五粮液机场 16 km、宜宾西站 12 km、一步滩站 18 km，区位优势明显。

项目总用地面积为 166.69 hm²，包含 4 个地块。地块一面积为 83.94 hm²，用地性质为二类工业用地，现已报批 51.19 hm²，待省厅批复；地块二面积为 23.60 hm²，用地性质为一类工业用地，现有建设用地 2.54 hm²；地块三面积为 32.65 hm²，用地性质为其他服务设施用地，现有建设用地 3.98 hm²；地块四面积 26.49 hm²，用地性质为一类工业用地和其他服务设施用地，现有建设用地 2 hm²。该区域地貌平整，对建筑施工多有便利；该区域建筑较少，大中型建筑几乎没有，村民自住用房多为一两层的简易平房，村民对整体打造这一地块，建设宜宾市白酒配套产业园比较理解和支持力，而且该区域无基本保护农田，征地工作已全面完成。另外，方碑村为规划的未来宜宾北高速公路出入口地段，现在因内宜铁路和成自宜高速铁路阻隔而交通不便的现状会在未来得到改善。

（二）总体功能布局

宜宾市白酒配套产业园以宜宾市白酒产业链关键环节的"补链强链"为根本，以数字化粮食整理及成品酒瓶存储仓库为项目建设核心，根据每个地块的用地性质、面积、容积率、建筑密度及绿化率等规划指标，拟配套制曲设备、酿造设备、生产设备、生态循环处理设备、创意（设计）创新（技改）中心、物流中心等产业支撑项目。

宜宾市白酒配套产业园可从以下方面进行功能界定：一是数字化粮食整理及成品酒仓储；二是制曲、酿造、生产配套设备机械制造；三是包装材料配套设备制造及包装创意设计；四是物流服务平台构建及生态循环处理配套设备制造（图 2-5），以补齐当前宜宾市白酒全产业链发展的短板。

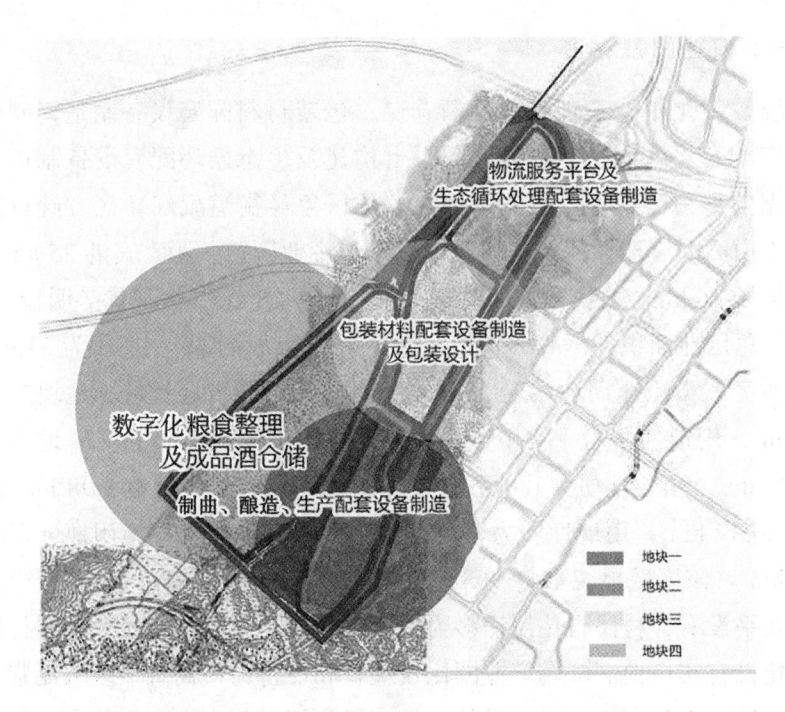

图 2-5　宜宾市白酒配套产业园总体功能布局

(三) 功能与建设内容具体说明

1. 数字化粮食整理及成品酒仓储中心

数字化粮食整理以及成品酒瓶仓储中心位于地块一。地块一为二类工业用地，规划面积为 83.94 hm²，主要建设数字化粮食整理及成品酒仓储中心，具有数字化粮食整理与仓储功能。

(1) 数字化粮食整理功能区。数字化粮食整理功能区可以说是生态绿色储粮基地，该基地的酿酒原粮全部来自优质生态原粮主产区，采用的全套储粮设备是从国外引进的 100 000 t 自动化生态粮仓。该设备采用低温物理储存方式，自动控温、除湿、除杂、翻仓。粮食储存过程中的温度由谷物冷冻机调节，常年保持在 15 ℃以下，保证粮食不生虫、不发霉、不变质，更不用喷洒药物熏蒸除虫，有效避免了粮食的二次污染。

(2) 成品酒仓储功能区。选址条件是消防通道畅通无阻，无消防隐患；建设条件是使用建筑防火材料，配备消防器材，保证灭火器材处于最优的使用状态；建设内容包括包装车间、智能仓库、待包酒库、包材库、勾储酒库、储罐酒库等。

2. 制曲、酿造、生产配套设备制造基地

制曲、酿造、生产配套设备制造基地位于地块二。地块二为一类工业用地，规划面积为 23.60 hm²，主要为宜宾市白酒制曲、酿造和生产提供配套设备。

（1）引进制曲、酿造配套设备制造企业。国内白酒行业建成并投入使用的包装产线中，舍得酒业智慧包装工厂的系统智能化、自动化程度最高，集成国内外三家顶级智能设备制造商的相关产品，构建了智能机器人制造、数据实时采集、信息互联共享等系统，坚持以最优的品质、最快的速度为顾客提供完善和贴心的服务。宜宾市白酒配套产业园可引进同类系统，提升宜宾市白酒产业酿造环节的机械化、智能化水平。

（2）引进白酒灌装线智慧包装工厂。白酒罐装线智慧包装工厂可实现白酒生产中的勾兑、过滤、输送、罐装等全过程监测和自动控制，极大地提升了产能，提高并稳定了产品质量，减少了资源消耗量。

3. 包装材料配套设备制造及包装创意设计基地

包装材料配套设备制造及包装创意设计基地主要位于地块三（包含地块 H-2-01、地块 H-3-02、地块 H-3-03），地块类型为其他服务设施用地，规划面积为 32.65 hm²，主要建设生态环保包装材料制造设备生产工坊、包装白酒文创中心、酿酒工艺（技术）创新基地等。

（1）引进生态环保包装材料企业。以生态玻璃制造企业为例。当前国内一些白酒厂为了追求低成本，一些玻璃瓶厂为了增加玻璃瓶的透明度，使用了氧化砷作为添加剂。氧化砷，俗名"砒霜"，对人体是有毒有害的。宜宾市白酒配套产业园要引进生态玻璃制造企业，这类企业有先进的生态环保玻瓶制造技术，所生产产品不含氧化钙、砷、汞等有害物质，保证了所生产产品的环保安全。环保安全的优质玻璃瓶一部分供给宜宾市白酒企业，一部分面向全球市场进行销售。

（2）建设包装创意设计中心。包装创意设计中心建成后将成为宜宾市白酒包装研发创新发展的前沿阵地。前期，宜宾市可考虑为包装创意设计中心申报四川省重点创新创业基地，后期可将其发展成为国家级创新创业基地。包装创意设计中心成为创新创业基地后，能丰富自身功能，拓宽营销渠道，从而引入更多的创意设计企业和三产企业。

4. 生态循环处理配套设备研发基地及物流服务平台

五粮液块链物流平台及生态循环处理设备基地位于地块四（包含地块 H-3-04、H-3-06、H-3-07、H-3-08）。地块类型为一类工业用地和其他服务设施用地，规划面积为 26.47 hm²[①]，主要建设生态循环处理配套设备制造企业及物流服务平台。其中，以生态循环处理配套设备制造企业为主，以物流服务平台为辅。

（1）引进在酿造副产物资源化处理方面具有优势的企业。重点引进在酒糟废液的分离、白酒新型过滤设备、白酒酿造废水的新型处理方式（地块四中 H-3-09 为排水用地，适合进行废水生态处理）、白酒酿造废渣（酒糟）的综合利用等方面具有先进技术和投资能力的企业入驻宜宾市白酒配套产业园。例如，在废水生态处理方面，白酒酿造企业低浓度废水经处理后回用可以提高白酒酿造企业污水回用率，减少企业新鲜用水量，降低污水排放量，还可以减少企业新鲜用水成本和污水排污税，降低企业运营成本。

（2）引进专业性强的现代物流企业。宜宾市要重点引进在物联网、区块链、分布式数字身份、可信计算和金融级风控等方面具有技术优势的企业入驻宜宾市白酒配套产业园，解决宜宾市白酒物流运输及资金真实性证明问题，实现数据交叉核验。同时，宜宾市要量体裁衣，构建宜宾市白酒多式联运（公路运输、铁路、空运和水运等）的多重物流及供应链服务场景。

五、白酒配套产业园项目效益分析

（一）产业园预期经济效益分析

该项目占地近 166.67 hm²，预计投资 10 亿～15 亿元（可按照前期地块一，后期地块二、三、四进行投资），项目建成以后可通过数字化粮食整理、成品酒瓶仓储、成品包装及物流的供应链优化等在现有基础上降低成本；通过招商引资、机器设备售卖、创意设计产品营销等在现有基础上产生收益。预计 3～5 年收回投资成本，产生实际经济利润和收益价值。近期来看，白酒配套产业园可通过发挥园区产业集群优势，为五粮液集团等企业创造价值，提高它们在行业内的竞争力。长期来看，知识溢出效应、技术溢出效应能使宜宾市白酒行业整体受益，从而带动宜宾市白酒产业的整体发展，优化宜宾市白酒产业

---

① 地块四中 H-3-05 为公园绿地，H-3-09 为排水用地，后期可根据区块链物流中心功能区的需求调规。

的功能布局。总体而言，对白酒相关配套产业补链强链（图2-6），进一步补全宜宾市白酒配套产业，能促进宜宾白酒产业和相关配套产业的发展，进而促进宜宾市经济繁荣发展。

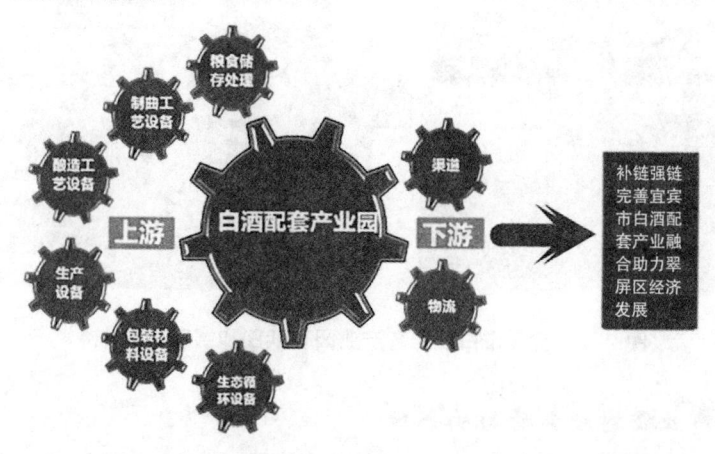

图2-6　宜宾市白酒配套产业园补链强链促进经济发展关系图

（二）产业园与项目所在地适用性分析

宜宾市白酒配套产业园从布局和功能上将以多重就业方式为主要动力，从而促进宜宾市的整体就业，缓解就业压力。宜宾市白酒配套产业园将创造引进更多的生产经营单元（特别是第二产业）。比如，白酒配套产业园可以引进基础设施建设、机器设备生产等劳动密集型产业，为人们提供更多的就业机会。同时，宜宾市白酒配套产业园的生产部分将拉动更多的技术型人才就业，科技部分将拉动更多的知识型人才就业。而宜宾市白酒配套产业园的数字仓储、数字物流、产业融合、文化创意等功能的实现，将在创业和就业两个层面体现出园区与城市发展之间较强的互适性。

宜宾"双城"（大学城、科技创新城）建设、岷江新区的高质量发展可为宜宾市白酒配套产业园区提供智力支撑。其中，园区双创中心需要大量具有创新意识和能力的年轻群体的关注和参与，将吸引更多"双城"建设中的青年人才或者知识型人才参与到宜宾市"一号产业"的创新发展。整体来看，宜宾市白酒配套产业园的建设将在很大程度上改变升级当地的风貌（图2-7），使得城市和企业发展相互促进，相互享受到发展利好。另外，宜宾市白酒配套产业园建设通过就业带动、智力资源反哺等体现了园区和市、区发展的较强互适性。

图 2-7　宜宾市白酒配套产业园现状图和展望图对比

（三）产业园对社会的影响分析

宜宾市白酒配套产业园所在地相对宜宾市主要城区较为偏僻，依傍高速公路，又有铁路横贯其中，作为非农业用地的土地使用价值原本较低，土地单位价值产出有限。但是，在进行宜宾市白酒配套产业园的建设之后，多业态的融入充分利用了土地地势低平、土地价格偏低、土地开发成本较低（涉及拆迁工程量小等）的有利特性，利用全产业链和数字化建设等技术巧妙地解决了土地使用率和产出率的问题，大大提高了宜宾市城市土地单位价值产出。宜宾市白酒配套产业园的全产业链建设以五粮液集团配套产业发展和宜宾市白酒配套产业为中轴，联动宜宾市的城市创新发展和城建配套。同时，宜宾市白酒配套产业园以创新创业中心和区块链物流中心为传动轴，促进了宜宾市的创新创业，以及智慧城市建设。故以宜宾市白酒配套产业园为轴承，宜宾市将以流线型的身姿进入创新型城市的快车道。

执笔：庞豪、孟宝、周陶

第三章　白酒产业特色小镇建设实务研究
——以宜宾市五粮液特色小镇为例

特色小镇是在新的历史时期、新的发展阶段的创新探索和成功实践。特色小镇建设的特色性主要表现为在产业上坚持特色产业、旅游产业两大发展架构；在功能上实现"生产"+"生活"+"生态"，形成产城乡一体化功能聚集区；在形态上具备独特的风格、风貌、风尚与风情；在机制上实施以政府为主导、以企业为主体、社会共同参与的创新模式。

一、区位与建设条件

（一）区位条件

项目规划所在地位于四川省宜宾市翠屏区宗场镇。宜宾市是中国民族品牌五粮液的故乡，其白酒产业综合竞争力在国内处于领先水平，其"酒"文化特色非常明显，尤其是"五粮液酒传统酿造技艺"已入选国家级非物质文化遗产名录。翠屏区作为宜宾市的最早建成区，现有规模以上工业企业152家，拥有五粮液集团这一千亿级企业，是2017年、2018年和2019年中国工业百强区，也是2019年全国综合实力百强区和投资潜力百强区。2019年翠屏区接待国内外旅游人数1 934万人次，实现旅游总收入210.2亿元，其中乡村旅游收入89亿元。[①]大体量的常住人口和旅游观光者为翠屏区文旅融合发展、特色小镇建设及乡村旅游发展等提供了客源市场；便利的交通条件提升了人流的通达性和

[①] 2021年宜宾市翠屏区国民经济和社会发展统计公报 https://www.gcs66.com/document_detail/38677.html。

便捷性；大型工业企业、商贸类企业和服务类企业为五粮液特色小镇提供了建设和运营支撑。

宗场镇地处翠屏区西北部、岷江北岸，其交通区位图如图3-1所示。镇政府所在地毗邻五粮液工业园区，距中心城区11 km，距成贵高速铁路宜宾西站15 km。该镇内建有五粮液机场，为宜宾空港组团核心区域、四川省南向拓展的关键窗口和成渝经济圈的重要支点。辖区面积79.5 km²，辖13个村（社区），总人口23 064人，成宜、乐宜、G247、自宜、机场快速路、机场东连接线等高速公路和高等级公路贯穿全镇。宗场镇毗邻五粮液酒厂，地处宜宾空港组团核心区，交通便捷，给镇域发展、产业布局、乡村振兴、旅游发展等带来无限活力，是五粮液特色小镇布局的首选之地。

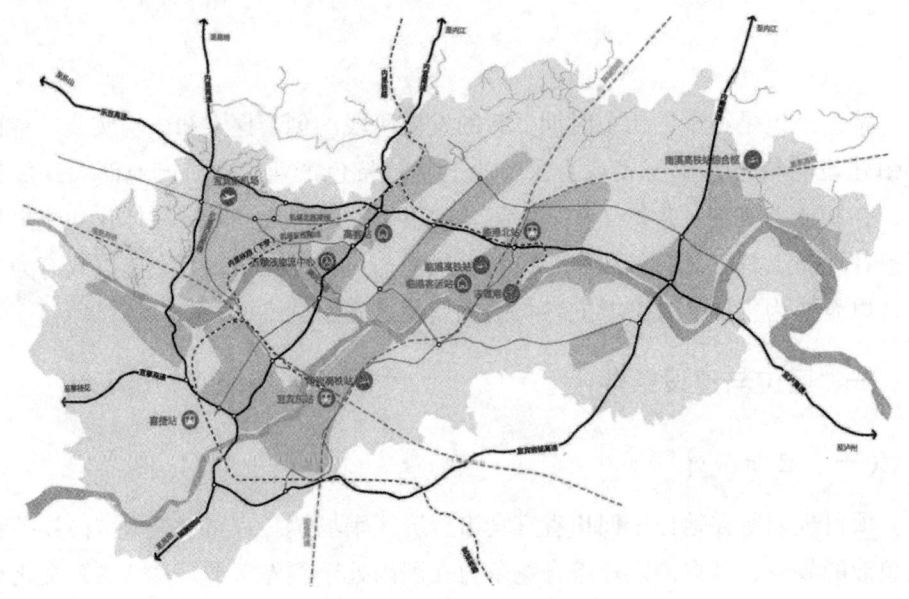

图3-1 宗场镇交通区位图

（二）建设条件

五粮液特色小镇项目规划用地主要涵盖宗场镇五粮液村（原为石骨村，人口数量为2 871人）、赤岩村（人口数量为1 773人）、禾甫社区（人口数量为2 751人）和民胜村小部分（图3-2）。这一区域为传统的乡村区域，地貌以缓丘为主，地势相对平坦，便于整体打造布局。规划用地范围内无基本农田，现有的利用模式以农村建设用地，苦荬、芽菜、葡萄、油樟、大棚蔬菜等特色种植用地为主，可变更性强。

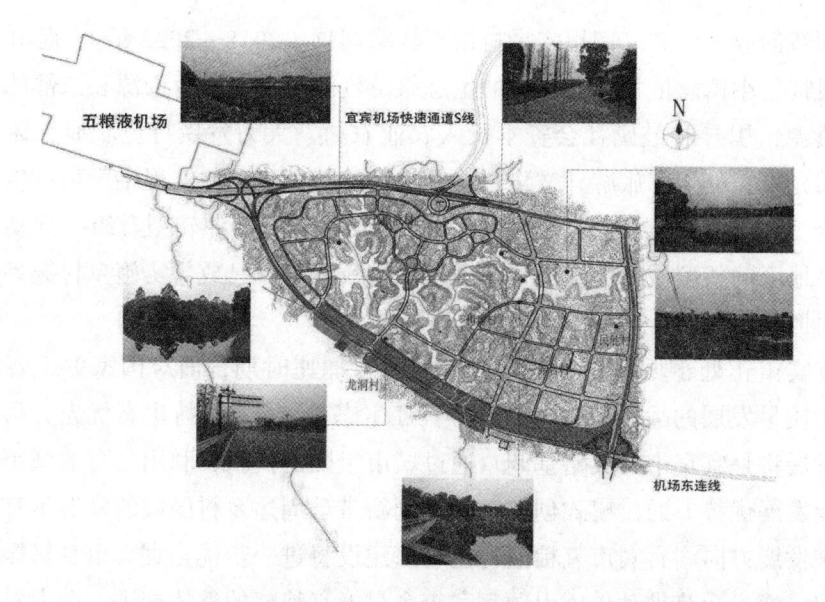

图 3-2　宜宾市五粮液特色小镇地块现状图（路网为规划路网）

规划地块紧邻五粮液机场，机场快速通道 S 线、机场东连线、机场环形路对规划地块形成半包围态势，并设置和规划有多个出入口，交通便利。双龙湖水库位于规划地块中部，湖面为 40 hm²，水容量为 2 400 000 m³，全湖呈长带状，长 6500 m。湖内 13 个岛屿，山水环抱相间，四周山清水秀，生态环境幽雅，秋冬季节有成群结队的白鹭，具有打造高端地产、旅游景点的天然优势。经过前期发展，双龙湖"一湖一圈"乡村产业振兴示范片初步形成，旅游发展前期基础良好。

在前期调研中发现，村民对整体打造这一地块，建设五粮液特色小镇比较理解和支持，便于征地和具体建设工作的顺利推进。而且，地块周边有特色迥异、数量众多的养殖基地、种植基地，可满足特色小镇建成后的粮食果蔬及农副产品供应。

二、项目提出的背景与可行性分析

（一）项目提出的背景

2017 年 12 月，国家发展和改革委员会等四部委联合发布的《关于规范推进特色小镇和特色小城镇建设的若干意见》指出："特色小镇是在几平方公里土地上集聚特色产业、生产生活生态空间相融合、不同于行政建制镇和产业园区的创新创业平台。"《四川省乡村振兴战略规划（2018—2022年）》提出："大力发展特色小镇。依托我省丰富的生态旅游资源、特色农业资源和浓郁的乡村文化资源，引导和鼓励社会资本投入农业农村，大力发展特色农业、休闲观光、阳光康养、生态旅游、文化创意等类型的特色小镇，实现生产生活生态深度融合。"实践证明，建设特色小镇有利于促进乡村产业转型升级，推动以乡村为主地区的新型城镇化发展，带动农民增收致富，已成为实施乡村振兴战略的重要抓手。

宜宾市正处于城镇化、工业化发展的双加速时期，面对国家关于转型发展、高质量发展的战略部署，作为"长江生态首城"，坚持生态优先、高质量创新发展将是宜宾市的战略基调。通过城市组团的扩张，利用已有的城镇建设和工业发展优势，通过模式创新、融合创新带动周边乡村区域的发展是宜宾市的未来发展方向。宜宾市五粮液特色小镇建设将进一步优化宜宾市乡村振兴点状空间，通过示范带动作用引领宜宾市乡村振兴战略的整体推进，助力翠屏区"十四五"文化旅游、工业旅游、农文旅等融合，突显五粮液机场空港组团的酒文化元素，擦亮"中国白酒之都"的金字招牌，丰富五粮液的品牌内涵。

（二）可行性分析

五粮液特色小镇作为"十四五"期间翠屏区委、区政府高度重视项目，对宜宾市乡村振兴示范点建设、空港组团的发展，翠屏区文旅融合发展、五粮液品牌文化战略推进等都具有重要意义。其可行性表现在以下三个方面。

（1）项目打造依托国家、省、市相关战略，在具体建设内容设计上考虑了投资方五粮液集团的发展现状和发展战略，具有可行性。五粮液特色小镇项目紧密结合国家、四川省、宜宾市乡村振兴战略规划。具体来说，项目的提出充分考虑了《宜宾市城市总体规划（2018—2035年）》、翠屏区"十四五"规划、宜宾空港组团规划等，注重与翠屏区现有的城乡规划、环境保护规划以及其他相关规划等的衔接。

（2）项目规划用地现状能够很好地支撑项目建设需求。五粮液特色小镇项目占地约320~326.67 hm^2，约3.2 km^2，其中建设面积约1 km^2，完全能够满足国家关于特色小镇规模的建议（3~5 km^2）。规划用地范围包括0.4 km^2的双龙湖区，其中上湖为小二型水库，下湖为小一型水库，为打造滨水空间提供了水生态。而且，地块为翠屏区缓丘地带，连片平坝较多，地质稳定，在现有道路网分割下自成一块，便于集中、集约开发。

（3）通过现场调研发现，宗场镇政府对五粮液特色小镇建设项目持积极乐观的态度，也在前期配合翠屏区政府和相关职能部门做了大量摸底调研工作。整体来看，项目所在地具有一定的乡村旅游发展基础，"山、水、林、田、湖、草、屋"景观格局丰富，具备打造特色小镇的基础条件。项目所在地具有毗邻五粮液产业园区、地处空港组团核心区的绝佳区位优势，是五粮液生态酿酒示范基地的首选之地。

三、项目建设内容

（一）规划定位、规划理念、总体构思和建设内容

1. 规划定位

"细数璀璨佳酿 感受浓浓乡情 享受久违惬意——五粮液特色小镇欢迎您"，这是五粮液特色小镇项目的规划定位。

2. 规划理念

（1）文化制胜。五粮液特色小镇项目规划要突出五粮液酒文化、中国传统酒文化中的精髓及现代理念语境下的健康酒文化。

（2）多态融合。五粮液特色小镇项目规划要将名酒购销、美酒品鉴、科普宣传、娱乐放松、旅游休闲、高端养老、地产经济等多种业态相融合，打造一个集世界名酒的集中购销区、五粮液酒文化的体验区、中国白酒和佐酒饮食搭配的体验区等于一体的综合文旅平台。

（3）绿色生态。五粮液特色小镇项目规划要将时尚化、高端化与特色乡村人居环境、农耕文脉相结合，同时在打造过程中讲求因地制宜，践行低成本策略。

3. 总体构思

以双龙湖为核心，打造"一环一圈四片多点"。一环是指五粮液特色小镇白酒酒吧、民宿集中区环带；一圈是指沿双龙湖畔休憩游乐圈；四片是指世界名酒购销片区、五粮液生态酿酒示范片区、游客中心酒文化综合体验片区、湖岛生态地产片区；多点是指遍布五粮液特色小镇的自然景观、人工景观和文旅配套景观。

4. 建设内容

五粮液特色小镇项目建设内容如表3-1所示。

表3-1 五粮液特色小镇项目建设内容

规划功能	用地性质	规划项目内容	规划面积/hm²	规划说明
五粮液生态酿酒功能区	仓储、居住和科研用地	生态酿造、文化酿造展示，生态储酒	100	展示五粮液生态酿酒文化
世界名酒购销功能区	商业用地	以世界名酒为主的酒类品牌直销购物中心	8.12	体现中国白酒之都、世界名酒荟萃地的购销优势
白酒酒吧民宿功能区	服务设施用地	以白酒文化为主题的酒吧以及与特色民宿结合的商业街	40	打造以酒文化为主题，融酒品品鉴、特色饮食和住宿为一体的文旅融合综合体
湖岛生态地产功能区	居住用地	高端养老地产、以私人别墅为主的地产区	93.33	通过高端地产经济，激发投资者的兴趣，并融入高端康养产业
游客中心酒文化综合体验功能区	服务设施用地	综合性游客体验中心，包括特色旅游商品店、酿酒文化科普馆和DIY酿酒文化深度体验等	13.33	集游客集散中心、科普教育、游客深度体验于一体，为特色小镇的门户地
沿双龙湖畔休憩游乐功能区	生态绿化用地	在现有的双龙湖水域开发水上游乐项目，在部分岛屿进行特色景观打造，等等	66.67	满足多样群体来五粮液特色小镇的体验需求，并夯实特色小镇绿色生态基底

（二）总体功能布局

（1）白酒酒吧、民宿集中区环带布局在双龙湖上湖，主要考虑这一区域为小二型水库，且具有一定的乡村旅游、民宿的发展基础。

（2）沿双龙湖畔休憩游乐圈主要沿双龙湖周边布局，游客流线结合规划车行道、配合沿湖步行道路布局。

（3）世界名酒购销片区布局在规划地块中部，双龙湖以北，主要考虑这一地块交通便利，能够满足旅游者、购物者集散的要求。

（4）五粮液生态酿酒示范片区布局在规划地块的东南角，主要考虑这一地块较为平坦，靠近地块东南角立体交通枢纽，产业用地基础条件好。

（5）游客中心酒文化综合体验片区布局在地块北部中心位置，位于世界名酒购销片区和白酒酒吧、民宿集中区之间，主要考虑靠近规划的特色小镇主要进出口，是游客体验的第一站，方便游客前往规划的世界名酒购销片区和白酒酒吧、民宿集中区。

（6）湖岛生态地产片区布局在地块西部和南部沿湖地带，主要考虑这一带地势起伏度适合，具有广阔的滨水空间，私密性保障条件好。

（三）第一期重点功能区介绍

1.生态酿酒的意义

随着人们健康意识的觉醒，人们对健康、文明、理性饮酒提出了新的要求，这促使中国白酒酿酒企业的酿造理念不断革新，其中生态酿酒是指通过酿酒有机原粮种植、生产工艺的绿色低碳改进、生态储存、新的用户关系及绿色营销等在白酒酿造中体现人与环境的和谐关系、白酒行业对绿色发展的责任担当。生态酿酒本质上是对中国酒文化回归本身和复兴的一种体现和继承，其蕴含的"天人合一"的哲学思想是中国酒文化最直接的体现。酿酒企业要想真正做到生态酿酒，实现生态经营，就要按照生态经济学原理，将生态理念融入产前、产中和产后的所有环节。

2.五粮液特色小镇生态酿酒片区打造的重要性

五粮液特色小镇的最大特色就是五粮液生态酿酒。中国白酒的生命力来自三个方面：一是中国白酒具有的深厚历史文化；二是不同风味白酒产地的微生物群落和酿造工艺；三是中国白酒有待挖掘的健康基因。五粮液生态酿酒内涵是通过原生性、创新性、低碳绿色等理念建立五粮液和消费者的和谐关系，提升五粮液酿造水平，挖掘和体现中国白酒的生命力，丰富"中国五粮液、世界五粮液"的文化内涵。五粮液生态酿酒片区在整个特色小镇中具有先导性，应该放在首要的战略位置。因此，要将五粮液生态酿酒片区作为五粮液特色小镇的第一期重点功能区进行建设。

3.五粮液特色小镇生态酿酒片区用地现状及内容设计

（1）用地现状。五粮液特色小镇生态酿酒片区主要位于地块的东南角，规划面积为100 hm^2，以缓丘地形为主，为典型的农村用地（图3-3），其中耕地为58.18 hm^2（其中水田为31.2 hm^2，旱地为27.2 hm^2），林地为28.41 hm^2（其中乔木林地为24.03 hm^2；竹林地为2.17 hm^2），农村宅基地用地为9.77 hm^2，具体如表3-2所示。整体来看，这一区域地形起伏较小，不属于双龙湖核心库区（水库水面仅 1.25 hm²），连片平地较多，经空港组团规划调整后无基本保护农田，适合用于较大规模绿色生态产业布局。

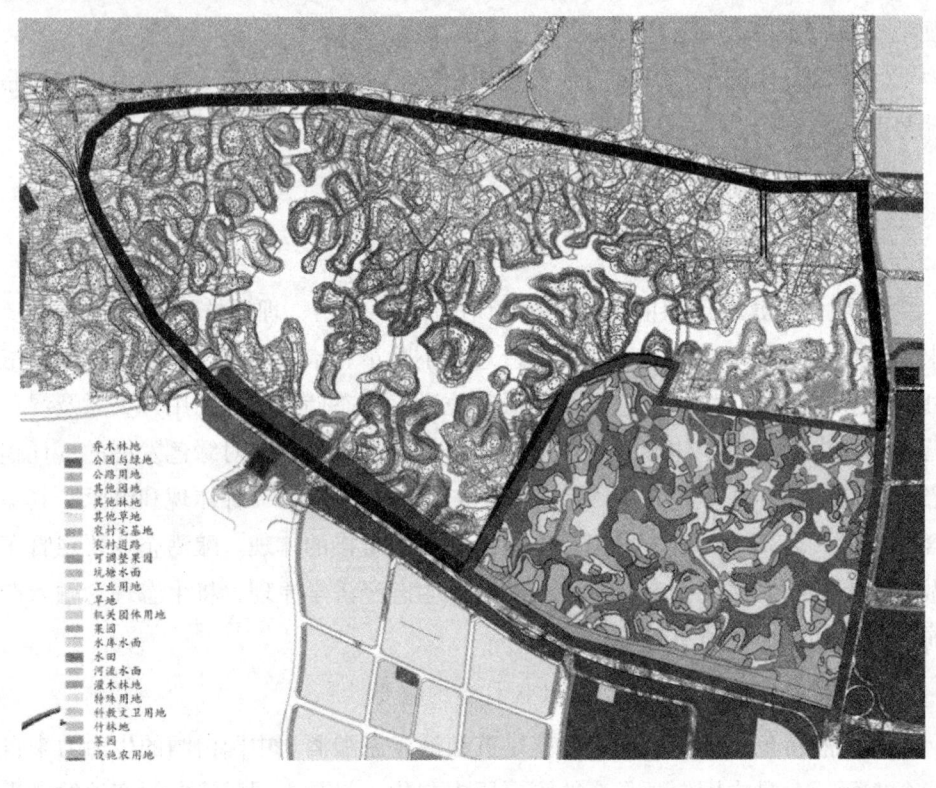

图 3-3　用地现状示意图

表 3-2　宜宾市五粮液特色小镇生态酿酒片区地块现状

用地类型	用地面积/hm²	用地现状情况简述
农村建设用地（农村宅基地）	9.77	现有农房约 300 间，多为一层或两层砖混结构房屋；部分农房处于闲置状态，长时间无人居住
交通用地	10.86	以 3.5 m 通村水泥路为主，其中农村道路占 0.96 hm²，其余为公路用地
耕地（水田、旱地）	58.18	主要种植水稻、季节性蔬菜
园地	2.21	以果园等为主
林地	28.41	多位于丘包、河谷地带，以竹林、杂木林为主
水域	5.57	以溪流和小坑塘为主

根据现有的规划，这一区域用地规划性质为居住用地和教育用地，可根据五粮液生态酿酒片区规划需求进行调整。空港组团的概念性规划和控制性详细规划已经完成，待空间规划确定后批复，也可根据项目需要调整规划后报市政府审批。截止2020年2月，该区域尚未开展土地征收工作。

（2）建设内容。五粮液生态酿酒片区为五粮液践行生态酿造的集中展示区、示范区和"生态酿造+文化酿造"研究基地，主要包括生态原粮种植研究、酿酒副产物资源化利用、生态储存等，配套科研用房和居住用房。五粮液生态酿酒片区打造意向如图3-4所示。

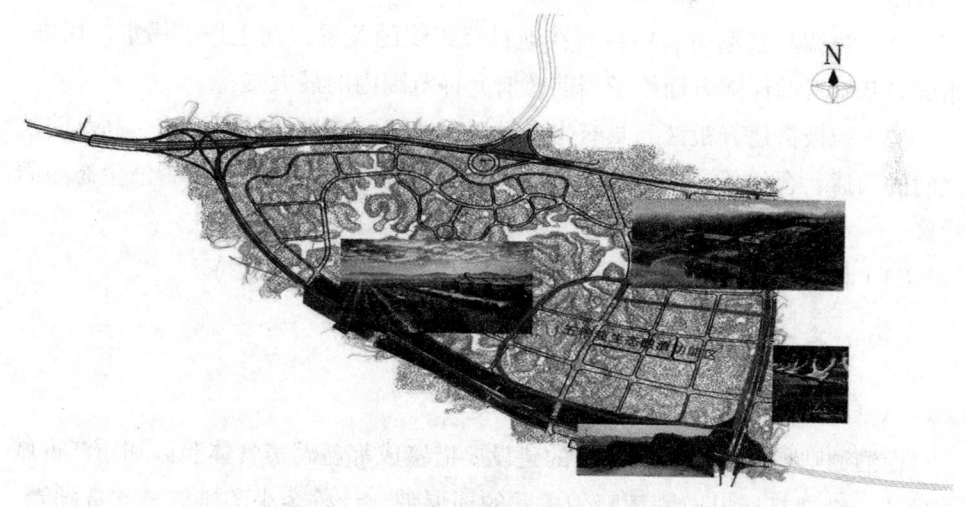

图3-4 五粮液生态酿酒片区打造意向

生态原粮种植研究要求宜宾市五粮液特色小镇和一些省内农业院校合作，在五粮液生态酿酒片区设立生态原粮种植研究基地，并在五粮液村周边开辟试验田，进行酿酒生态有机原粮种植、酿造工艺的生态绿色化等研究。

酿酒副产物资源化利用要求宜宾市五粮液特色小镇和江南大学、四川轻化工大学生物工程学院·五粮液白酒学院等合作，在五粮液生态酿酒片区建设中试基地，结合最新理论研究成果、实验室研究成果进行生产性小规模试验。在研究过程中，宜宾市五粮液特色小镇要将生态酿酒和乡村产业发展相结合，如将处理后的酿酒废弃物作为种植肥料及养殖饲料使用。

在生态储存方面，宜宾市五粮液特色小镇要利用自然储存的方式提升酒品熟化、陈化的速度和效果，建设现代工业储存区、陶罐储存区及地下储存区等，以改善储存空间不足的问题。

配套科研用房和居住用房主要是为原粮种植、酿酒副产物的资源化利用提供科研设备用房、科研实验用地等,并满足科研人员长期研究的居住需求。

4. 市区配套政策

五粮液生态酿酒片区如果成功建成,将为国内其他白酒企业提供一整套生态酿酒方案。五粮液生态酿酒片区建成后,单位产品能耗将明显降低[①],对宜宾市工业的绿色化发展、一二三产业的绿色化融合发展起到推动作用。因此,宜宾市要注重配套政策的制定和实施。具体来说,配套政策的制定注意以下几方面。

(1)协调和宗场镇、项目所在地村级组织的关系,在土地、用水、用电、用气等基础资源保障方面给予当前政府允许范围内的最大支持。

(2)积极搭建五粮液与具有生态酿酒相关研究成果的科研机构、高等院校之间的沟通、合作渠道,争取和科研机构、高等院校合作共建五粮液生态酿酒片区。

(3)积极和相关部门对接,争取获得相关专项资金的支持。

(四)第二期重点功能区介绍

1. 白酒酒吧、民宿集中区环带

白酒酒吧、民宿集中区环带的建设要借鉴成都麓湖美食体验区和丽江古城的模式,沿湖打造以白酒酒吧为主题的环形带,让游客小酌雅饮,欣赏湖光,享受慢生活。同时,民宿采用前店后栈或下店上栈的模式,以满足游客居住及经营者自身居住的需求。文化植入上重点突出五粮液酒文化以及中国传统文化中的音乐、饮食、酒膳养生文化等。白酒酒吧、民宿集中区环带打造意向如图3-5所示。

[①] 参考国内多家生态酿造企业生态酿酒相关数据,生态酿造可使每千升酒耗水由传统工艺的2.2 t下降到1.5 t,年节水5600 t,每千升酒耗电可由传统工艺的80 kW·h下降到60 kW·h,年节电160 000 kW·h,每千升酒耗标煤可由传统工艺的40 kg下降到15 kg,年节约标煤200 t。与传统工艺相比,在相同产量情况下,五粮液生态酿酒片区建成后,污水排放量由2 600 t减少为0,化学需氧量(COD)排放量由4 t减少为0,固体废弃物排放量由80 t减少为0。

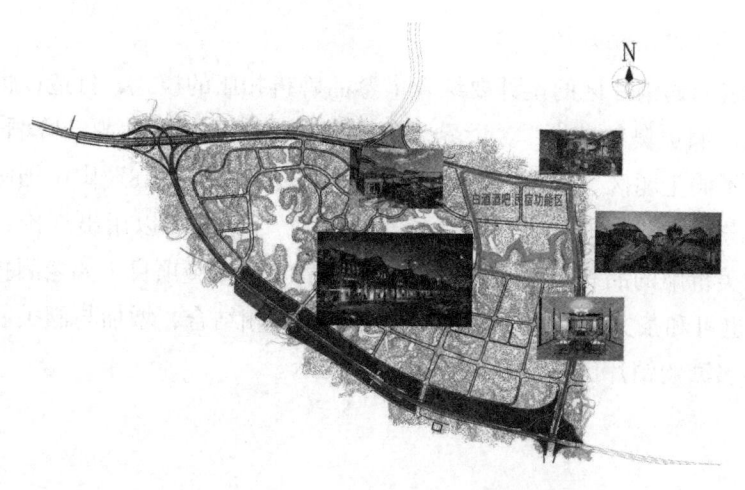

第三章 白酒产业特色小镇建设实务研究——以宜宾市五粮液特色小镇为例

图 3-5 白酒酒吧、民宿集中区环带打造意向

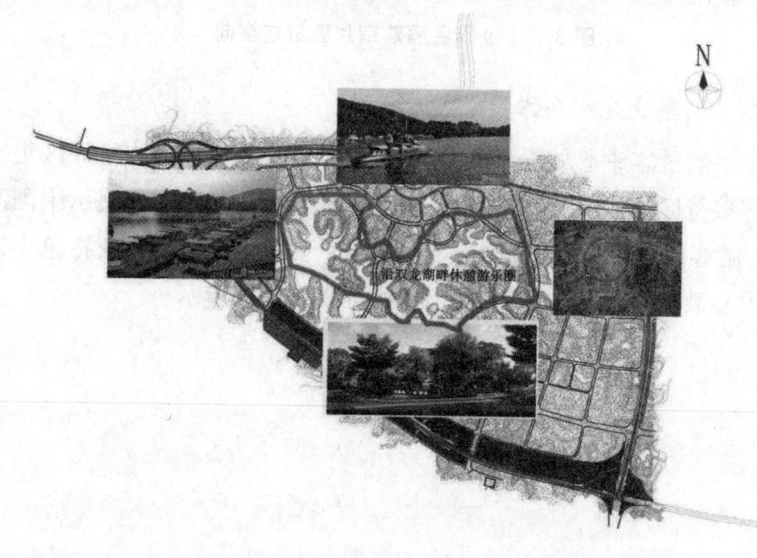

2. 沿双龙湖畔休憩游乐圈

沿双龙湖畔休憩游乐圈的设计要综合借鉴国内库区、湖区旅游开发的典型模式，设计沿湖绿道、步道、生态湿地等，同时设计人性化的休憩设施和基本旅游服务设施（公厕、直饮水、安全保障设施等），让游客体验健康步行。根据实地情况，沿双龙湖畔休憩游乐圈要增设垂钓、游船游艇等项目，满足不同人群的体验需求。文化植入方面主要考虑小景设计，如融入五粮液五种粮食、五色、五音等。沿双龙湖畔休憩游乐圈打造意向如图 3-6 所示。

图 3-6 沿双龙湖畔休憩游乐圈打造意向

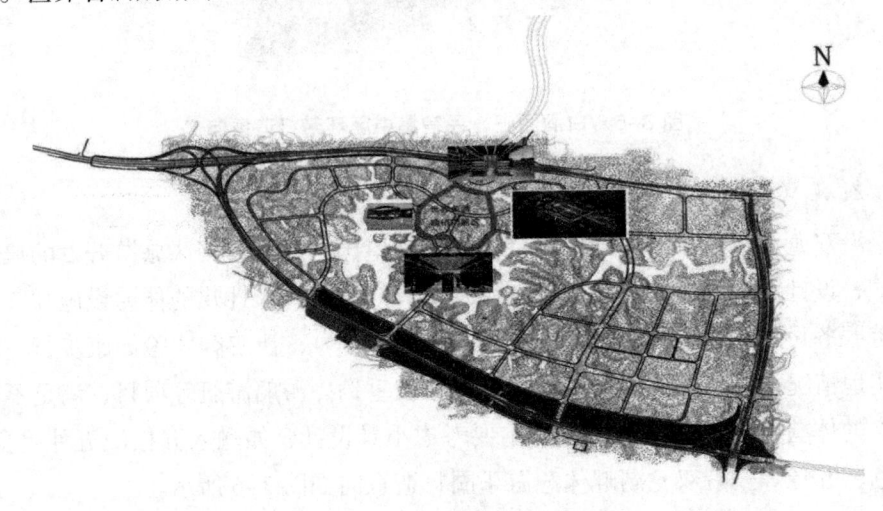

3. 世界名酒购销片区

世界名酒购销片区的设计要综合借鉴品牌折扣店的模式，打造以世界品牌酒为主的"酒类奥特莱斯"。世界名酒购销片区可设计烈性酒、啤酒、红酒、中国酒等不同主题区。设计用地 8.12 hm^2，主要植入"1218"中国国际名酒文化节的元素，打造类似"天天1218"的概念，让游客可以用出厂价、惊喜价购买到物美价廉的品牌名酒，并提供一定的酒文化体验项目（如老酒拍卖与品鉴等），也可和茶文化、食尚文化、流行文化等相结合，增加与酒关联的品牌店。世界名酒购销片区打造意向如图 3-7 所示。

图 3-7　世界名酒购销片区打造意向

4. 游客中心酒文化综合体验片区

不同于一般游客中心的设计模式，游客中心酒文化综合体验片区集来访嘉宾区、游客接待区、酒文化科普区（重点从微生物发酵等方面展示中国酒的科普价值）、游客深度体验区（DIY勾兑酒等）于一体，为五粮液特色小镇的门户。游客中心酒文化综合体验片区打造意向如图 3-8 所示。

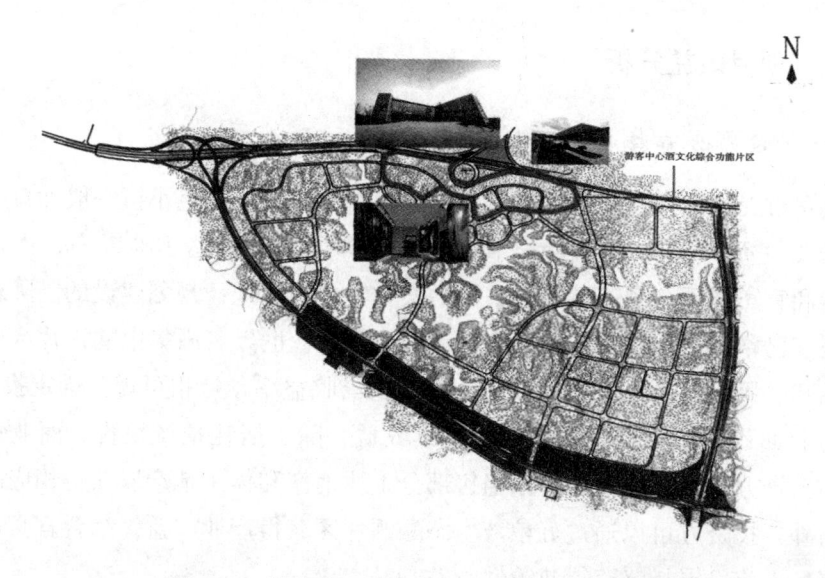

第三章　白酒产业特色小镇建设实务研究——以宜宾市五粮液特色小镇为例

图 3-8　游客中心酒文化综合体验片区打造意向

5. 湖岛生态地产片区

湖岛生态地产片区主要由两部分构成：一是高端私人别墅区；二是高端养老公寓。在湖岛生态地产片区，可植入五粮液文化并采用租售相结合的模式，聘请专业的运营商、高品质物业公司负责运行。湖岛生态地产片区打造意向如图 3-9 所示。

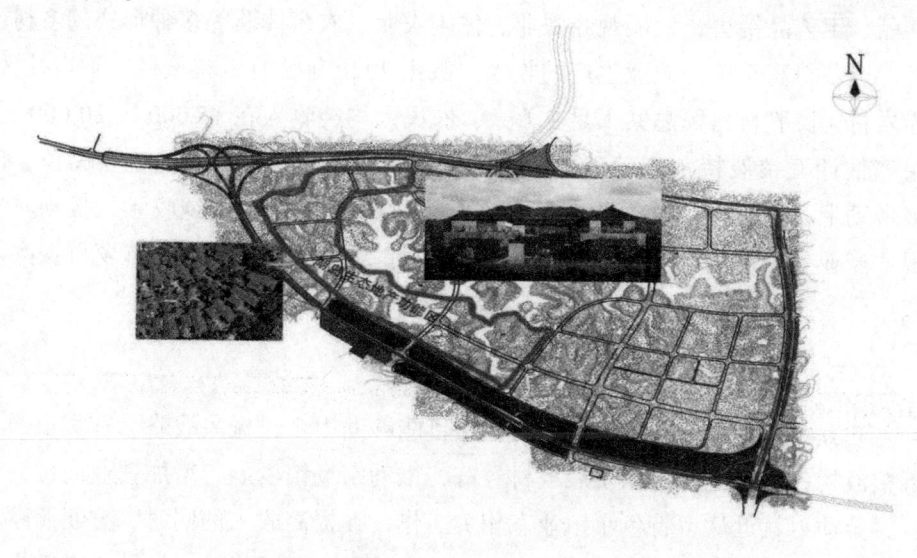

图 3-9　湖岛生态地产片区打造意向

四、项目效益分析

（一）投资方直接收益分析

宜宾市五粮液特色小镇项目占地近 333.33 hm^2，按特色小镇一般性投入估算，需要投资 30 亿～40 亿元。高端地产项目收益率可达 30% 左右，而依托航空港和宜宾国际名酒荟萃地、中国酒文化集中体验地（规划建设的国际名酒博物馆、已举办多届的中国国际名酒文化节等）、世界名酒集中购销片区以及白酒酒吧、民宿集中区环带等项目的商铺租借收益率预计很可观。固定投资 5 年内可收回，且能够通过租金获得持续收益。除了居住地产租售、商业地产租售，投资方（五粮液）还可以租售部分工业地产和休闲地产以获得相应的收益。另外，投资方可以通过五粮液生态酿酒片区获得产业收益，结合宜宾市乡村振兴、文旅发展战略获得政策性收益。

（二）项目在地的收益

宜宾市五粮液特色小镇项目直接覆盖的几个村的村民可通过五粮液特色小镇建设带来的工程建设、旅游服务、市场营销、后勤保障等岗位需求，获得就业机会。另外，这几个村还可通过自营餐饮、民宿等获得投资收益。特色小镇宗场镇的周边乡村则可通过五粮液特色小镇带来的人流集聚优势，进行特色农产品、工艺品销售，发展观光农业、休闲农业、农事体验等多种形式的乡村旅游，以获得高于单一农业生产的收入。截止 2020 年 2 月五粮液村、禾甫社区、赤岩村、民胜村村民总共不足 1 万人，农民人均纯收入在 15 000～20 000 元，保守估计五粮液特色小镇建成后，能直接提供 2 000 个以上的就业岗位，间接带动上万人就业，从而为村民带来人均 10 000 元以上的纯收入，推动其实现"产业强、乡村美、农民富"的发展目标，助力其成为宜宾市乡村振兴示范点。

（三）文化和社会收益

一方面，宜宾市五粮液特色小镇项目能够助力乡村振兴战略。宜宾市通过五粮液特色小镇建设可以发展乡村经济，推动宗场镇发展，增加就业岗位，让乡村劳动力就近从事特色小镇业态相关工作，在提高收入的同时，方便照顾家里的老人和小孩，这有助于乡村振兴中社会治理水平的提升。另外，宜宾市可以通过五粮液特色小镇建设带来的外来信息传播、就业培训等,增强村民的文化素养,提高村民的综合素质。

另一方面,宜宾市五粮液特色小镇可增强宜宾市酒文化的软实力。以酒文化为载体打造集白酒展览、酒文化交流、商业服务于一体的高端体验式白酒购销体验区一直是宜宾市文化发展、酒都文化影响力提升的一个重点推进战略,但一直没有得到落地,而宜宾市五粮液特色小镇将是实现这一战略的最佳载体。宜宾市要通过宣传五粮液品牌文化,宣传中国白酒,并和文化旅游、休闲旅游等相结合,提升宜宾酒文化体验的知名度和影响力,为将本市打造成川滇黔经济文化强市提供支撑。

五、项目推进的建议

(一)规划建议

宜宾市要借鉴国内现有特色小镇建设、发展、运行的模式,聘请高水平的规划团队为五粮液特色小镇的建设进行规划。首先,规划团队的规划设计要和当地规划专家的意见相结合,突出五粮液文化、中国酒文化的元素。其次,宜宾市五粮液特色小镇建设规划应尽快启动。当前,国内具有酒产业发展优势的地区多在谋划酒文化特色小镇,若宜宾市五粮液特色小镇能够打造成功,对同类特色小镇将起到引领和示范作用,从而扩大影响力,提升知名度。

(二)建设建议

一是宜宾市五粮液特色小镇的建设要因地制宜,充分结合双龙湖生态景观区,并保留历史和现有的特色景观资源,巧妙运用自然的地势起伏、河流流向等,减少不必要的挖高填低,从而减少土方量。二是宜宾市五粮液特色小镇的建设要注重绿色环保,尽量使用地方建材和绿色建材,让生态绿色成为宜宾市五粮液特色小镇的一大特色和亮点。

(三)运营建议

在运营过程中,宜宾市要发挥宜宾市五粮液特色小镇项目的公益价值,让村民充分参与其中。同时,宜宾市要借鉴国内现有地产小镇和产业小镇的收益模式,采取灵活的经营模式,让旅游收益融于无形,却能带来固定投资收益的持续化。宜宾市要根据宜宾市五粮液特色小镇的营利模式设计短期与长期的财务平衡计划，短期应保障小镇的短期收益覆盖资金成本，长期则依赖长期产业收益策略和盈利模式的实现。在宣传方面，宜宾市要善于利用五粮液的品牌知名度和融媒体的力量，大力宣传五粮液特色小镇对乡村振兴的作用，获得外界关注、社会认可和游客的支持，从而迅速提升五粮液特色小镇的美誉度和知名度。

执笔：庞豪、孟宝、周陶

第四章　县域现代物流产业发展建设实务研究
——以宜宾市高县为例

党的十九大报告指出："我国经济已由高速增长阶段转向高质量发展阶段，正处在转变发展方式、优化经济结构、转换增长动力的攻关期。"面对新的经济形势和背景，党的十九大报告提出："加强水利、铁路、公路、水运、航空、管道、电网、信息、物流等基础设施网络建设。"2017年，中央经济工作会议提出："深化电力、石油天然气、铁路等行业改革，降低用能、物流成本。"未来一段时期，物流业将进入以质量和效益提升为核心的发展新阶段，要坚持效率改进、质量提升和创新驱动，提高物流供给质量，加快发展现代物流业。

中共四川省委十一届三次全会强调，推动四川高质量发展，必须全面落实新发展理念，实施"一干多支"发展战略，对内形成"一干多支、五区协同"区域协调发展格局，对外形成"四向拓展、全域开放"立体全面开放格局，奠定经济强省的坚实基础。会议鼓励和支持有条件的区域中心城市争创全省经济副中心，强调川南经济区建设南向开放重要门户和川渝滇黔接合部区域经济中心，主动融入"一带一路"建设和长江经济带发展，突出南向，制定畅通南向通道、深化南向开放合作实施意见，畅通南向综合运输大通道，促进物流降本增效。

宜宾市委五届六次全会指出："用4年时间集中攻坚，力争2021年全市经济总量达到3000亿元，建成全省经济副中心，在全省'一干多支'发展战略中构筑'宜宾强支'。"同时，该会议要求加快将宜宾建成川渝滇黔接合部区域经济中心、长江上游区域中心城市、全国性综合交通枢纽、四川南向开放枢纽门户、区域性数字经济中心，实施乡村振兴战略，加快发展县域经济。其中，加快将宜宾建成长江上游区域性现代服务业中心，要求大力发展现代物流，引进和培育一批具有较强竞争力的现代物流企业，加快建设现代物流产业集群。

高县县委十四届三次会议通过了《中共高县县委关于以超常力度超常举措发展壮大县域经济为宜宾加快建成全省经济副中心多作贡献的决定》，明确了高县未来的发展目标，号召全县上下坚定"11158"发展思路，到2021年确保全县地区生产总值实现216亿元，力争达到230亿元。积极培育食品饮料、轻纺、能源、建材4个100亿产业集群和节能环保、化工、印刷包装、机械制造4个50亿产业集群，坚持北接南吸中兴城、一河二路建通道、五化同步统城乡的基本路径，构建"一主三副多点"县域城镇发展体系，加快推进城乡一体化发展等，必将为县域经济发展注入强劲动力。会议强调，要进一步树牢"四个意识"，坚定"四个自信"，认真对照习近平新时代中国特色社会主义思想、习近平总书记对四川工作系列重要指示精神和中共四川省委十一届三次全会、市委五届六次全会精神，紧扣县委十四届三次全会部署，不折不扣推动全会精神落地落实，在奋力推动县域经济超常规、高质量发展的伟大实践中创造新的业绩。

新形势、新理念、新思维、新目标明确了高县现代物流产业的发展方向，对建立与高县经济发展相适应的现代物流服务体系提出了更高的要求。由此开始的新实践需要系统性的新认知、新构想和新规划。

一、发展建设背景

（一）发展基础

1. 区位优势比较明显

高县地处宜宾市中南部，北接宜宾市，南连筠连煤田，是宜宾市等级公路和铁路覆盖范围最广的区域之一，也是宜宾市南向发展的重要战略通道。伴随成贵铁路和宜宾港的建设，贵州六盘水、云南昭通乃至昆明地区流向华中、华东地区的资源和货物也将通过高县到达宜宾顺长江外运。高县拥有融入成渝经济区、川南经济区、临港经济区、丝绸之路经济带、长江经济带和菱形经济圈发展的区位优势。

2. 经济发展势头强劲

2014年高县全县生产总值（GDP）首次迈过百亿元大关，2015年达到

118亿元,"十二五"期间,年均增长达13.6%。2018年,高县经济发展呈现稳中趋好、稳中有进的基本格局,全年实现地区生产总值146.68亿元,同比增长8.3%(可比口径),其中第一产业完成增加值22.5亿元,同比增长3.3%;第二产业完成增加值78.14亿元,同比增长8.6%;第三产业完成增加值46.03亿元,同比增长10.7%。三次产业结构从2017年的16.1∶53.7∶30.2调整为2018年的15.3∶53.3∶31.4。人均地区生产总值为35 370元,同比增长8.2%。第三产业明显的增长及人均地区生产总值的大幅提升,将使物流需求大幅提升,流通领域的物流系统化运作效率显著提高,这无疑对促进高县物流业的升级发展,加快经济发展方式的转型具有重要作用。

3. 农业生产稳步发展

2018年,高县全县第一产业完成增加值22.5亿元,同比增长3.3%。第一产业稳步发展,农业现代化水平不断提高。县委、县政府紧紧围绕"打造特色产业基地"目标,深入实施"一乡一业""一村一品"工程,引导大宗特色农产品生产向优势产区集中,扩大优质农产品种养规模,形成了一批优势农业产业基地。比如,蚕桑主产区蕉村镇、罗场镇、嘉乐镇和落润镇已完成打造6666.67 hm² 高效低碳循环蚕桑产业基地的任务;胜天镇打造了万亩(1亩≈0.07 hm²)李花林;罗场镇打造了万亩茶花林;罗场镇打造了连片开发万亩生态茶园基地。与此同时,县委、县政府高度重视加强区域合作,积极探索建立"品牌+基地""窗口+基地""市场+基地"等发展模式,辐射带动周边区域建立农产品基地。

4. 新型工业化加速推进

"十二五"期间,高县规模以上工业增加值年均增长15%。综合能源、酒类食品、轻纺建材等特色优势产业加速推进转型升级,福溪电力、高洲酒业、川红集团、长信线业、久凌化学等一批重点企业获得长足发展。福溪电厂一期工程一、二号机组并网发电,高洲酒业完成年新增10万吨白酒技改项目,华盛纸业、立华蚕茧、早白尖、川红集团、天顺建材、普什铸造等企业通过技术改造、增资扩能步入新的发展阶段。

通过大力实施名牌带动战略,高县县域企业的知名度和竞争力显著提高。2019年,高县已拥有四川省名牌产品6个,在全市排名第二;国家驰名商标1件,省著名商标4件,市知名商标6件;质量信用等级企业14家,质量体系认证企业7家,绿色食品认证2家,强制性认证产品1家。高洲酒业获批国家级龙头企业，长信线业、久凌化学等创建为国家高新技术企业，立华蚕茧等5家企业创建为省级创新型企业。通过强力实施"中小微企业成长计划"等系列鼓励中小企业发展的政策措施，中小企业活力不断增强。

（二）主要成效

1. 物流规模不断扩大

随着县域经济的不断发展，我国县域物流规模不断扩大，服务功能不断拓展。2018年，高县全县主要货物流量超过了1 565万吨。物流业的发展，也使得其在县域经济发展中的带动作用日益增强。物流规模的扩大在很大程度上促进了县域经济中现代农业、新型工业以及现代服务业的发展。特别是物流业作为服务业的一部分，在县域经济中基本是服务业的主要形态，物流业的发展在很大程度上决定着县域经济现代服务产业的发展水平。

2. 物流需求明显增强

高县经济发展呈稳中趋好、稳中有进的基本格局。2018年，高县全年实现地区生产总值146.68亿元，同比增长8.3%。同时，居民消费持续增加，商品需求旺盛。2018年，高县全年社会消费品零售总额61.7亿元，比上年增长12.4%。2019年1—7月完成社会消费品零售总额37.43亿元，同比增长10.9%，继续保持旺盛的增长势头。经济发展的良好势头促使商贸物流需求大幅提升，这无疑对促进高县物流业的升级发展，加快经济发展方式的转型起着重要的作用。

3. 物流层次显著提升

在城乡一体化、新型城镇化的推动下，我国县域物流产业发展迅速，县城中出现许多现代物流产业、连锁超市、购物中心等现代批发零售业态。与此同时，现代物流产业赖以生存与发展的交通基础设施、物流配送中心开始出现。从管理理念、管理手段和技术设备等各个方面，县域物流都表现出了比较明显的转变。特别是一些县域建设的物流园区，集合全县的物流企业，有助于提升县域物流行业的规模效益与市场竞争力。

4. 物流作用日益明显

长期以来，我国县域物流相关设施的建设主要以行政指令为主，其中以工商部门建设各个集贸市场最为典型。目前，大多数物流设施的建设主体以企业、个人等为主，而各个街道上的商业主体一般由开发商与业主共同兴建。特别是随着物流业的发展,市场主体对新型物流业态的构建、物流新技术、新设备的引进更加主动。与此同时,政府主管部门对物流市场的管理也越来越倾向管理与服务,而不是以往的管理与控制。可以说,市场主体在物流业的发展中扮演的角色越来越重要。

(三)面临的挑战

1.基础设施不全,产业发展受制

物流基础设施作为物流发展的基础条件和必要保障,主要包括交通状况、运输工具状况、仓储条件、信息网络等方面。与周边地区相比,高县物流基础设施处于劣势。一是交通运输条件较差,运输能力明显不足;二是产品储存设施落后,仓储中心数量不足;三是运输工具状况堪忧,集散配送能力不强。目前,高县农村公路技术等级普遍偏低,县乡道多为宽度不超过6 m的四级公路;与珙县、筠连县、盐津县等周边县缺乏快速联络线;南部交通建设较为迟滞,导致南部产业缺少干线公路支撑;全县尚未建成集调节、检验、集散、加工、配送于一体的大型综合现代物流仓储中心;受交通运输状况的制约,物流运输工具现代化程度较低,客运站、货运站周边配套设施较差。

2.税费政策欠佳,企业负担较重

一是过路过桥费负担较重,占运费的三分之一,加上一些乱罚乱收现象的存在,加大了物流企业成本负担。二是营业税存在部分重复纳税现象。高县全县物流企业不能享受试点物流企业营业税差额征税的优惠政策,其中物流配送业务领域、仓储租赁业务领域、代收代缴费用领域的表现尤为突出。三是物流业各环节营业税税率不统一。现行营业税制将物流业划分为运输类和服务类两大类:运输类(装卸、搬运等)的营业税税率为3%,服务类(仓储、配送、代理等)的营业税税率为5%。而物流业务是集成化的,包括运输、仓储、装卸、配送乃至包装等不同的过程。四是土地使用税负担较重。仓储与分拨、配送基础设施的建设与使用是整体物流服务的关键环节,占地面积大,投资成本高,但在土地使用税、房产税的征收上没有实行差别税率,给仓储型物流企业的建设带来很大压力。此外,物流企业贷款难、融资渠道不畅通的问题仍比较普遍。

3.企业规模较小,信息程度较低

高县物流企业规模普遍偏小,缺少龙头企业的带动和引领。全县现有物流企业65家，从业人员7 000余人。与周边区县相比，高县物流企业的特点是数量少、质量低、布局散、标准乱、盈利空间狭窄、市场竞争力较低、抵御风险能力较弱。大多数物流企业只能提供简单的运输和常温仓储服务，只有很少的企业能提供流通加工、信息服务、库存管理、成本控制等物流增值服务。多数物流企业信息化水平较低，先进信息技术应用范围有限，立体仓库、条码自动识别系统、自动导向车系统、货物自动跟踪系统等物流自动化设施配备比率较低。同时，信息化对企业运营生产环节的渗入层次较浅，物流企业网站的功能仅停留在宣传企业形象方面，电子商务等先进管理技术有待开发。此外，服务部门与相关企业、物流企业与工业企业之间无法实现物流信息互通，更没有形成完整、高效的信息供应链。

4. 人员素质偏低，专业人才匮乏

现代物流是一个复合产业和新兴产业，对复合型人才和创新型人才的需求十分强烈。目前，高县物流业从业人员主要以传统型物流行业人员为主，总体素质不高，普遍缺乏现代物流经营、管理和运作的相关理论知识和业务技能。物流整体规划、物流方案设计运作、物流企业经营管理、物流信息系统开发等方面的专业人才尤为匮乏。同时，物流人才培养途径缺失，物流职业教育力量薄弱，高级人才引进机制不畅，物流行业工作人员的继续教育和岗位培训缺乏，都将直接影响高县物流业的发展。

5. 农村物流技术水平低，城乡物流发展差距大

由于农产品存放时间短、易腐烂变质，农产品对运输、储存、加工等物流技术有着更高要求。首先，就目前来看，农村物流整体技术水平偏低，现有物流技术装备较陈旧、落后，物流效率较低。例如，在农产品储存方面，相关冷藏设施数量有限，导致农产品损坏率过大。同时，由于现代先进流通技术的缺乏，农产品流通配送速度缓慢，差错率较高。其次，城乡物流发展水平差距较大。近年来，城市物流在电子商务行业的带动下得到快速发展，而农村人口密度低、消费需求分散、购买力相对偏低等状况致使农村物流市场发展相对滞后。同时，农村物流受时空因素的影响大，具有明显的季节性、不确定性和分散性，城市物流则相对集中，物流需求也较为稳定、持续。此外，城市物流经营主体多、规模大，而农村物流主体则以个体或供销机构经营为主，规模小、专业化程度低。因此，农村物流这种低水平的状况在制约农村物流发展、增大农产品物流风险的同时，影响着城乡物流双向流通和城乡一体化的发展。

（四）重要机遇

1. 扶持政策支撑有力

当前，县域物流业发展迎来新一轮发展机遇，国家、省（区）、市出台的系列政策和规划都在推动现代物流业向县、乡延伸发展。2017年，商务部等5部门制定了《商贸物流发展"十三五"规划》，提出："'十三五'期间，基本形成城乡协调、区域协同、国内外有效衔接的物流网络。"2015年，四川省政府印发的《四川省物流业发展中长期规划（2015—2020年）》明确指出："到2020年，基本建立货畅其流、经济便捷、服务高效、安全可靠、绿色环保的现代物流服务体系，将我省建设成为西部物流中心和连接丝绸之路经济带、长江经济带的物流枢纽。"2018年2月，宜宾市政府印发《宜宾市物流业发展规划（2017—2021年）》（以下简称《规划》）。《规划》要求着力打造"一核、两园区、三中心、十城乡配送中心、N个服务站"的多层次物流体系，为宜宾建设长江上游辐射吸纳川滇黔的区域经济中心城市提供强大的物流保障。高县庆符镇是"十城乡配送中心"选址之一。《规划》明确了从资金、土地、税收政策以及金融服务等方面给予大力支持，力争2025年全面建成长江起点港航物流中心、川滇黔渝区域物流中心、全国供应链体系建设示范基地，打造立足川南经济区、服务川滇黔渝，连接海上丝绸之路、陆上丝绸之路、空中丝绸之路的水、铁、公、空多式联运枢纽。这些政策的制定和逐步落实，将为高县物流业的发展起到重要的促进作用。

2. 宏观战略有效助推

"十三五"期间，践行"一带一路"倡议，新一轮西部大开发、长江经济带、成渝经济区等国家发展战略，四川省委优先发展川南城市群、四川省8市1区老工业基地改造等省级发展战略，加速推进宜宾市"2365"发展战略等重大战略部署。高县资源富集，剩余劳动力富足，具备承接产业转移的良好条件和优势。高县在新一轮产业转移和经济转型升级的大背景下，加强与川、滇、黔、渝毗邻地区全方位合作，加大招商引资和产业转移力度，而转移来的各种产业必然会带动原料运入和产成品运出的物流需求。这为高县物流业的未来和发展提供了货源方面的保证。

3. 交通优势逐步显现

高县背靠宜宾市区，既可承接宜宾的产业转移，又可分享筠连煤田综合开发、金沙江水电资源梯级开发和宜宾构建现代化区域性中心城市带来的巨大机遇。宜庆路的修建将使高县的区位优势更加明显，宜宾绕城高速的通车让高县直接融入"宜宾半小时经济圈"，更加充分地接受宜宾一级中心城市的辐射，文江镇、庆符镇等将成为宜宾市的卫星城市组群。宜昭高速公路、成贵高速铁路、渝昆高速铁路的陆续建成通车，使得高县与成都、贵阳、重庆、昆明四地以高速和高铁相通，区域可达性得到极大提升。独特的区位优势和交通基础设施的改善将为物流业的发展提供深厚的基础条件。

4. 功能定位更加明确

随着市场经济的进一步发展和技术的持续进步，物流规模逐步扩大，商品渠道体系日益完善。一方面，物流规模不断扩大和物流设施日趋完善，使物流企业有足够的能力实现基本的商流转移；另一方面，市场竞争环境越来越复杂和市场需求越来越高，这对物流运行提出了更高的要求，即要求物流不再只是充当"转移"这样的角色，物流功能应从传统的商品转运功能逐步演变为优化商品渠道流程以及创造价值等功能，物流服务业的服务范围逐步向更广的领域拓展。一方面，物流服务业的服务范围从城市向农村扩张，农村物流越来越重要，县、乡、村三级物流体系的建设成了未来五年至十年内中国物流扩张的主要方式；另一方面，物流业深入地融入生产制造业内部以及人们的生活中，尤其是在互联网商业和电子商务大发展背景下，快速物流的发展和崛起更是对传统物流体系的一场变革。在这样的大背景下，县域物流业的功能定位将进一步提升，为承接产业转移和实现经济转型提供更有力的支撑。高县将积极抓住发展机遇，牢固树立创新、协调、绿色、开放、共享发展理念，积极顺应"互联网+"发展趋势，贯彻落实"双轮驱动"发展战略，加快发展现代服务业，努力建设宜宾南部物流中心。

5. 配送主体多元发展

在信息化时代，随着网络技术、电子商务、交通运输和管理的现代化，现代物流配送也将在运输网络合理化和销售网络系统化的基础上实现整个物流系统管理的现代化，配送各环节作业的自动化、智能化。物流配送模式由生产者和销售商自己组织物流配送转变为以第三方物流配送为主，物流配送主体将进一步多元化。物流配送将更多地运用现代技术和方法，与电子商务发展相融合，采用先进的系统模式。农村物流体系建设将进一步加快，产业联动、供需直通的现代流通方式将得到迅猛发展，物流业面临着扩大规模和结构调整的双重发展方向。高县将积极引导和鼓励高洲酒业等大型企业的物流自营机构不断完善功能，提高服务能力，实现主辅分离，成为社会化的第三方物流企业；积极鼓励民间资本创建新兴的第三方物流企业，提高物流服务领域的经济活力，实现第三方物流服务企业的快速发展；鼓励和支持民营传统物流企业向第三方物流企业发展，形成区域品牌；鼓励从事物流相关业务的企业实施重组改造，通过扩大经营、延伸服务领域、与大企业结成战略联盟等方式向第三方物流企业转型，逐步形成一批区域服务网络广、供应链管理能力强、物流服务水平优、品牌影响力大的现代物流知名企业。

二、总体要求

（一）指导思想

以习近平新时代中国特色社会主义思想为指导，深入贯彻党的十九大精神和中共十九届一中、二中、三中全会精神，全面落实中央、省、市各项决策部署，牢固树立和贯彻落实创新、协调、绿色、开放、共享的发展理念，深入推进供给侧结构性改革，全面贯彻落实《物流业发展中长期发展规划（2014—2020年）》和《宜宾市物流业发展规划（2017—2021年）》等文件精神，紧紧围绕宜宾市"2365"发展战略和《高县国民经济和社会发展第十三个五年规划纲要》，发挥市场在资源配置中的基础性作用，强化规划和政策引导，以企业为主体，以做大物流产业规模、降低物流成本、补齐物流产业短板、提升物流效率为核心，进一步打通物流通道，建设物流节点，完善物流网络，营造物流业良好发展环境，优化区域关键物流载体，注重高端物流功能塑造，着力推动现代物流业创新发展、集聚发展，将高县打造成为四川省南部县域物流集散地、川滇黔渝区域物流创（产）业孵化副中心、中国区域性电商模式典范，为高县经济社会可持续发展提供强有力的支撑。

（二）基本原则

1. 坚持市场主导，创新发展

高县要不断强化物流企业的市场主体地位，充分发挥市场在配置资源中的决定性作用，紧密依靠市场主体的主动性、积极性和创造性，最大限度地激发市场活力；不断创新政府调控、引导方式，推进简政放权、放管结合，积极发挥政府在战略、规划、政策、标准等方面的引导作用，营造统一、开放、公平、有序的市场环境。

2. 坚持产业融合，联动发展

高县要充分发挥物流业的基础性、先导性作用，加快物流业与优势产业、重点产业联动发展，围绕主导产业形成特色突出、优势明显、支撑有力、运转高效的物流配套服务体系，促进三次产业深度融合，推动经济转型升级。

3. 坚持软硬同步，协调发展

高县要围绕物流业"四化"（平台化、集群化、智能化、生态化）建设，加快各类资源要素的整合、集成与改造，在注重通道、园区、设施、网络等硬件建设的同时，加大体制机制、政策、人才、市场监管等软件建设，提高物流资源与设施的集约利用率和信息化水平，切实降低物流成本。

4. 坚持技术引领，绿色发展

高县要推动物流业技术标准体系建设，加强一体化运作，实现物流作业各环节、各种物流设施设备以及物流信息的衔接配套，促进物流服务体系高效运转；鼓励采用节能环保的技术、装备，提高物流运作的组织化、网络化水平，降低物流业的总体能耗，减少污染物排放量。

5. 坚持区域合作，突破发展

高县要实施积极的物流开放战略，坚持"引进来"与"走出去"相结合，加快承接吸纳宜宾市内外有实力的物流机构和企业，加快传统物流业转型升级，建立和完善社会化、专业化的物流服务体系，大力发展第三方物流，形成一批具有较强竞争力的现代物流企业，扭转"小、散、弱"的发展格局，扩大产业规模，提升发展水平，构建物流一体化运作的市场体系，以开放谋发展，以合作寻突破。

（三）规划依据

（1）《物流业发展中长期规划（2014—2020年）》

（2）《全国物流园区发展规划（2013—2020年）》

（3）《全国流通节点城市布局规划（2015—2020年）》

（4）《国家公路网规划（2013年—2030年）》

（5）《国务院关于积极推进"互联网+"行动的指导意见》（国发〔2015〕40号）

（6）《国务院关于促进快递业发展的若干意见》（国发〔2015〕61号）

（7）《国务院办公厅关于推进线上线下互动加快商贸流通创新发展转型升级的意见》（国办发〔2015〕72号）

（8）《国务院办公厅关于转发国家发展改革委〈营造良好市场环境推动交通物流融合发展实施方案〉的通知》（国办发〔2016〕43号）

（9）《国务院办公厅关于转发国家发展改革委〈物流业降本增效专项行动方案（2016—2018年）〉的通知》（国办发〔2016〕69号）

（10）《国务院办公厅关于推进电子商务与快递物流协同发展的意见》（国办发〔2018〕1号）

（11）《关于进一步促进冷链运输物流企业健康发展的指导意见》（发改经贸〔2014〕2933号）

（12）《关于加强物流短板建设促进有效投资和居民消费的若干意见》（发改经贸〔2016〕433号）

（13）《国家发展改革委关于印发〈"互联网+"高效物流实施意见〉的通知》（发改经贸〔2016〕1647号）

（14）《商务部办公厅 国家标准委办公室关于印发〈商贸物流标准化专项行动计划〉的通知》（商办流通函〔2014〕752号）

（15）《商务部关于促进商贸物流发展的实施意见》（商流通函〔2014〕790号）。

（16）《关于智慧物流配送体系建设的实施意见》

（17）《商贸物流发展"十三五"规划》

（18）《全国电子商务物流发展专项规划（2016—2020年）》（商流通发〔2016〕85号）

（19）《城乡高效配送专项行动计划（2017—2020年）》（商流通函〔2017〕917号）

（20）《交通运输部 农业部 供销合作总社 国家邮政局关于协同推进农村物流健康发展 加快服务农业现代化的若干意见》（交运发〔2015〕25号）

（21）《交通运输部办公厅关于进一步加强农村物流网络节点体系建设的通知》（交办运〔2016〕139号）

（22）《关于畅通南向通道深化南向开放合作的实施意见》（川委办〔2018〕31号）

（23）《宜宾市国民经济和社会发展第十三个五年规划纲要》

（24）《宜宾市物流业发展规划（2017—2021年）》

（25）《高县国民经济和社会发展第十三个五年（2016—2020）规划纲要》

（26）《宜宾市高县工业园区总体规划（2017—2030）》

（27）《高县交通运输"十三五"发展规划》

（28）《高县"十三五"服务业发展规划（2016—2020）》

（29）《高县"十三五"工业经济发展规划（2016—2020）》

三、需求预测

（一）高县物流综合水平评价

近年来，宜宾市物流业蓬勃发展，各个地区都采取措施，积极培育物流产业核心竞争力。高县要找准本县物流产业发展方向，需要客观、准确地对本地区物流产业竞争力进行分析，并与周边地区物流产业发展情况进行综合比较，以为本县物流发展准确定位、制定物流发展战略及相关措施提供科学的依据。

首先，选取社会经济发展水平、消费流通状况、环境支撑要素、物流基础设施、物流发展规模五大类14个初选指标，构建宜宾市物流综合竞争力评价指标体系，如表4-1所示。

表4-1　宜宾市区域物流综合竞争力评价指标体系

社会经济发展水平	地区生产总值
	人均地区生产总值
	全社会固定资产投资总额
	规模以上工业企业总产值
消费流通状况	进出口总额
	社会消费品零售总额
	人均消费性支出
环境支撑要素	辖区面积
	城镇常住人口
	人口密度
物流基础设施	公路总里程
	互联网宽带接入用户
	民用汽车拥有量
物流发展规模	货物周转量
	邮电主营业务收入

本研究采用2018年宜宾市县区综合年报统计数据，经过关联度分析，最终选择地区生产总值、人均消费性支出、全社会固定资产投资总额、规模以上工业企业总产值、进出口总额、社会消费品零售总额、城镇常住人口、互联网宽带接入用户、邮电主营业务收入共9个指标进行因子分析。

经因子分析适用性检验、因子提取与公因子确定、因子旋转，得到经济发展与环境支撑因子（F_1）、流通消费与发展规模因子（F_2）两个主成分因子，经累计方差加权计算得出综合因子得分（F）。宜宾市7县3区综合物流竞争水平排名如表4-2所示。

表4-2 宜宾市7县3区物流综合竞争力排序

区 县	翠屏区	叙州区	南溪区	长宁县	高县
综合得分（F）	4 243 127	2 095 340	968 034	801 280	794 581
综合排名	1	2	3	4	5
区 县	江安县	珙县	筠连县	兴文县	屏山县
综合得分（F）	706 621	665 814	440 684	390 969	281 628
综合排名	6	7	8	9	10

一般来说，综合得分越高则表明物流综合竞争力越强，由表4-2可以看出，2018年宜宾市7县3区中翠屏区物流竞争力最强，屏山县物流业最缺乏竞争力。高县物流综合竞争力排在第5位，总体水平居中，社会经济发展水平、消费流通状况、环境支撑要素、物流基础设施、物流发展规模在全市总体较好。

若按综合得分将7县3区划分为强竞争力、较强竞争力、一般竞争力、较弱竞争力、弱竞争力五个等级，则翠屏区位于第一等级（强竞争力），叙州区位于第二等级（较强竞争力），长宁县、高县、江安县、珙县位于第三个等级（一般竞争力），筠连县、兴文县位于第四个等级（较弱竞争力），屏山县位于第五等级（弱竞争力）。宜宾市区域物流综合竞争力强度如图4-1所示。

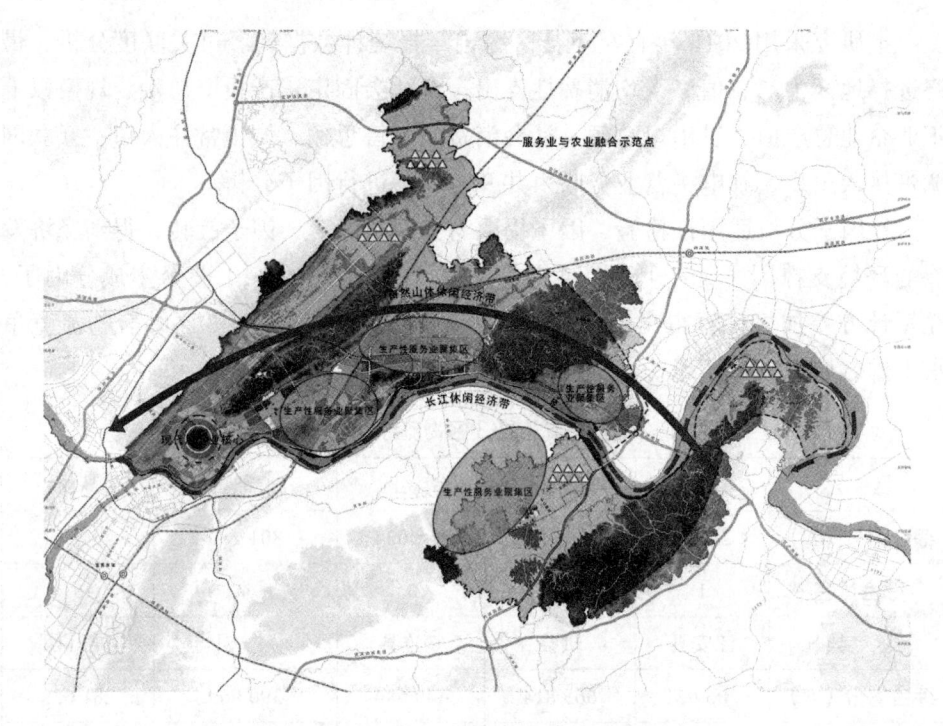

图 4-1 宜宾市区域物流综合竞争力强度

从综合得分看，全市只有翠屏区、叙州区达到平均水平以上，高县物流综合竞争力与翠屏区、叙州区差距大，与南溪区、长宁县还有一定差距，与江安县差距较小，面临"前有标兵，后有追兵"的局面，需要进一步优化物流产业布局，完善物流基础设施，推动物流业高质量发展。

（二）基础指标量预测

1. 经济发展预测

物流需求是派生需求，其活跃程度依赖经济发展水平。反映区域经济发展总体态势的指标包括 GDP、第一产业增加值、第二产业增加值、第三产业增加值。在此，本研究以 2025 年为时间节点，根据历史数据对上述四个指标进行建模预测，并通过研究物流产业增加值与 GDP 的关系，对物流产业增加值进行间接预测。

为了提高预测质量，本研究采用灰色预测、指数平滑预测、多项式拟合分别对各指标进行预测。组合预测权系数采用均方误差导数法，结合高县发展实际进行适当修正。高县 GDP 组合预测结果如表 4-3 所示。

表 4-3　高县 GDP 组合预测结果

单位：亿元

方　法	权　重	2019年	2020年	2021年	2022年	2023年	2024年	2025年
二次多项式	0.35	160.61	176.12	193.13	211.64	231.64	253.14	276.13
三次多项式	0.25	164.65	187.08	215.33	250.37	293.15	344.64	405.79
灰色预测	0.30	157.91	171.25	185.72	201.41	218.42	236.87	256.88
指数平滑预测	0.10	170.87	182.97	195.07	207.17	219.27	231.37	243.47
组合预测		164.70	181.28	200.37	222.32	247.48	276.19	308.83

由于高县物流业增加值缺少历史统计数据，难以通过预测模型直接得出，因此，这里通过研究四川省物流业增加值与 GDP 的关系，间接预测出高县物流业增加值。三大产业及物流业增加值预测结果如表 4-4 所示。

表 4-4　高县三产业及物流业增加值预测结果

单位：亿元

类　别	2019年	2020年	2021年	2022年	2023年	2024年	2025年
第一产业	23.63	24.50	25.39	26.28	27.20	28.12	29.07
第二产业	84.15	91.48	101.21	113.86	129.96	150.05	174.63
第三产业	56.91	65.30	73.78	82.18	90.31	98.02	105.13
物流业增加值	11.50	13.53	15.86	18.50	21.52	24.97	28.91

根据预测结果，至 2025 年，高县 GDP 总量将达到 308.83 亿元，较 2018 年增加 162.15 亿元，年均增长率为 11.2%，经济发展形势较好。一二三产业稳步增长，经济结构得到进一步调整优化，一二三产业比重由 2018 年的 15.3 : 53.3 : 31.4 调整为 2025 年的 9.4 : 56.5 : 34.1，第二、三产业稳步增长，为推进经济高质量发展提供了坚实的基础。

2. 客货体量预测

根据预测结果（表 4-5），至 2025 年，高县货运量、货运周转量、客运量、客运周转量、营运货车数量分别将达到 3 229 万 t、149 879 万 t/km、3 84 万人、48 547 万人/km、10 056 辆，较 2018 年分别增加 1 664 万 t、77 665 万 t/km、2 066 万人、24 980 万人/km、6 615 辆，年均增长率均在 10% 以上，增长较为明显。

表 4-5　2019—2025 年高县客货运输体量预测值

类　别	2019年	2020年	2021年	2022年	2023年	2024年	2025年
货运量（万 t）	1 978	2 187	2 395	2 604	2 812	3 021	3 229
货运周转量（万 t/km）	91 525	101 251	110 976	120 702	130 428	140 153	149 879
客运量（万人）	2 432	2 690	2 949	3 208	3 466	3 725	3 984
客运周转量（万人/千米）	29 768	32 898	36 028	39 158	42 288	45 418	48 547
营运货车（辆）	5 014	5 854	6 694	7 535	8 375	92 15	10 056

（三）主要货类预测

1. 农业

从农业产品流通调查数据看，高县农业产品涉及物流运输的货物主要包括粮油、化肥、茶叶、水果、蔬菜、干茧、生丝、农药等，其中化肥和农药主要由云南、泸州、成都等地流入；茶叶、干茧、生丝主要从本地流往江苏、浙江、陕西、广西等地区及四川各大城市；水果、蔬菜主要在本地流通；粮油主要由湖北、陕西、黑龙江流入，同时流往云南省、贵州省等地。根据 2015-2018 年农业产品物流动向调查数据，预测到 2025 年各主要货物类型流通量变化趋势如图 4-2 所示。

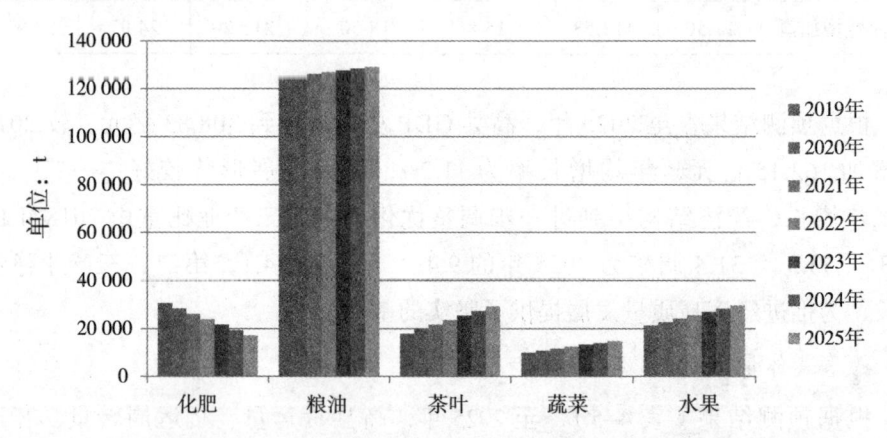

图 4-2　高县农业涉及主要货物类型物流运输量预测

化肥：按照预测，2019 年为 31 000 t，2025 年为 17 000 t，相较 2018 年减少 18 000 t，年均增长率 -9.8%，运输量呈逐年下降趋势。

粮油：按照预测，2019年为124 000 t，2025年为129 000 t，相较2018年增加6359 t，年均增长率0.7%，总体稳中有升。

茶叶：按照预测，2019年为18 000 t，2025年为29 000 t，比2018增加15 000 t，年均增长率10.8%，呈现快速增长趋势。

蔬菜：按照预测，2019年为9 854 t，2025年为14 819 t，比2018年增加6 619 t，年均增长率8.8%，增长较快。

水果：按照组合预测，2019年为21 000 t，2025年为30 000 t，比2018年增加11 000 t，年均增长率7%，增长较快。

此外，到2025年农药流通量减少到195 t，年均减少2.2%；干茧、生丝分别以12.8%和9.2%的增长率达到5660 t和590 t。几类主要农业流通货物有增有减，到2025年总体量基本保持稳定，从2018年的202 000 t变为2025年的226 000 t。

2. 工业

工业产品运输是产生物流运输的主要因素，产量越大，则相应物流运输需求也越大。根据高县国民经济和社会发展统计公报，主要工业产品包括白酒、机制纸、商混、蚕丝、精制茶、化学药品原药、包装饮用水、饲料。本研究收集每种物品2015-2018年的历史产量数据进行预测。到2025年，白酒、机制纸、商混、包装饮用水、饲料等主要产品的产量发展趋势如图4-3所示。

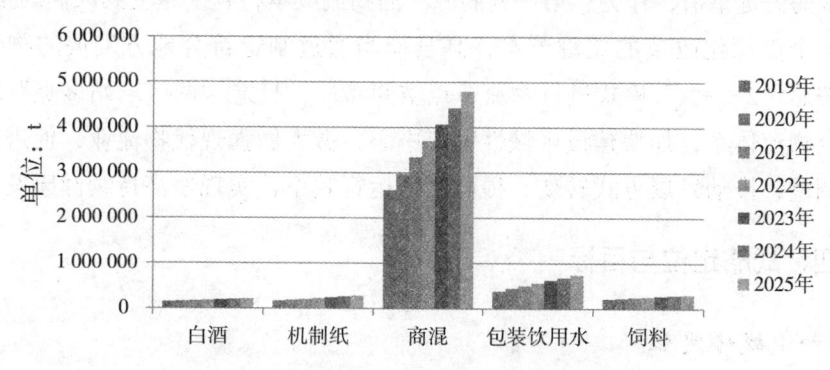

图4-3　高县工业主要产品的产量发展趋势预测

白酒：按照预测，2019年为149 274 000 L，2025年为212 212 000 L，年均增长率6.7%，总体增长较快。

机制纸：按照组合预测，2019年为168 000 t，2025年为283 000 t，年均增长率10.2%，呈快速增长模式。

商混：按照预测，2019 年为 2 671 000 t，2025 年为 4 789 000 t，比 2018 年增加 2 913 000 t，年均增长率 14.3%，增长迅速。

包装饮用水：按照预测，2019 年为 384 000 t，2025 年为 741 000 t，年均增长率 12.9%，呈快速增长模式。

饲料：按照预测，2019 年为 217 000 t，2025 年为 307 000 t，比 2018 年增加 120 000 t，年均增长率 7.4%，增长较快。

此外，预测到 2025 年，蚕丝保持 9.8% 的增长率，达到 9 082 t，精制茶产量略微下降，为 5 344 t，化学药品原药年均减少 11%，产量为 969 t。至 2025 年，各类工业主要产品的产量有增有减，总体产量增长，将超过 600 000 t。

（四）小结

近些年，随着高县社会经济的较快发展、物流基础设施的改善以及"一园三区"工业战略布局的有效实施，高县综合物流水平得到进一步提升。根据预测，到 2025 年，较快的经济增长速度将为物流产业的发展提供坚实的基础，物流需求将进一步加大，三大产业结构将进一步优化调整。快速发展的农业产业和优势明显的工业产业将成为未来物流产业发展的主要服务对象。

在未来的竞争中，依靠降低材料的损耗和提高生产效率两方面来压缩成本、提升利润的空间会逐渐缩小。反之，依靠降低物流成本来提高竞争力将成为经济发展的关键举措，作为"第三利润源"的物流成本将越来越受到人们的重视。

在全面深化改革的关键节点，高县应当通过制定符合地方发展的物流战略，按照"2+3+N"模式进行物流节点空间布局，打造"两区三站多点"现代化综合物流体系，加快建设区域性物流中心，做大做强现代物流业，促进产业结构调整，推动发展方式转变，提高经济运行效率，实现经济持续健康发展。

四、战略定位与目标

（一）战略定位

高县要立足"一带一路"倡议以及"长江经济带""乡村振兴"等重大战略，坚决贯彻省委"一干多支，五区协同"和市委"加快建成全省经济副中心"等战略部署，坚定"11158"发展思路，以优化物流节点布局、拓展物流通道、加快信息化建设为重点，提高物流网络化、专业化、智能化水平，提升物流效率，降低物流成本，补齐发展短板，将物流业打造成本县现代服务业发展的重要抓手和重点产业，努力将本县建设成四川南部县域物流集散地、川滇黔渝区域物流创（产）业孵化副中心、中国区域性电商模式典范，为本县建成宜宾县域经济副中心提供物流支撑，为宜宾加快建成全省经济副中心提供物流保障。

1. 四川南部县域物流集散地

（1）宜宾市要加快建成四川南向开放枢纽门户，高县作为宜宾南向发展的桥头堡，在该项战略部署中扮演着重要角色：高县要建成宜宾南部交通枢纽，为宜宾南向出口打通陆上通道；要建成宜宾南部现代服务业中心，为宜宾南向发展提供坚实的支撑；要建成宜宾南向开放重要门户，为宜宾南向开放构建全新格局。

（2）宜宾要加快建成川渝滇黔接合部区域经济中心、长江上游区域中心城市，作为农副产品物流中心的高县肩负着将本县从农业大县转变为农业强县的使命，在大力实施乡村振兴战略、加快建设现代化农业农村、重点发展庆符农副产品精深加工功能区和沙河仓储冷链现代农业综合物流站的基础上，可成为宜宾市及周边中心城市的后勤保障基地，为四川南部城市建设提供综合物质支持。

2. 川滇黔渝区域物流创（产）业孵化副中心

（1）高县位于成渝经济区、川南密集城镇群、川滇黔渝接合部、乌蒙山片区、宜宾南向开放重要门户等叠加区位，在这一优势区位的基础上，将打造高县"两区三站多点"现代化综合物流体系，大力发展供应链物流、冷链物流，引进、培育一批物流龙头企业，打造一批2A级以上物流企业。

（2）坚持工业强县，构建现代化工业体系，加快工业园区发展，培育"4+4"产业集群，这需要密织区域物流网络，加强与成都、重庆、长三角、珠三角、环渤海经济区等地区以及南亚国家之间的合作，深化与临港经济技术开发区的战略合作，以开拓国际国内市场，拓展经济发展空间，提高对外开放水平，促进产业全面升级。

（3）夯实物流基础设施建设，大力发展供应链物流、冷链物流，引进、培育一批物流龙头企业，打造一批2A级以上物流企业，重点加强物流人才培养，全面推进"大众创业、万众创新"，支持物流产业创业项目，促进物流项目多点孵化。

3. 中国区域性电商模式典范

（1）以建设综合服务中心、打造知名电商平台、培育知名电商品牌、发展电商经营主体、促进农村电商发展、抓好人才保障工作、完善电商支撑体系等任务为主线，站在高县经济可持续发展的高度，对高县电子商务角色进行定位。

（2）大力实施"互联网+"行动计划，加快云计算、大数据应用，大力推进第五代移动通信网络建设，构建高县公共基础信息系统，提升现代信息网络服务水平，为高县电子商务发展提供坚实的基础。争取到2025年，高县实现电子商务交易额显著增长，培育多家省级以上电子商务示范企业。

（二）发展目标

到2025年，建成布局合理、技术先进、信息通畅、管理规范、绿色环保、安全有序，与高县经济发展相适应的现代物流服务体系，使物流业成为高县的主导产业和现代服务业的重要支柱。主要发展目标如下。

1. 显著改善物流基础设施

高县要优化"2+3+N"物流节点空间布局，规划建设包括物流园区、物流站场、服务站在内的一批物流基地，完善区域物流通道布局，提升路网承载能力及转化功能，利用内部"三纵四横二高速"的干线公路网络，以及渝昆高速铁路、成贵高速铁路建成之后的交通优势，推动运输业、仓储业、装卸业、包装业、加工配送业、物流信息业等相关物流产业聚力发展。

2. 加快形成物流产业集群

高县要以国家产业政策为指导，结合本县物流发展现状和物流发展趋势，因地制宜地制定当地物流产业集群发展战略，认真做好产业集群规划，按照"2+3+N"模式布局物流节点，以物流园区建设为抓手，积极引导各类物流企业在园区内落户，有效促进物流产业集群内部企业在专业化分工基础上进行有序竞争与互惠合作，发挥集群效应，为经济的快速发展提供保障。

3. 发展壮大各级物流主体

高县要培育一批技术水平先进、主营业务突出、核心竞争力强的现代物流企业和物流服务品牌。高县要加快发展第三方物流，充分利用和发挥现有物流资源，结合批发市场和储运企业的改造，重点扶持为工业和大型商业组织提供货物供应及其他相关服务的第三方物流企业。到2025年，高县要争取引进、培育一批物流龙头企业，打造一批2A级以上物流企业。

（四）明显提升物流行业规模

全县物流业保持持续快速增长，综合实力和区域竞争力不断提升，对经济社会发展的服务和支撑能力及周边区域的辐射带动能力显著增强。争取到2025年，高县物流业增加值达到30亿元，公路货运总量达到3 200万t，货物周转量达150 000万t/km，客运量达4 000万人，客运周转量达48 000万人/km，营运货车数量达10 000辆。

（五）有效提高物流服务水平

支持物流行业发展的政策有序出台，政府、企业及其他社会化组织物流管理体系基本完善，信息化应用水平显著提高，物流管理公共信息平台加快构建，基本实现企业网络信息平台与公共信息网络平台的互联互通，云计算、物联网和现代信息技术在物流领域广泛运用，到2025年，80%以上的物流企业配备综合管理信息系统，100%的运输车辆配备卫星导航系统。

（三）具体指标

2019—2025年高县物流指标如表4-6所示。

表4-6　2019—2025年高县物流指标

类　别	2019年	2020年	2021年	2022年	2023年	2024年	2025年
物流业增加值（亿元）	11	13	17	20	23	26	30
货运量（万t）	1 900	2 100	2 400	2 600	2 800	3 000	3 200
货运周转量（万t/km）	91 000	100 000	110 000	120 000	130 000	140 000	150 000
客运量（万人）	2 400	2 700	3 000	3 200	3 400	3 700	4 000
客运周转量（万人/千米）	29 000	33 000	36 000	39 000	42 000	45 000	48 000
营运货车（辆）	5 000	5 800	6 700	7 500	8 400	9 200	10 000

五、物流节点发展建设

物流系统节点是指物流网络中连接物流线路的结节处，又称物流接点。其中，包装、卸载、储存、配货、流通加工等活动都是在节点上完成的。除了根据订单进行货物的分配外，为实现对物流系统的控制，物流节点要进行货物的存储、客户所需货物的收集、零散货物的集装化、配送任务的批处理、包装和货物单元集装化以及出货控制等。

（一）物流节点规划总体框架

现代物流网络中的物流节点对优化整个物流网络起着重要作用，它不仅执行一般的物流职能，还越来越多地执行指挥、调度、信息等神经中枢的职能，因此物流节点是物流系统的重要组成部分。现代物流发展了若干类型的物流节点，不同的物流节点对物流系统的作用是不同的。根据不同的标准，可将物流园区进行不同的分类，如图4-4所示。

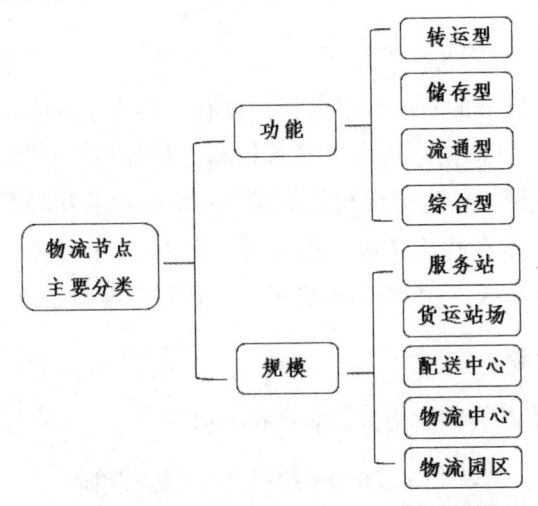

```
物流节点 ─┬─ 功能 ─┬─ 转运型
主要分类  │       ├─ 储存型
         │       ├─ 流通型
         │       └─ 综合型
         └─ 规模 ─┬─ 服务站
                 ├─ 货运站场
                 ├─ 配送中心
                 ├─ 物流中心
                 └─ 物流园区
```

图4-4 物流节点分类标准

依据国家标准对有关物流设施的辐射范围、物流功能、服务对象进行界定，物流基础设施的层次结构可以确定为物流园区、物流中心、配送中心和服务站四级。

物流园区（logistics park，LP）是在几种运输方式衔接地形成的物流节点活动的空间集聚体，是在政府规划指导下多种现代物流设施和多家物流组织机构在空间上集中布局的大型场所，是具有一定规模和多种服务的新型物流业务载体。物流园区一般应设在综合交通运输枢纽所在地，且有很大的物流需求量，有充足的用地空间。其由物流中心、配送中心等专门化综合设施，以及运输场站、仓储等单一功能的专业化设施共同组成，可以集中提供各种形态和环节的物流组织服务。

物流中心（logistics center，LC）是综合性、地域性、大批量的货物物理位移转换集散的新型设施设备的集合，它把物流、信息流融为一体，是产销企业之间的中介组织和现代物流活动的主要载体，一般依托公路运输，且有较大的物流需求量，有一定的用地空间。面向社会服务、物流服务的物理设施（场、站、库房及装备）健全；信息网络和服务能力齐备；辐射范围较大；适应少品种、大批量存储吞吐能力要求；能够统一经营和管理供应链物流业务等功能。货运站场是一种特殊的物流中心。

配送中心（distribution center，DC）是从供应者手中接收多种大量货物，进行倒装、分类、保管、流通加工和信息处理等作业，然后按用户的订货要求备齐货物，以令人满意的服务水平进行配送的设施，是从事服务配备（集货、加工、分货、拣货和配货）和计划组织对用户送货，以高水平实现销售或供应的现代化流通设施。其物流需求量在一定规模内，且用地空间有限，应视交通与用地情况而设置。配送中心要能够为各类企业用户提供服务；商品配送服务的物理设施（场、站、库房及设备）健全；信息网络和服务能力齐备；辐射范围主要以城市或企业销售网络为依托；适应多种小批量高频率配送要求；以配送服务为主，兼具产品库存控制与储存服务等功能。

货运站场（freight station，FS）是指以场地设施为依托，为社会提供有偿服务的具有仓储、保管、配载、信息服务、装卸、理货等功能的综合货运站（场）、零担货运站、集装箱中转站、物流中心等经营场所。货运站主要提供中转换装、装卸储存、多式联运和运输代理、通信信息、综合服务等物流专业服务。

服务站（service station，SS）物流市场成熟发展需要良好的末端物流配送支持，随着国内物流市场发展的日益成熟，社会对物流服务质量、物流时效性等提出了更高的要求，而解决末端配送难题是提升物流服务质量和物流时效性的关键所在。物流末端服务站可充分利用供销社、邮政局（所）及邮乐购站点、村邮站、快递网点与超市等资源，完善城乡配送网络体系，解决由乡镇到村"最后一公里"物流难题。

全部物流活动是在线路和节点进行的。其中，在线路上进行的活动主要是运输，包括集货运输、干线运输、配送运输等。物流功能要素中的其他所有功能要素，如包装、装卸、保管、分货、配货、流通加工等，都是在节点上完成的。所以，从这个意义上讲，物流节点是物流系统的重要组成部分。实际上，物流线路上的活动也是靠节点组织和联系的，如果离开了节点，物流线路上的活动必然陷入瘫痪。

（二）物流节点规划总体思路

1. 出发点

优化物流空间格局。

2. 立足点

建立与高县经济发展相适应的现代物流服务体系。

3. 规划举措

（1）集约。根据地理区位、交通条件、产业基础和物流需求，高县按照节约、集约用地的原则，合理布局物流节点，提高土地资源利用效率。同时，高县进一步明确各物流节点的功能定位，防止重复建设和同质化发展，加快全县物流产业由粗放式增长方式向集约化增长方式转变，推动行业持续健康发展。

（2）创新。高县要进一步简政放权，放管结合，创新有利于物流节点资源整合和优化配置的体制机制；要引导物流企业向物流园区集聚，形成物流资源的空间集聚发展模式；要鼓励物流企业通过建立战略联盟等形式，实现企业体制和服务内容创新，提升企业核心竞争能力；要利用物联网、云计算、移动互联网等技术，提高物流节点的现代化服务水平。

（3）绿色。高县要秉承"在发展中促保护，在保护中谋发展"的宗旨，以绿色环保理念优化物流节点布局，严格执行园区绿色建设标准，支持仓储设施利用清洁能源，采用现代化仓储技术，降低仓储损耗，鼓励包装重复使用和回收再利用，减少流通环节污染，构建循环物流系统，实现生态效益与经济效益的有机统一。

4. 规划目标

（1）降低营运成本。高县要优化物流节点的通行环境，加强和规范收费公路管理，保障车辆便捷高效通行，着力减少物流的运输成本；要落实物流发展的用地政策，依法供应物流用地，大幅降低物流的仓储成本；对进驻大型物流节点的企业给予税收上的优惠，帮助物流企业做大做强，降低其营运成本。

（2）提高整体效益。高县要合理布局物流节点，避免重复建设和盲目发展，提高物流行业对经济社会发展的贡献率。使物流园区和物流中心用地始终遵循节约、集约原则，避免土地资源的浪费。物流基础设施更加完善，运作方式衔接顺畅，现代物流方式保持较快发展，物流集聚发展效益突显。

（3）提升服务水平。物流园区的规划建设和政策条件的大力支持有利于吸引大型物流企业入驻，第三方物流比重明显增大，供应链管理与现代物流理念得以普及，物流的社会化、专业化水平得到提升，物流信息公共服务平台得到广泛应用，这些都有助于提高全县物流行业的整体服务水平。

5. 指导思想

（1）科学规划，有序发展。在物流行业多项上位规划与高县总体发展战略的指导下，高县要科学规划本县物流节点体系，推动本县物流业有序发展。

（2）突出重点，特色发展。物流园区建设要以高县产业经济优势为依托，建立专业市场，服务煤矿、化工、白酒、茶叶、建材等优势行业的转型升级。

（3）龙头引领，创新发展。高县要加大对物流行业发展的政策扶持力度，吸引大型物流企业进驻物流园区，发挥大型企业的龙头引领作用，推动物流行业的创新发展。

（4）集约用地，绿色发展。物流园区建设严格遵循集约、节约的用地原则，物流园区的建设严格执行绿色建设标准，避免行业发展对生态环境的负面影响。

6. 布局原则

（1）与物流需求相适应的原则。第二产业在高县国民经济中保持较高比重，工业物流需求量远超其他方面，物流园区规划以物流需求为导向，重点服务生产和生活发展。

（2）与物流发展基础相符合的原则。高县物流发展基础薄弱，物流园区规划采取柔性规划，突出规划中持续改进机制的确定，确立规划的阶段性目标，以保证规划的最终实现。

（3）与交通枢纽和运输通道相配套的原则。物流园区选址严格坚持交通区位优势原则，注重不同交通运输方式之间的无缝衔接，以及交通与仓储设施之间的配套性和兼容性。

（三）物流节点规划总体布局

为实现高县物流发展战略定位和战略目标，综合考虑高县城市总体规划、综合交通通道分布及物流需求情况，未来，高县将加快物流产业转型升级，引导物流产业集聚发展，构建以专业化、集约化、网络化、信息化的多层次物流服务体系，全面构建"两心三站多点"县域物流节点空间布局体系，为本县建成宜宾南部县域物流集散地、川滇黔渝区域物流创（产）业孵化副中心、中国区域性电商模式典范提供坚实的支撑。

（四）物流节点体系功能设计

表4-7为高县物流节点总体规划明细表。

表2-7 高县物流节点总体规划明细表

级别	名称	选址	重点项目	规模（2018—2025年）/hm²	功能定位
两心	庆符物流中心	位于庆符工业园区东南部和西北部，靠远期绕城路	以高县绿色物流园项目和高县茶贸综合产业园为重点，服务地方农业发展	49	四川南部农产品物流集散中心、现代综合性农业物流基地
两心	福溪物流中心	福溪物流中心共6处，从北向南分别位于沄阳组团东西向骨架道路旁1处、石桥组团福赵路人口旁1处、磨顶组团福溪火车站两侧各1处、磨顶组团建材产业园内靠福胜河北岸入口旁1处、新韩组团穿心坝1处	以高县仁兴物流综合服务项目为重点，服务地方工业发展	37.9	川滇黔渝区域物流新平台、川滇黔渝区域公铁联运枢纽
三站	沙河货运站	沙河镇	以沙河仓储冷链电商综合物流园为重点，服务特色产业发展	1	县域东部中心城镇
三站	罗场货运站	罗场镇	以高县绿色物流项目为重点，服务地方工业发展	1	县域南部中心城镇
三站	来复货运站	来复镇	/	1	县域北部中心城镇
多点	多个城乡配送点	全县乡村场镇区域	/	0.003~0.01	乡村镇、社区邮政、快递及物流服务站点

1. 两心

（1）庆符物流中心

①定位与目标。庆符物流中心作为庆符农副产品精深加工功能区的重要组成部分，具有位于县域经济中心的区位优势、多条交通要道贯穿的交通优势、优质农业资源优势、极具规模的涉农工业发展优势。因此，庆符物流中心定位为以农产品、食品加工为主要服务对象，具有集商品包装、货物储存、运输集散、分拣配货、装卸搬运、信息处理等功能于一体的四川南部农产品物流集散中心，形成服务多元、附加值高、竞争力强的现代综合性农业物流基地，为庆符工业功能区的集聚发展提供物流支撑，为高县农业经济的高速增长提供物流环境，为宜宾市及周边城市中心提供后勤保障，为四川南向发展打好农业物流基础。

②产业体系。庆符农副产品精深加工功能区依托高县良好的农业资源和涉农产业基础，充分发挥国家级农业产业示范基地的品牌带动效应，重点发展茶叶、食品加工、丝绸纺织、名优白酒等产业。该功能区现入驻企业包括宜宾川红茶业集团有限公司、四川早白尖茶业有限公司、四川林湖茶业有限公司、四川龙溪茶业有限公司、四川白家薯业发展有限公司、四川省高县仙桥矿泉水有限责任公司、四川新丝路茧丝绸有限公司、四川省宜宾高洲酒业有限责任公司、高县庆符镇百通红花坳页岩砖厂、高县兴盛商品混凝土有限公司、宜宾高县钧恒新材料有限公司等。因此，庆符物流中心服务的主要产业包括茶叶、食品加工、丝绸纺织、酒类、建材、化工等。庆符农副产品精深加工功能区产业物流优化措施如表4-8所示。

表4-8 庆符农副产品精深加工功能区产业物流优化措施

目标产业	龙头企业	物流优化措施
茶叶	宜宾川红茶业集团有限公司、四川早白尖茶业有限公司、四川林湖茶业有限公司、四川龙溪茶业有限公司	搭建安全高效的仓储配送体系，实现茶叶产品的集中存储和有效调动；构建茶叶绿色供应链，以完善茶叶物流运输机制，实现茶叶生产销售的高端化和智能化
食品加工	四川白家薯业发展有限公司、四川省高县仙桥矿泉水有限责任公司	构建物流信息系统，实现资源的优化配置；在食品加工行业，采用时间驱动作业成本法（TD-ABC），解决因采用传统物流成本计算方法而造成产品成本"可见度"低的问题

续表

目标产业	龙头企业	物流优化措施
丝绸纺织	四川新丝路茧丝绸有限公司	采用供应链管理方式，利用 SCOR 模型，在生产物流管理中，以原材料、半成品及产成品的流转为整体，引进自动化生产物流运输设施；在销售物流管理中，合理分配消费者订单配送仓库，减少订单配送路程及成本
酒类	四川省宜宾高洲酒业有限责任公司	酒类产品有质量重、易碎的特点，并且带有易燃易爆危险品属性，庆符物流中心可为酒类产业提供专业的第三方物流，引导酒类企业建立现代化自动物流系统，引进当前先进的 RFID 物流技术，以优化物流流程，简化中间环节，提高运行效率，减少信息失真
建材	高县庆符镇百通红花坳页岩砖厂、高县兴盛商品混凝土有限公司	建材物流行业应当根据行业具体特点，围绕"一个中心，两大路径"展开，即以建材物流服务产品价值增值为中心，以渠道建设和信息化平台构建为两大基本发展路径，拓展物流服务的内涵与外延，将商务、信息、运输、仓储、库存、装卸搬运等物流活动综合起来，形成新型的集成式管理，实现各环节的战略协同，有效控制成本
化工	宜宾高县钧恒新材料有限公司	化工产品有毒性、腐蚀性、易燃易爆的特征，对物流设备的安全性和专业性要求较高，化工企业应当加强内部管理，制定周密翔实的制度，严格化工物流车辆和货物管理，强化作业人员的安全意识，在确保安全的基础上，利用 RFID 技术、GPS 技术和 GIS 技术帮助企业提高物流效率

③功能布局。庆符农副产品精深加工功能区工业用地面积为 222.2 hm^2，规划预计该功能区内产业人口约 2.4 万人。其中，庆符物流中心规划用地面积约 49 hm^2，位于庆符农副产品精深加工功能区南部和西部靠远期绕城路，便于货物出入。庆符物流中心功能规划布局如图 4-5 所示。

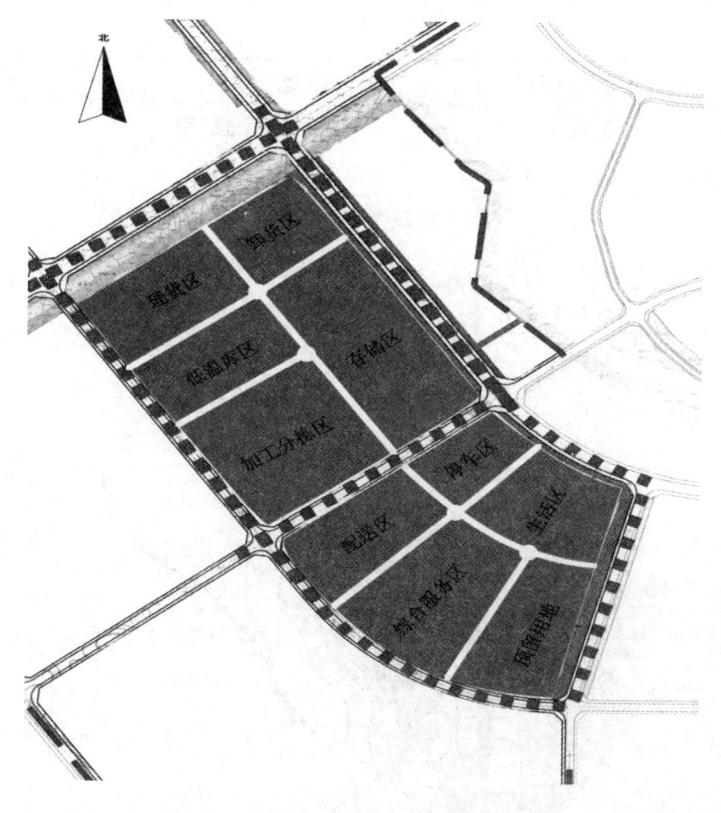

图 4-5　庆符物流中心功能规划布局

④集疏运体系。庆符物流中心的对外运输充分利用宜昭高速公路、宜庆路、G246 国道、S206 省道等对外疏散通道，加强与宜宾五粮液机场的联系，保证 1 小时能到达宜宾五粮液机场。庆符物流中心集疏运体系如表 4-9、图 4-6 所示。

表 4-9　庆符物流中心集疏运体系[①]

范围	园区所至地区	途经	里程/km
市域	翠屏区	S206、S212	50.8
	叙州区	S206、S212	43.9
	珙县	S206～S309/S311	29.4
	长宁县	G246～S308	58
	筠连县	G246/宜昭高速公路	38

---

① 制表时间为 2019 年 11 月。

续表

范围	园区所至地区	途经	里程/km
区域	泸州	成渝环线高速公路	154.9
	自贡	渝昆高速公路	128.3
	乐山	渝昆高速公路、成渝环线高速公路	208.5
	西昌	宜西铁路（建设中）	405.2
全国	成都	内宜高速公路、成自泸高速公路	310.1
	重庆	渝昆高速公路、银昆高速公路	310.9
	贵阳	厦蓉高速公路、贵黔高速公路	425.9
	昆明	渝昆高速公路、嵩昆高速公路	620.5

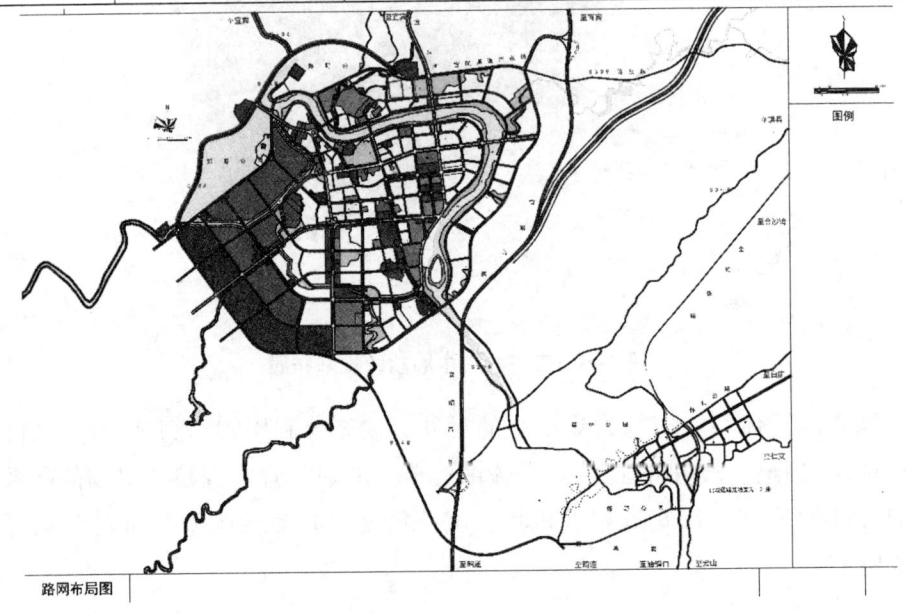

图 4-6 庆符物流中心集疏运体系

（2）福溪物流中心

①定位与目标。福溪物流中心作为福溪综合能源功能区的重要组成部分，位于高县与翠屏区、叙州区、长宁县等地的连接处，扼高县对外之喉舌，具有靠近宜宾主城经济圈的区位优势、四通八达的交通优势、作为宜宾老牌工业园区的产业基础优势，以及云南省、四川省筠连县等地煤炭资源到福溪运输成本低的资源优势。因此，福溪物流中心定位为以能源、建材、轻纺、环保、重型装备制造为主要服务对象，集货物仓储中心、运输集散中心、信息服务中心和

办公交易中心等于一体的川滇黔渝区域工业物流新平台，形成结构合理、运输高效、特色鲜明的川滇黔渝区域级公铁联运枢纽，为福溪工业集聚发展提供物流支撑，为高县工业经济的高速增长提供对外平台，承接宜宾市区外溢工业及物流业务，为四川南向发展打好工业物流基础。

②产业体系。福溪综合能源功能区依托其临近宜宾主城经济圈和产业体系的区位优势，依托云南省、四川省筠连县等地煤炭资源到福溪交通便利、运输成本低等交通优势，以及老牌工业区的集聚优势等，重点发展建材、特色轻纺和重型装备制造业全产业链。该功能区现入驻企业包括福溪电厂、宜宾市天顺建材集团股份有限公司、高县卓越商品混凝土有限公司、宜宾丝丽雅集团有限公司、宜宾纬络纺织有限公司、四川汉盛服饰有限责任公司、宜宾市永骅环保科技有限责任公司、宜宾福溪粉煤灰开发有限公司、四川省宜宾普什集团有限公司、高县长信线业有限责任公司、宜宾市华焰乙炔化工有限公司、宜宾市旺达饲料有限公司、宜宾高腾米业有限责任公司、宜宾邦云饲料有限公司、宜宾市精彩印刷有限责任公司等。因此，福溪物流中心服务的主要产业包括能源、建材、纺织、环保、制造、化工、食品饮料、印刷。

福溪综合能源功能区产业物流优化措施。如表 4-10 所示。

表 4-10　福溪综合能源功能区产业物流优化措施

目标产业	龙头企业	物流优化措施
能源	福溪电厂	利用 ERP 系统帮助火力发电企业实现供应链管理，减少火力发电企业的隐形成本；为发电企业创建商务网站，将多种产品纳入现代发电物流的管理平台，增加销售渠道；加强废弃物物流管理，降低其对环境的不良影响
建材	宜宾市天顺建材集团股份有限公司、高县卓越商品混凝土有限公司	搭建与建材生产企业的对接联动服务平台，为企业转型升级的业务外包提供多种物流服务；根据不同企业的特殊需求，实行一企一策的对接联动，如一体化的物流服务，一站式供应服务，混合配比配送服务，采购执行、分销执行、结算融资执行、信息处理执行等服务
纺织	宜宾丝丽雅集团有限公司、宜宾纬络纺织有限公司、四川汉盛服饰有限责任公司	采用供应链管理方式，利用 SCOR 模型，在生产物流管理中，以原材料、半成品及产成品的流转为整体，引进自动化生产物流运输设施；在销售物流管理中，合理分配消费者订单配送仓库，减少订单配送路程及成本

续 表

目标产业	龙头企业	物流优化措施
环保	宜宾市永骅环保科技有限责任公司、宜宾福溪粉煤灰开发有限公司	构建再生资源企业逆向物流系统，培养消费者分类投放废弃物的习惯，从收集子系统开始进行严格分类；基于动态路径规划废弃物运输路线，严格按照行业标准实现运输子系统的高效运转；优化再生资源处理子系统，构建再生资源企业绿色物流体系
制造	四川省宜宾普什集团有限公司、高县长信线业有限责任公司	以精益物流思想使物流业以制造业需求为中心，实施技术革新，提高创新能力，降低物流业对制造业的消耗系数；大力引进第三方物流，推动物流业专业发展，采取一体化的供应链解决方案，促进制造企业和物流业战略联盟的形成，实现两业联动
化工	宜宾市华焰乙炔化工有限责任公司	化工产品有毒性、腐蚀性、易燃易爆的特征，对物流设备的安全性和专业性要求较高，化工企业应当加强内部管理，制定周密翔实的制度和规范，严格化工物流车辆和货物管理，强化作业人员的安全意识，在确保安全的基础上，利用RFID技术、GPS技术和GIS技术，帮助企业提高物流效率
食品饮料	宜宾市旺达饲料有限公司、宜宾高腾米业有限责任公司、宜宾邦云饲料有限公司	构建物流信息系统，实现资源的优化配置；在食品加工行业，采用时间驱动作业成本法（TD-ABC），解决因采用传统物流成本计算方法而造成产品成本"可见度"低的问题
印刷	宜宾市精彩印刷有限责任公司	印刷企业应当打造符合行业特点的信息化平台，从定价、下单、设计、生产、质检到打包、出货、物流、交货，再到结算，全流程信息透明、标准明确，利用强大的后台系统，实现去人工化，形成高度自动化、标准化和流程化，提高物流管理的有效性

③功能布局。福溪综合能源功能区工业用地（含资源循环利用产业用地）面积为 643.5 hm²，规划预计该功能区内产业人口约 7.5 万人。福溪物流中心规划用地面积为 37.9 hm²，共 6 处，从北向南分别位于还阳组团东西向骨架道路旁 1 处、石桥组团福赵路入口旁 1 处、磨顶组团福溪火车站两侧各 1 处、磨顶组团建材产业园内靠福胜河北岸入口旁 1 处、新韩组团穿心坝 1 处。福溪物流中心部分功能规划布局如图 4-7 所示。

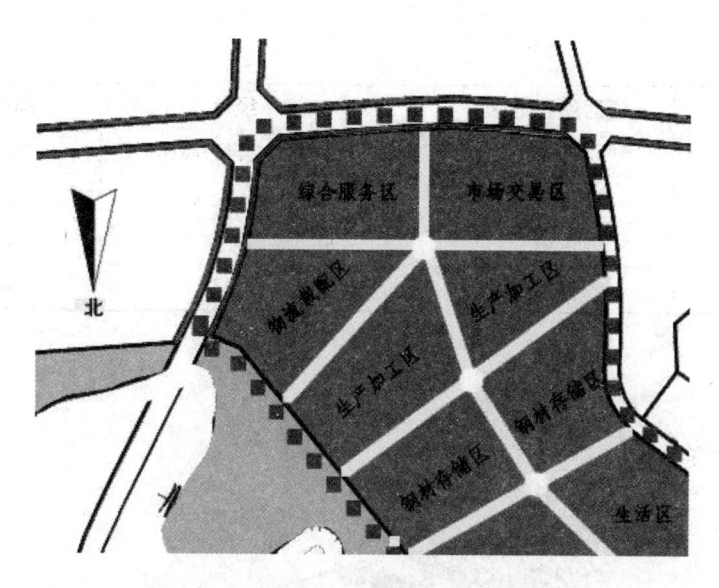

图 4-7　福溪物流中心部分功能规划布局

④集疏运体系。福溪物流中心紧邻宜宾主城区，距离南岸中心城区仅 11 km，靠近长江黄金水道、川南国际机场，具有优越的区位优势。福溪物流中心应当充分利用宜宾绕城高速公路、宜昭高速公路、G547 国道、宜威路和月马路的建设，加强与宜宾五粮液机场的联系，保证半小时能到达宜宾五粮液机场，提升福溪物流中心集疏运体系的整体功能。福溪物流中心集疏运体系如表 4-11、图 4-8 所示。

表 4-11　福溪物流中心集疏运体系[①]

范　围	园区所至地区	途　经	里程/km
市域	翠屏区	宜威路	19.8
	叙州区	宜威路	32.8
	珙县	宜威路、S308	35.2
	长宁县	宜威路、S308	39.5
	筠连县	S309、S206	86
区域	泸州	成渝环线高速公路	115.8
	自贡	渝昆高速公路	94.8
	乐山	宜威路、成渝环线高速公路	175
	西昌	宜西铁路（建设中）	408.5

---

① 制表时间为 2019 年 11 月。

续 表

范　围	园区所至地区	途　经	里程/km
全国	成都	内宜高速公路、成自泸高速公路	282.1
	重庆	成渝环线高速公路	277.3
	贵阳	厦蓉高速公路	493.9
	昆明	渝昆高速公路	647.1

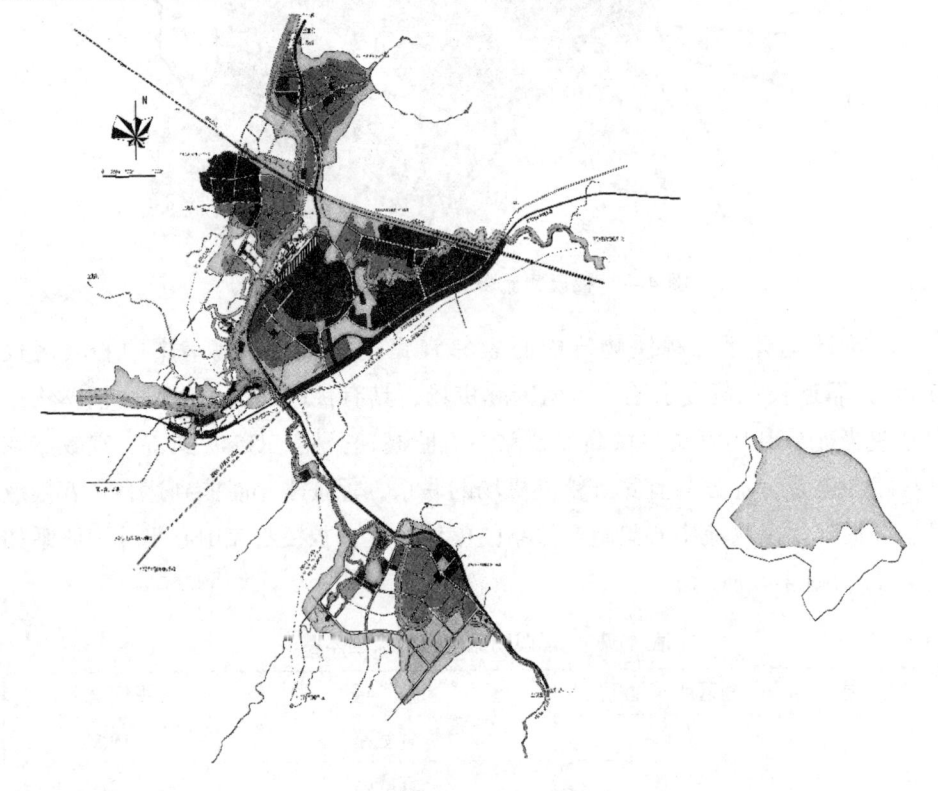

图 4-8　福溪物流中心集疏运体系

2. 三站

（1）沙河货运站。沙河镇位于月江镇—沙河镇的福溪综合能源功能区，距宜宾市 33 km、高县 37 km、长宁县 20 km、珙县巡场镇 13 km，区位优势明显。宜珙铁路穿沙河镇而过，宜珙公路、长云公路在沙河镇交会，可以说沙河镇是宜宾旅游环线上重要的交通枢纽，是川南重要的物资集散地。作为宜宾市工业集中区布局规划确定的宜珙工业经济带的重要节点，高县将重点发展能源、建材、纺织、机械等产业，并作为各类新兴产业的重要承接地。沙河仓储冷链电商综合物流园远期集中区适度向沙河镇方向拓展，形成与珙县余菁工业园呼应共享的集聚发展格局。沙河镇周边分别有蜀南竹海、七仙湖、汉王山等国家级、省级和市级旅游景区。

在本规划期间，沙河镇将按照"产城一体、四区协同、一核三片，同频共振"总体思路，高标准编制沙河县域副中心总体规划及三年行动计划，着力将沙河镇打造为中国豆腐食养小镇；谋划、储备、实施一批推动县域经济副中心建设的重大项目，加快启动原昌宏和粮站两个地块商业开发、食品加工园区建设，加快推进豆腐文化创意园、宜珙路沿线景观带建设，做好火车站以北现代物流仓储区域前期工作；改造提升干线公路，统筹抓好路、水、电、气、网等基础设施建设，建成区域商贸物流中心。

同时，沙河镇要依托"千年沙河驿，豆腐美食城"城镇名片，注重豆腐食养小镇的整体功能提升，在人才队伍支撑、人居环境改善、基础设施建设等多个维度聚焦聚力，增强特色小镇综合服务功能，建成功能完善、特色彰显的特色小城镇，举全镇之力创建国家特色小镇。沙河镇要高起点绘制特色小镇蓝图，加快推进豆腐美食文化创意园、豆腐博物馆等项目的建设，加快推进占地34.67 hm²、投资5.3亿元的"丝路沙河"历史文化小镇前期工作。

沙河镇以中国豆腐食养小镇为核心，规划占地200 hm²的食养农业产业园，其中华硕园生态农庄和柠檬主题公园等项目初步建成，逐步实现了农旅、文旅结合，一二三产业联动；打造上古乡村振兴示范片，加快推进上古女娲文化主题景区、柠檬谷、悠然山庄、象鼻沟黄桃基地、新堰茶叶基地等项目不断完善。加快推进上龙乡村振兴示范片建设，在乡野餐厅和文创中心已投入使用的基础上，加快建成上龙湖民宿村；提升凤翔乡村振兴提升凤翔乡村振兴示范片建设380 m~1033 m建设，加快推进荣礼家庭农场功能不断完善，初步实现三产融合。

总之，沙河镇应发挥靠近宜宾中心城区的区位优势，积极主动地承接宜宾中心城区外溢的功能，以特色农业为支撑，以商贸、物流和旅游为重点，将自己打造成县域东部引领高县、长宁县、珙县接合部区域发展的中心城镇。

（2）罗场货运站。罗场镇位于高县南部，是川滇两省筠连县、高县、盐津县三县接合部。其海拔为380 m～1033 m，宋江河横穿全镇，川云中路纵贯全镇。东经104°29′，北纬28°17′，东邻蕉村镇，南接筠连县筠连镇，西连羊田乡（现已撤销）、盐津县兴隆乡，北接可久镇、落润乡。距高县县城

15 km，距筠连县县城 15 km。2018 年，全镇共 10 133 户，32 406 人，耕地面积 1643.4 hm²。

①罗场镇要结合自身实际，确定"11427"发展思路，建设罗场镇县域经济副中心，牢固树立全员抓项目的鲜明导向，通过扩大投资规模、优化投资结构、激发投资活力、强化投资管理，不断夯实发展基础。一是主动对接，积极争取。罗场镇立足实情，厘清思路，通过对上争取、招商引资等途径，力争实现项目投资新突破。比如，罗场镇通过招商引资推进陈村茶叶、鲜叶交易市场建设，客运站整体迁建及商业街等项目建设。二是统筹协调，狠抓落实。罗场镇把项目建设作为加快经济发展的总抓手，强化责任担当，勇于攻坚克难，促进经济持续健康发展。比如，罗场镇加快完成竹产业大道新建工程、罗金路硬化油化建设工程、四川三素实业有限公司年产 50 000 t 竹浆造纸技术改造等项目。三是科学谋划，储备项目。罗场镇紧紧围绕本镇资源和产业优势，科学编制，认真筛选、储备符合投资导向政策的重点项目。通过全面摸排、实地调研、广泛征求社会各界意见，罗场镇形成了储备项目 19 个，总投资 12.62 亿元，包括基础设施类 22 个、产业发展类 27 个、民生及社会事业 9 个，同时强化土地要素保障，加大经费投入，提供人才保障，以确保项目顺利开展。

②加快发展工业经济。罗场镇要规划建设陈村"农产品加工工业小区"项目，加快推进工业小区规划编制和标准化厂房建设，结合本镇特色农业资源，围绕产业转型升级，逐步形成以茶叶鲜叶粗加工、薯类加工、面加工等为主要业态的农产品加工小区，竭诚为企业服务，营造良好的政商服务环境。

③加快发展现代农业。罗场镇要进一步深化农村改革，以"转型升级、提质增效"为引领，以助农增收为核心，不断调整、优化"一河三带"布局，壮大蚕桑、茶叶、花卉、林竹、畜牧五大特色优势产业，大力发展林下养殖等生态种养循环产业。同时，罗场镇要把农业产业发展的着力点放在推广农业新技术、改良品种、提升农业产业的经济效益上，坚持服务引领、示范带动，推动产业市场化。罗场镇新建工厂化小蚕共育室 3 个，全镇实现产茧 1 500 t，蚕桑综合产值达到 3500 万元以上。

④加快发展商贸旅游业。罗场镇要重点突出"产业规模化""农旅三产融合""桑茶罗场"等特色，努力建设以团结村瑞祥家庭农场为核心的 100 hm² 立体种养和蚕桑资源综合开发及城郊桑果观光休闲产业园，全力打造马店—解放—田村—新集—走马—光荣—民新蚕桑产业环线 200 hm² 示范区；打造以万

亩桑园核心区为依托的马店"蜀南桑海蚕桑示范园"项目,作为全镇乡村振兴示范点;加快建设罗场林湖—羊田前哨"百里桑茶旅长廊"连接线项目,积极推进"九一六"茶旅融合和林湖"茶香小镇"项目的规划、招商引资工作。

总之,罗场镇依托蚕桑、茶叶、竹业、薯业等特色农业基础,大力发展罗场生态农业产业园区,积极开拓乡村旅游产业,重点支持四川省高县华盛纸业有限公司转型升级改造,全力发展教育、医疗等社会事业,着力打造县域南部引领高县、筠连县、盐津县接合部区域发展的中心城镇。

(3)来复货运站。来复镇位于高县北部,地处川云公路中段,宜高路、来沙路在此交会,面积57.8 km²。2018年,其总人口21 037人,其中非农业人口2 810人。

按照以路兴业、依水建园、产业布景、两化助推的发展思路,来复镇整合南广河、荔枝湖、九角老水库、五指山、鸡爪山等自然资源,抢抓宜庆路、宜昭高速公路建设的有利时机,走融现代农业、休闲旅游、体育运动为一体的特色小镇建设道路,坚持利益链接、连片打造、抱团发展的原则,进一步优化本镇"一河两轴三区七节点"发展规划。

本规划期内,来复镇要做好以下几点工作:一是坚持示范带动,优化产业示范园发展布局。来复镇要大力进行通书脆桃产业示范园和明朗村荔枝产业示范园建设,带动小河、天凤等4个行政村发展水果产业。二是坚持连片发展,建设产业基地。来复镇要高标准打造脆桃、荔枝、沃柑3大优质水果基地,促进农业产业基地集中连片发展、无缝衔接。三是坚持产村相融,成片推进新村建设。来复镇要将新村与产业基地统一规划、同步建设、相融发展,努力建设业兴、家富、人和、村美的幸福美丽新村。四是坚持农旅结合,大力发展乡村旅游。来复镇要依托新农村、产业基地资源优势,努力打造融乡村度假、生态观光、农事体验、休闲采摘为一体的特色农业示范展示区和休闲农业体验区,并积极引导通书、明朗、太平、金安等村发展乡村旅游、农家生活体验、田园风光旅游。

因此,来复镇未来将依托大窝(此镇现已撤销)—双河—来复休闲度假生态园区,充分发挥交通优势,挖掘南广河生态资源,以县委提出的打造川南山水园林生态旅游城市为契机,主动融入全县乡村旅游发展大格局中。同时,来复镇要集中打造金安村高山杜鹃观光休闲园区、来复乡村体育园区项目、柏香优簧桷水上休闲园、明朗村荔枝湖环线、通书村九角老水库综合开发项目、小河村蚕桑文化体验园，提升生态旅游层次，全面激活乡村旅游产业，着力打造县域北部综合城镇。

3.多点

电商发展迅猛、企业跨界发展、行业高效创新、产品寿命缩短的时代背景对农村物流市场提出了较高的要求，线上的高效操作需要线下的高效配合，建立一体化的城乡配送网络工程势在必行。在规划期内，高县要在下辖的7个乡镇（7个乡镇为嘉乐镇、蕉村镇、可久镇、复兴镇、胜天镇、落润乡、庆岭乡，另外，文江镇、庆符镇、月江镇有物流中心，罗场镇、沙河镇、来复镇有货运站）建立乡镇综合物流服务点，在285个行政村建立村级次级物流服务点。

城乡配送多点建设以解决问题为切入点，以网络化、集约化、标准化为发展方向，主要任务如下。

（1）优化配送网络布局，重点完善城乡配送网络，实现城乡之间、乡镇之间的网络衔接。

（2）推动配送组织创新，重点发展城乡集约配送，使配送与供应链实现深度融合。

（3）规划配送标准流程，重点加强城乡高效配送，通过信息平台建设实现互联互通。

（4）提升配送管理水平，重点促进城乡绿色配送，发展绿色仓储、绿色运输和绿色包装。

高县要发动全部力量共建共用社会化配送中心，实现共同配送，共享配送资源。争取到2025年，高县建立科学集约、协同共享、融合开放、绿色环保的城乡高效配送体系，为全县发展经济、保障民生、促进消费提供基础物流支撑。

六、物流通道发展建设

以宜宾市加快建设全国性综合交通枢纽，建成四川南向大通道"桥头堡"和更具战略地位的交通强市为契机，把加快建设对外经济物流大通道作为突破发展瓶颈的重中之重，将高县建成辐射筠连县、珙县、长宁县和盐津县等地区的宜宾市南部经济交通副中心和南向合作开放的重要通道，着力打造四川南部县域物流集散地。

（一）公路

公路包括高速公路、国省道和县乡道公路三个层次，是高县最主要的物流通道，在对外物流运输中起着重要作用。在规划期内，高县将加快推进高速公路等重点工程建设，完善现有国省道路网络，构建立体化、精细化的物流大通道。

1.高速公路

高速公路网布局规划表如表4-12所示。

宜昭高速公路：起于宜宾绕城高速公路双河枢纽互通，自北向南贯穿高县全县，县内全长60.7 km，经过来复镇、庆符镇、文江镇等矿产资源富集区，其中，在双河乡、来复镇、庆符镇、文江镇、罗场镇等乡镇设置互通。宜昭高速公路的建成将强化高县与周边各大城市的衔接，对将高县打造成为宜宾市的特色农业产业化示范区、综合能源开发利用新高地、名优白酒发展重要增长极起到重要的推动作用。

表4-12 高速公路网布局规划表

序 号	路线名称	境内里程/km	建设情况
1	宜昭高速公路	60.7	在建
2	宜宾绕城高速公路	15.2	在建
3	宜彝高速公路	77.18	新建
4	宜威高速公路	20	新建

宜宾绕城高速公路：经宜宾赵场镇进入高县，从高县北部东西向穿过，县内全长15.2 km，经过月江镇、胜天镇，并分别设置互通，高速公路唯一的服务区设置于胜天镇。高县可通过该条高速公路实现与宜攀、内昆、乐宜泸等高速公路的连接，有效提高高县对外交通能力。

宜彝高速公路：宜宾至彝良高速公路起于宜宾过境高速公路双河枢纽互通，途经高县来复镇、庆符镇、文江镇以及筠连县巡司镇、蒿坝镇，在川滇交界尖山子进入云南省，全长130 km（含宜宾过境高速宜昭至宜叙段29 km）。加快本项目建设，有利于完善四川和云南两省高速公路网络，方便区域内高速公路接线及交通流转换，强化四川与滇中及东盟的联系，支撑煤炭能源基地的建设，使高县成为宜宾出川"南大门"的重要交通节点。

宜威高速公路：宜宾至威信高速公路起于高县来复镇，经高县、长宁县、珙县，路线全长 106.4 km，建设里程 86.5 km，总投资约 130.5 亿元。宜威高速公路是一条连通云南、贵州的南向出川通道，其对支撑四川省扩大南向开放，强化四川省与滇中及东盟的联系，带动乌蒙山深度贫困地区加快发展，融入国家"一带一路"建设和长江经济带发展战略具有重要意义。另外，宜威高速的建成将助力宜宾实现建设长江上游川滇黔接合部综合交通枢纽及出川"南大门"的交通战略目标。

2.国省干线

国省干线公路网布局规划如表 4-13 所示。

表 4-13　国省干线公路网布局规划

公路类型	路线名称	里程/km	合计/km	主要控制点	备注
普通国道	G246	56.2	74.8	文江镇、落润乡、罗场镇	G246 珙高快速通道 20 km，县城绕城段 12 km
	G547	18.6		月江镇、胜天镇	
普通省道	S212	31.8	63.2	月江镇、大窝镇（现已撤销）、庆岭乡、庆符镇、文江镇	宜庆快速路
	S311	10.1		月江镇、胜天镇	
	S436	21.3		月江镇、沙河镇	宜珙快速通道

G246 线：自珙县进入高县，经文江镇、落润乡、罗场镇等乡镇，向南进入筠连县至盐津县。该条国道是连接乌蒙山片区（包括高县、珙县、筠连县、兴文县）的重要干线，对强化乌蒙山片区内部经济联系具有重要意义。

为进一步完善路网结构，加强高县与珙县的合作交流，充分发挥渝昆高速铁路高县站的辐射作用，实现过境车辆的快速通行，减少对城区交通影响，规划对 G246 过境段进行改线。

新建珙高快速通道：起于珙县巡场镇，沿现庆清路走向进入高县，直连高县高铁站，全长约 20 km，拟建为四车道一级公路，设计速度 60 km/h。

新建高县绕城段：在高县县城西部形成过境半环线，全长约 12 km。改建高县庆符镇至筠连县镇舟镇快速通道：由高县南部县城引出，沿现 S206 线位改建至筠连县界，全长约 22.4 km。

S212 线：宜庆路，起于宜宾市南部新区，向南经赵场镇、大窝镇（现已撤销)、庆岭乡至庆符镇，全长 31.8 km，拟建为四车道集散型一级公路。建成后，高县到宜宾城区的路程缩短 11 km，行车时间减少至 30 分钟，将有效带动沿线经济产业发展，促使高县进一步融入宜宾半小时经济圈，是"一轴二站二高三射"交通基础设施体系中的一轴。

S436 线：规划宜珙快速通道，拟扩建为一级公路，设计速度 60 km/h。该线自宜宾南进入高县，经月江镇至沙河镇进入珙县，境内全长 21.3 km，是高县部分乡镇和珙县、长宁县至宜宾最重要的通道之一，起着支撑宜宾南部城镇产业发展的作用。

G547、S311 线：由高县北部自东向西穿过，线路与宜宾绕城高速公路平行，经月江镇、胜天镇，其中月江至胜天段 S311 与 G547 共线。该线实现了高县、翠屏区南部、宜宾县（现为宜宾市叙州区）、长宁县北部部分城镇的连接，是宜宾南部东西向区域交通的重要组成部分。

3. 县、乡、村道

农村公路是保障农民群众生产生活的基本条件，是农业和农村发展的先导性、基础性设施，是社会主义新农村建设的重要支撑。新一轮农村公路建设中，高县应扩大农村公路覆盖面、通达深度，提升服务水平，使农村公路网结构明显优化、农村公路质量明显提升，有效发挥交通运输"毛细血管"的作用。2020 年，农村公路网络服务水平进一步提升，农村通行条件得到切实改善，逐步实现了"外通内联、通村畅乡、班车到村、安全便捷"的农村交通运输网络建设目标。

（1）县、乡道。新一轮国省干线调整中，一部分县、乡道将升级为国省干线，规划结合其他县乡道布局现状，以部分乡道升级成县道为重点，以乡镇互联互通为补充，全面调整县乡道布局。布局原则如下。

一是合理布局县道，加强县道与干线公路连接，有效补充、完善、优化路网结构。

二是进一步扩大县道服务范围，强化各乡镇与县城连接、与周边乡镇互连互通，注意考虑与邻县接壤乡镇的交通联系，每个乡镇至少通一条县道。

三是结合产业经济发展布局，以较高技术等级县乡道连接产业集中示范区、旅游景区等重要节点。

四是乡道一般与干线公路相连，发挥承上启下、完善路网的作用。相邻乡镇之间至少有一条乡级以上公路经过。

根据以上原则，调整来潆路等 6 条乡道为县道，新增嘉趱路（嘉乐镇至趱滩乡，趱滩乡现已撤销）为县道，新增嘉蕉路（嘉乐镇至蕉村镇）、四可路（四烈至可久镇，四烈乡现已撤销）、庆复路（庆符镇至复兴镇）、趱恒路（趱滩乡至恒丰乡，恒丰乡现已撤销）为乡道。根据珙县规划，将由珙县投资推动实施来复经复兴至长宁花滩一级公路，目前路线走向尚未确定，本次规划将该线纳入路网布局规划，具体实施时序不定。其他乡道保持不变，县道、乡道布局情况如表 4-14 所示。

表 4-14　高县县道、乡道规划布局表

公路类型	路线名称	现状编号	规划等级	里程/km	路面类型	备注
县道	陈保路	Y012	三级	6.0	沥青	新增
	沙胜路	Y013	三级	21.0	沥青	新增
	来潆路	Y044	三级	9.6	沥青	新增
	罗蕉路	Y022	三级	15.5	沥青	新增
	蕉孝路	Y017	三级	8.8	沥青	新增
	罗金路	Y007	三级	12.3	沥青	新增
	嘉趱路		三级	7.2	沥青	新增
	来沙路	XQ29	三级	29.6	沥青	
	宜宾—贾村	XQ21	三级	13.9	沥青	
	符兴路（高县至盐津射线）	XQ24	三级	34.7	沥青	
	落孝路	XQ13	三级	14.9	沥青	
	石云路	XQ41	三级	15.8	沥青	
	符月路	XQ28	三级	40.4	沥青	
乡道	四可路		四级	3	水泥	新增
	嘉蕉路		四级	8.77	水泥	新增
	庆复路		四级	13.31	水泥	新增

续 表

公路类型	路线名称	现状编号	规划等级	里程/km	路面类型	备注
乡道	趱恒路		四级	6.6	水泥	新增
	沙大路	Y001	四级	8.4	水泥	
	双大路	Y023	三级	14.1	沥青	
	文仁路	Y002	四级	18.2	水泥	
	红大路	Y003	四级	8.7	水泥	
	沙湾至福溪	Y004	四级	5.3	水泥	
	龙两路	Y005	四级	15.2	水泥	
	庆清路	Y006	四级	9.6	水泥	
	黄大路	Y008	四级	13.0	水泥	
	高嘉路	Y009	四级	15.9	水泥	
	胜红路	Y010	四级	9.9	水泥	
	文趱路	Y011	四级	23.3	水泥	
	大赵路	Y014	四级	11.6	水泥	
	来大路	Y015	四级	8.0	水泥	
	贾庆路	Y016	四级	16.0	水泥	
	官翻路	Y018	四级	14.6	水泥	
	落可路	Y019	四级	28.1	水泥	
	怀得路	Y020	四级	10.7	水泥	
	陈蕉路	Y021	四级	9.7	水泥	
	梁家湾天桥—沙河加油站	Y024	三级	3.6	沥青	
	简坡杆—三重坡	Y025	四级	5.4	水泥	
	罗场肋葬田—油花田	Y026	四级	2.4	水泥	
	文江镇人民政府—郭家铺	Y027	三级	3.6	沥青	
	来庆路	Y042	四级	2.661	水泥	
	杨莲路	Y043	四级	13.933	水泥	
	鲤鱼岩大桥（羊保路）	Y045	四级	11.566	水泥	
	跳麻路	Y046	四级	7.094	水泥	

注：其他乡道保持原编号不变。

（2）村道。村道的布局以强化网络化布局、打通断头路、建设联网路为重点，同时提升该层次公路的技术等级（原则按四级公路建设），既要尽快实现农村公路的改善，又要避免重复改造建设。

（二）铁路

根据国家《中长期铁路规划》和《四川省铁路网规划》，"十三五"期间，高县内将规划形成"两高两专"（两高铁、两专用线）的铁路网格局，如表4-15所示。

表4-15 高县铁路网布局

序 号	线路名称	站点布置	备 注
1	渝昆高速铁路	高县站	新建
2	成贵高速铁路	—	新建
3	宜珙铁路	福溪站、汉王山站、沙河驿站	已建
4	金筠铁路	高县站	已建

渝昆高速铁路：其北接沪汉蓉客运专线，从重庆出发，经泸州、宜宾、昭通至昆明，宜宾市域内基本走向为泸州边界—南溪—宜宾—高县—盐津进入云南省内，设计时速超过200 km。渝昆高速铁路于2019年9月开工建设，重庆至宜宾段建设工期4年，宜宾至云南段建设工期6年。届时，高县将迎来全新的高铁时代。高县站设在庆符镇，可直接服务高县、珙县、筠连县150万人口。该条高速铁路建成后高县至重庆、高县至昆明的行程将缩短至两小时内。

成贵高速铁路：其总长度520.3 km，西起乐山市，东至贵阳市。其全线设乐山南、犍为、屏山、宜宾东、长宁、兴文、威信、镇雄、毕节、大方、黔西、卫城、白云13个车站。

宜珙铁路：其自内昆铁路宜宾站出岔，向南延伸，经高县、珙县巡场镇，到珙县珙泉镇。其全长66 km，是一条运煤支线。高县内设福溪站、汉王山站和沙河驿站。

金筠铁路：其自宜珙支线金沙湾站出岔，经珙县、高县、筠连县，到筠连县巡司镇。其全长73.9 km，高县境内设高县站，是一条地方铁路，主要用于运输煤炭。高县内设有高县站。

宜宾高速铁路枢纽及货运枢纽建成后，宜宾将成为成都、重庆、贵阳、昆明联系合作集聚融合点和全省南向出川门户。西部地区通过成贵高速铁路、蓉渝昆高速铁路及宜宾至西昌货运铁路客货运大通道建设，将缩短与长三角、珠三角等经济发达地区的时空距离，向南打通孟中印缅经济走廊、中国—中南半岛经济走廊，衔接中国—东盟自由贸易区、孟加拉湾等东南亚地区，向东依托长江黄金水道通江达海发展多式联运，对实现"一带一路"倡议和长江经济带战略的整合互动和有效融合，推动西部地区由城市开发向产业开发转型、区域经济产业升级、产业格局变革等具有重要意义和作用。高县正处在宜宾南向发展的重要战略通道上。

（三）水运

高县县域内主要水运通道为南广河。南广河起点为腾达镇，终点为南广镇，流域资源丰富，煤、矿石、竹木等外运量大。通航里程为 96 km，航道等级为七级。高县内沿河两岸设有月江码头、趱滩码头。下一步将进一步开发运力，增加码头设施，构建矿产资源和特色农产品物流通道。

七、物流重点工程

（一）内联外拓物流通道工程

完善综合运输通道布局，积极推进铁路、高速公路的路网建设。强化高县与宜宾市、珙县、筠连县，远至成都、重庆、昆明等重点城市方向的通道建设，加快融入宜宾市半小时经济圈。积极配合高县境内渝昆高速铁路、成贵高速铁路及相关配套站点的建设；加快推进宜昭高速公路（含宜宾绕城高速公路）、宜威高速公路、宜彝高速公路建设。

推动国省干线提档升级，加快实施快速通道建设。加快续建 S212 宜宾至庆符快速通道，全面实施 G547 线月江（经胜天）至庆丰村段改造和 S436 高县段（宜宾至珙县快速通道）升级改造，新建 S311 线月江大桥至大填方段（福溪至赵场）、G246 线庆符至镇舟段、G246 线高县绕城段、G246 高县至珙县段（珙高快速通道）。"十三五"期内，新建或改建国省干线 138 km，其中国道 74.8 km，省道 63.2 km，国省干线全部达到二级及以上标准。

优化县乡道网络布局，建好资源、旅游、产业发展通道。立足高县城镇体系布局、"一园三区"工业园区布局、"一城一河三湖两山五线"旅游资源和其他产业布局，完善基础设施网络布局，优化县乡道公路网络布局，推进县乡道公路的节点覆盖、结构优化和功能完善，构筑与城镇体系、产业布局相适应的全覆盖运输网络，发挥交通对产业的引领支撑作用。推进宜宾绕城高速赵场互通至 S212 宜庆快速路连接线一级公路新建工程建设，重点实施符兴路、来沙路、石云路等县道提升改造工程，罗金路、陈保路、沙胜路、来漾路等乡道升县道提升改造工程，以及四可路、嘉蕉路等新建乡道工程。"十三五"期内，新改建县乡道 277 km，其中县道 119.034 km，乡道 162.394 km。

从农村经济社会、农民群众出行发展实际需求出发，结合产业布局，进一步扩大通村公路覆盖范围、通达深度，全力推进农村公路建设改善，切实保障通行条件。着力解决农村公路技术等级低、连通水平低、通行能力低、抗灾能力弱的状况，加大全县（特别是贫困村）农村联网路、延伸路和连接桥的建设力度，稳步推进村道窄路加宽、产业路的建设，扩大农村公路网络覆盖范围。规划期，通村公路建设总里程为 1055.6 km，原则按四级路技术标准建设。

（二）重点物流园区建设工程

庆符物流中心：依托位于县域经济中心的区位优势，将庆符物流中心发展为以高县绿色物流园项目和高县茶贸综合产业园为重点，以农产品、食品加工为主要服务对象，集商品包装、货物储存、运输集散、分拣配货、装卸搬运、信息处理功能于一体的四川南部农产品物流集散中心，形成服务多元、附加值高、竞争力强的现代综合性农业物流基地。

福溪物流中心：依托福溪工业集中区和区位优势，以高县仁兴物流综合服务项目为重点，将福溪物流中心发展为集货物仓储中心、运输集散中心、信息服务中心和办公交易中心等于一体的川滇黔渝区域工业物流新平台，形成结构合理、运输高效、特色鲜明的川滇黔渝区域级公铁联运枢纽。

三个货运站：沙河货运站、罗场货运站、来复货运站，为当地农副产品、工业类产品、矿产资源提供货物装卸配载、货运交易、临时存储、运输信息和车辆维修等多方位的物流服务。

城乡高效配送体系：在高县下辖的 7 个乡镇建立乡镇综合物流服务点，在 285 个行政村建立村级次级物流服务点，争取到 2025 年，初步建立科学集约、协同共享、融合开放、绿色环保的高县城乡高效配送体系。

（三）新型物流市场主体培育工程

首先，积极引导和鼓励四川省宜宾高洲酒业有限责任公司等大型企业的物流自营机构不断完善功能，提高服务能力，实现主辅分离，建成社会化的第三方物流企业；积极鼓励民间资本创建新兴的第三方物流企业，提高物流服务领域的经济活力，促进第三方物流服务企业快速发展；鼓励和支持民营传统物流企业向第三方物流企业发展，形成区域品牌；鼓励从事物流相关业务的企业实施重组改造，通过扩大经营、延伸服务领域、与大企业结成战略联盟等方式向第三方物流企业转型，加强物流品牌建设。其次，加强企业文化建设，创新特色服务，加快品牌培育，逐步形成一批区域服务网络广、供应链管理能力强、物流服务水平高、品牌影响力大的现代物流知名企业；在白酒、化工、农产品、连锁配送、信息服务等领域加快培养一批本土物流品牌。最后，积极打造一批 2A 级以上物流企业。同时，在土地供给、资金支持等方面创造一定便利条件，吸引京东等电商平台在高县建立物流仓库和分拣中心，对本地专业化物流企业的建立起到良好的示范和引领作用。

（四）物流信息化平台构建工程

高县要利用通信与网络等技术，加强与区域外大型物流企业的对接，建立和完善与全市互联互通的公共物流信息平台，整合各种物流信息资源，做好供需信息发布、服务交易、过程优化与跟踪等服务，实现资源共享、数据共用、信息互通。在庆符物流园区内，高县规划建设一个专业化的特色农产品交易中心，在各乡镇建立交易站，通过对接国内专业化市场交易平台和自建网络交易平台的方式，通过商品信息发布、网上合同签订、专业物流追踪的一体化模块，提升本县商品交易和物流运输的信息化网络化程度，真正实现互联互通，打造便捷、高效的商品交易流通渠道。高县物流信息网络平台建设基本技术架构如图 4-9 所示。

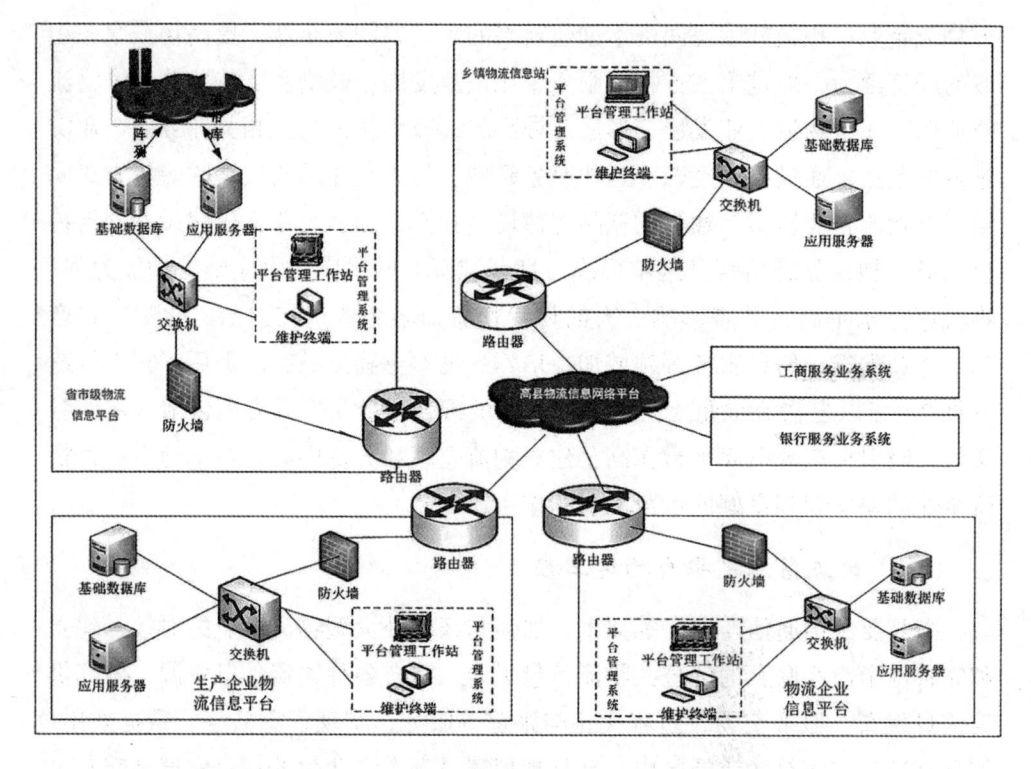

图 4-9　高县物流信息平台建设基本技术架构

表 4-16 为高县物流重点工程建设项目表。

表 4-16 高县物流重点工程建设项目表

序号	项目名称	项目类别	建设地址	建设性质	建设内容及规模	建设年限	总投资/万元
1	宜彝高速公路（高县段）	通道建设	宜宾—彝良	新建	77.186 km，路面类型：沥青		
2	宜威高速公路（高县段）	通道建设	宜宾—威信	新建	20 km，路面类型：沥青		
3	高县绿色物流园项目	节点建设	庆符镇	新建	项目约 6.67 hm²，要求建设一个现代智能综合物流园区，包括智能仓库区、生活及生产配套区、汽车停车场及汽车配套区、园区内道路、管网、电力、消防、给排水等公共设施设备完善	2019—2020 年	15 000
4	高县茶贸综合产业园	专业市场建设	庆符镇骆家村	新建	新建一个集茶叶营销、茶文化展示、茶研发、茶叶包装、物流仓储、农产品检测、农特产品销售、农产电商、金融服务、宾馆酒店、办公休闲娱乐、商住及配套停车场等于一体的综合茶贸综合市场	2019—2021 年	80 000
5	高县仁兴物流综合服务项目	节点建设	月江镇、罗场镇	新建	购置清洁能源运输汽车、新建清洁能源载重汽车销售展场、新建清洁能源载重汽车维修服务站	2019—2020 年	50 000
6	沙河仓储冷链电商综合物流园	主体建设	沙河镇凤兴村	新建	建设农产品交易中心、仓储物流中心、商业办公中心等配套设施	2019—2020 年	20 000

八、保障措施

（一）完善指导政策，促进物流园区错位经营

重视物流业对经济的拉动作用，树立新型物流观念，完善物流政策，合理安排物流节点布局。对主要提供公共服务的物流园区、物流中心、物流基地等重要的物流设施和公益性的物流用地予以政策支持。合理分布物流节点的区位，减少同质化建设，避免辐射范围重叠，服务功能冗余，充分考虑不同物流园区的功能定位，提供完善的中转服务，补全现有中转节点的短板。

落实物流补助政策，加大物流资金投入力度。清理向货运车辆收取的行政事业性收费、政府性集资、政府性基金、罚款等收费项目。引导商业银行积极为物流基础设施建设和物流企业发展提供贷款支持，鼓励担保机构为物流企业提供信贷担保，鼓励外资、民间资本以独资、合作、联营、参股等方式向物流领域投资。

（二）鼓励创新发展，引导物流企业良性竞争

鼓励物流企业采用新管理、新技术，推广高县物流业创新交互平台，提倡智慧物流、特色物流领域的模式创新、管理创新、技术创新，推动物流企业在高县创新发展。

严格制定准入机制，减少小作坊式的物流业态。严厉打击无序竞争与恶性竞争，保护经营者的正当合理利益，并加强对物流业的市场监督与管理。完善诚信档案，及时发布物流企业信用信息。鼓励物流企业诚信经营，严厉打击赖账、欺骗消费者等非诚信经营行为。

（三）加强统计监测，构建物流标准化体系

开通物流统计网上直报系统，制定物流业统计的标准，推动全县的物流统计工作，在各乡镇建立物流统计二级平台，健全物流统计信息共享机制，提高统计数据的准确性、权威性和时效性。

从"一辆车""一个平台"入手，积极推动物流基础设施、技术装备、管理流程、信息网络等方面的物流标准化建设。围绕信息化和市场化，重点抓好一批物流服务和物流管理标准的制定和修订工作，提高物流的科技含量，加快制定、修订并推广一批通用性强、社会和企业急需的物流基础标准。

（四）注重安全监管，提升物流安全保障能力

在全县范围内建立统一、规范、科学、高效的物流安全管理保障体系，落实封闭式稽查处罚。配备必要的安全监督管理人员和设施，在作业场所和专用仓库设立固定监测点和安全监督设施，以分级制落实监管责任，完善危化品货运检测系统；同公安、质量技术监督、卫生等部门协同开展物流安全的备案合作。

落实应急救援专业队伍，健全应急资金监督。落实应急处置专业队伍，建立专家咨询制度，为本县配备专业救援人员与大型起吊车等物流道路安全专用车辆；将应急资金经费由县级道路运输管理机构列入年度财政预算，健全应急资金管理使用监督制度和评估工作。

（五）加大金融支持，提升物流产业融资能力

加快产业投融资平台建设，支持物流园区采取债权、信托、PPP融资（公共私营合作制）等多种途径，加强基础设施建设。深化金融、保险系统改革，建立专业性物流金融机构，加快物流业和金融业融合。拓宽投融资渠道，鼓励物流园区运营主体通过银行贷款、发行债券、合资合作等多种途径筹集建设资金。建立完善中小物流企业担保体系，鼓励金融机构开展支持物流业发展的金融业务。加大对发展条件好、带动作用大的示范物流园区的投融资支持力度。

（六）强化人才培养，提高从业人员水平

一是制订物流人才培养计划，鼓励高校、高职、培训机构开设与物流业相关的课程，联合宜宾学院、宜宾职业技术学院等高校开展物流业中高级管理人才在职培训，采取定向、委托、在职等多种形式加强专业技术人才培养，在重点物流园区、重点企业建立实训基地。二是组织开展"物流师"专业职称认证工作，要求持证上岗，定期审核，提高物流从业人员的整体素质。三是加强与市内外和省内外物流企业的交流，定期组织中高级管理人员外出交流、学习。

执笔：黄璐

第五章 市域产业劳动力要素实务研究
——以宜宾市为例

我国坚持以人民为中心的发展思想，把支持就业与灵活就业作为稳就业和保居民就业的重要举措，坚持市场引领和政府引导并重、放开搞活和规范有序并举，顺势而为、补齐短板、因地制宜、因城施策，清理取消对灵活就业的不合理限制，强化政策服务供给，创造更多灵活就业机会，激发劳动者创业活力和创新潜能，鼓励自谋职业、自主创业，全力以赴稳定就业大局。本研究结合宜宾市劳动力就业总体情况，对宜宾市灵活就业状况、就业与产业发展等进行分析，并结合成渝地区双城经济圈发展的背景，尝试分析宜宾市在副中心城市建设中劳动力及灵活就业方面存在的问题，这有助于进一步提升宜宾市就业服务质量，使宜宾市实现高质量发展。

一、劳动力就业总体概况

农民工为城乡劳动力主体，且主要分布在第二、三产业。截至2022年1月，宜宾（宜宾）全市城乡劳动力有359.5万人，其中城镇劳动力135.1万人，占37.6%；农村劳动力224.4万人，占62.4%。农村劳动力的主体是农民工，农民工转移就业160.2万人，占农村劳动力总量的71.4%，主要集中在第二、三产业。

（一）城镇劳动力基本情况分析

城镇劳动力占比相对较小，约占全市城乡劳动力总量的1/3。截至2021年1月底，全市城镇劳动力135.1万人，占全市城乡劳动力总数37.6%，其中在校学生10.7万人,登记失业人员2.8万人,就业人员121.6万人,男性占48.3%,女性占51.7%。

城镇劳动力就业主体具有年龄偏大、结构不合理等特征,主要表现为城镇劳动力主体以中年群体为主,新生代群体占比相对较小。城镇劳动力中,16～24周岁的有21.53万人,占比为15.9%;25～34周岁的有28.84万人,占比为21.3%;35～44周岁的有24.24万人,占比为17.9%;45～60周岁的有60.52万人,占比为44.8%,如图5-1所示。城镇劳动力中,45～60岁的就业者是主力群体,随着老龄化社会的推进,城镇劳动力短缺的问题将会逐步凸显。

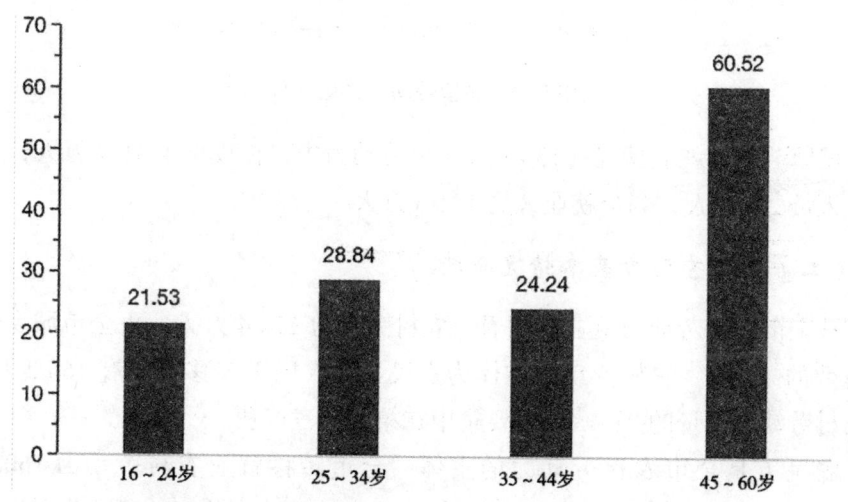

图5-1 城镇劳动人口年龄结构图(单位:万人)

城镇劳动力文化水平与受教育程度普遍较高,高中及以上文化程度占比最大。其中,高中及职高劳动力人数为49.1万人,占比为36.3%;专科劳动力人数为17.4万人,占比为12.9%;本科及以上劳动力人数为14.9万人,占比为11%,如图5-2所示。城镇劳动力文化程度高于农村劳动力文化水平,这与城乡物质生活条件、教育条件等存在密切关系。上述现状也反映了城镇—农村劳动力在国民经济产业部门中的分布差异,城镇劳动力一般分布于第三产业部门,农村劳动力则一般分布于以工业、制造业及建筑业等为代表的第二产业部门。

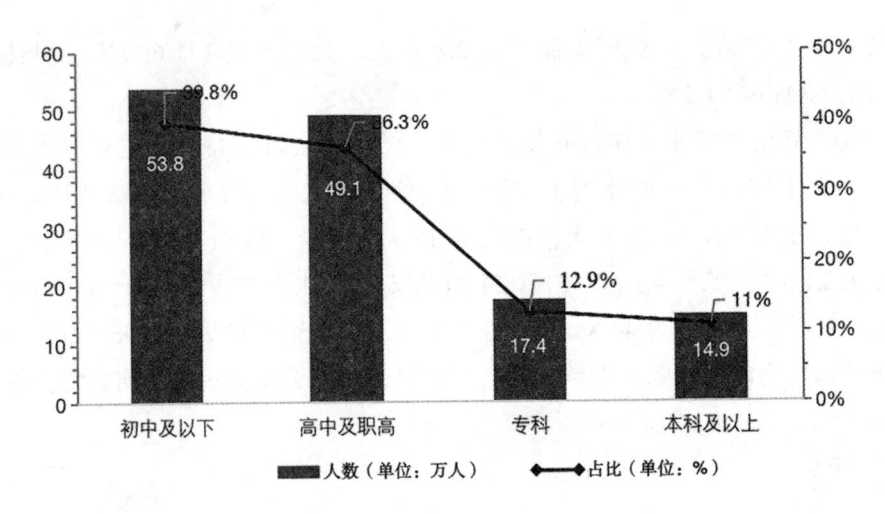

图 5-2　城镇劳动力文化分布

城镇劳动力就业情况。135.1 万城镇劳动力中，在校学生 10.7 万人，登记失业人员 2.8 万人，剩余就业人员 121.6 万人。

（二）农村劳动力基本情况分析

从全市农村劳动力就业方面看，农村劳动力 224.4 万人，占全市城乡劳动力总数的 62.4%。农村劳动力主体为农民工，农民工转移就业有 160.2 万人，占农村劳动力总量的 71.4%，主要集中在第二、三产业。

农民工是全市农村劳动力的主体。全市转移就业农村劳动力 160.2 万人，占农村劳动力总数的 71.4%。农村劳动力转移输出前三的区县分别为叙州区、江安县、翠屏区，转移输出农村劳动力总量分别为 23.1 万人、20.5 万人、19.2 万人，如图 5-3 所示。

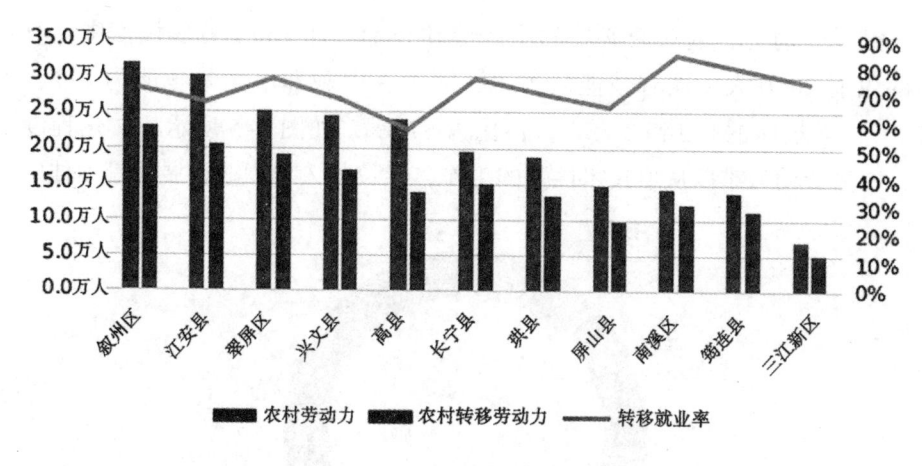

图 5-3 农村劳动力转移情况

农村劳动力文化程度较低，以初中及以下文化程度为主。在全市 224.4 万农村劳动力中，初中及以下文化程度 187 万人，占比高达 83.3%；而拥有高中及以上文化程度的劳动力只有 37.4 万人，占比仅有 16.7%，如图 5-4 所示。农村劳动力文化程度普遍偏低且结构不合理，拥有中等以上文化程度的劳动力相对较少，且劳动力技能匮乏。上述问题导致农村劳动力大多从事体力劳动，受限于以工业、制造业及建筑业为代表的第二产业部门。

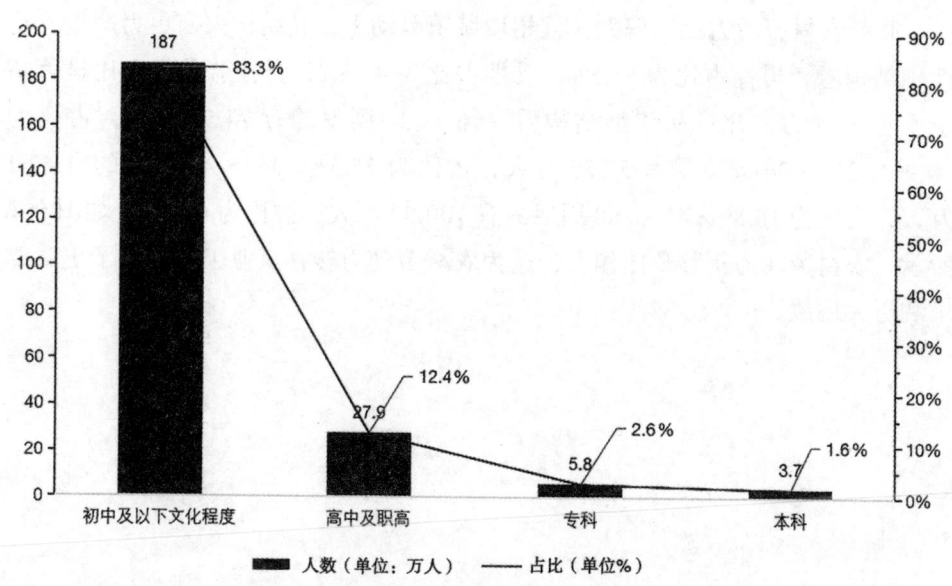

图 5-4 农村劳动力文化程度（单位：万人）

农村劳动力普遍缺乏必要的生产劳动技能。在160.2万农民工中，有技能的仅有20万人（现有技能以木工、泥工、驾驶和电工等技能为主），占12.5%；无技能的有140.2万人，占比为87.5%，如图5-5所示。文化程度偏低，农村劳动力难以从事技术性强的工作，导致收入和职业发展前景不佳。

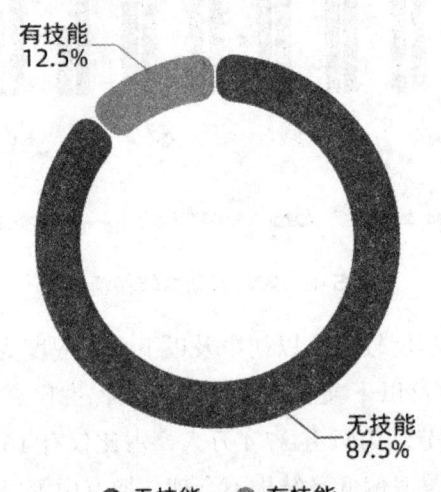

图5-5 农民工技能情况

高龄农村劳动力比例偏大，且相较城镇劳动力，其结构失衡更为严重。从性别结构看，男性占比为55.5%，女性占比为44.5%，男性劳动力占比显著高于女性劳动力占比；从年龄结构看，16～24周岁的有24.52万人，占比为10.9%；25～34周岁的有57.25万人，占比为25.5%；35～44周岁的有42.1万人，占比为18.8%；45～60周岁的有100.57万人，占比为44.8%，如图5-6所示。农村劳动力年龄整体偏大，这为农村劳动力转移就业工作提出了更高要求和更大挑战。

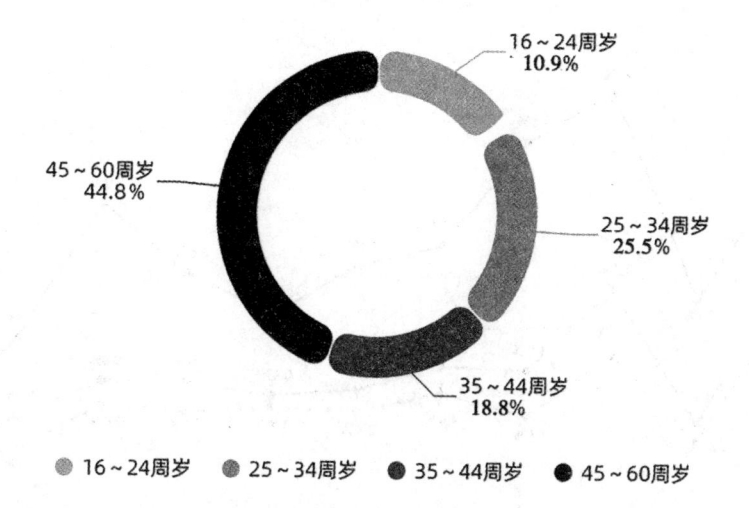

图 5-6　农村劳动年龄结构图

（三）农民工转移就业情况分析

农村劳动力转移就业占多数，省外转移就业相对更高。农村转移劳动力就业有 160.2 万人，占全市城乡劳动力总数的 44.6%。其中，省外转移就业占比最高，其次为市外省内转移就业占比，市内转移就业占比最低。

农民工转移就业省内高于省外，省外就业集中在经济发达地区，省内就业以市内为主。160.2 万农民工中，市内就业 69.5 万人，占比为 43.4%；市外省内 16.3 万人，占比为 10.2%；省外就业 74.4 万人，占比为 46.4%。农民工省外就业主要集中在广东、浙江等沿海经济发达地区，宜宾市农民工省外就业人数前五的省份分别为浙江、广东、江苏、福建、云南，占省外就业总人数的 75.3%；市外省内就业人数前五的城市为成都、泸州、自贡、乐山、绵阳，占市外省内就业总人数的 87.8%。图 5-7 为宜宾市各区县农村劳动力转移就业区域图。

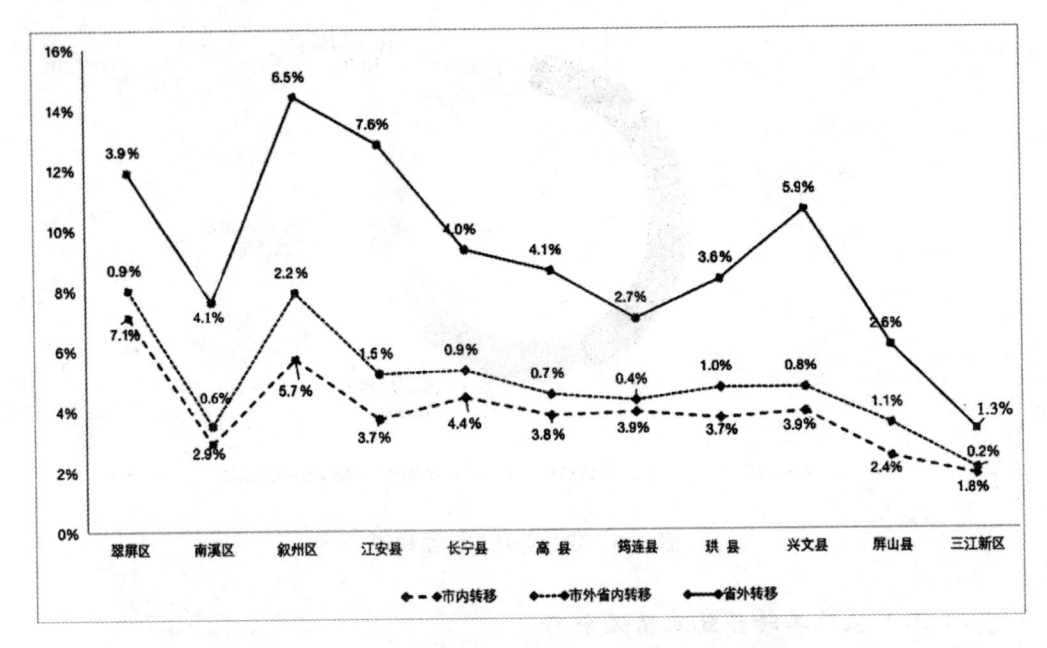

图 5-7　宜宾市各区县农村劳动力转移就业区域图

农村劳动力转移就业主要集中在第二、三产业，以建筑业、工业、制造业为主。160.2万农民工中，第一产业8.6万人、第二产业64.4万人、第三产业87.2万人，占比分别为5.4%、40.2%、54.4%，如图5-8（a）所示。目前，第二、三产业是吸纳农民工就业的主要产业，160.2万农民工就业前五的行业为制造业，居民服务、修理和其他服务业，建筑业，住宿和餐饮业，批发和零售业，就业人数分别为43.0万人、20.5万人、17.8万人、6.6万人、5.5万人，如图5-8（b）所示。

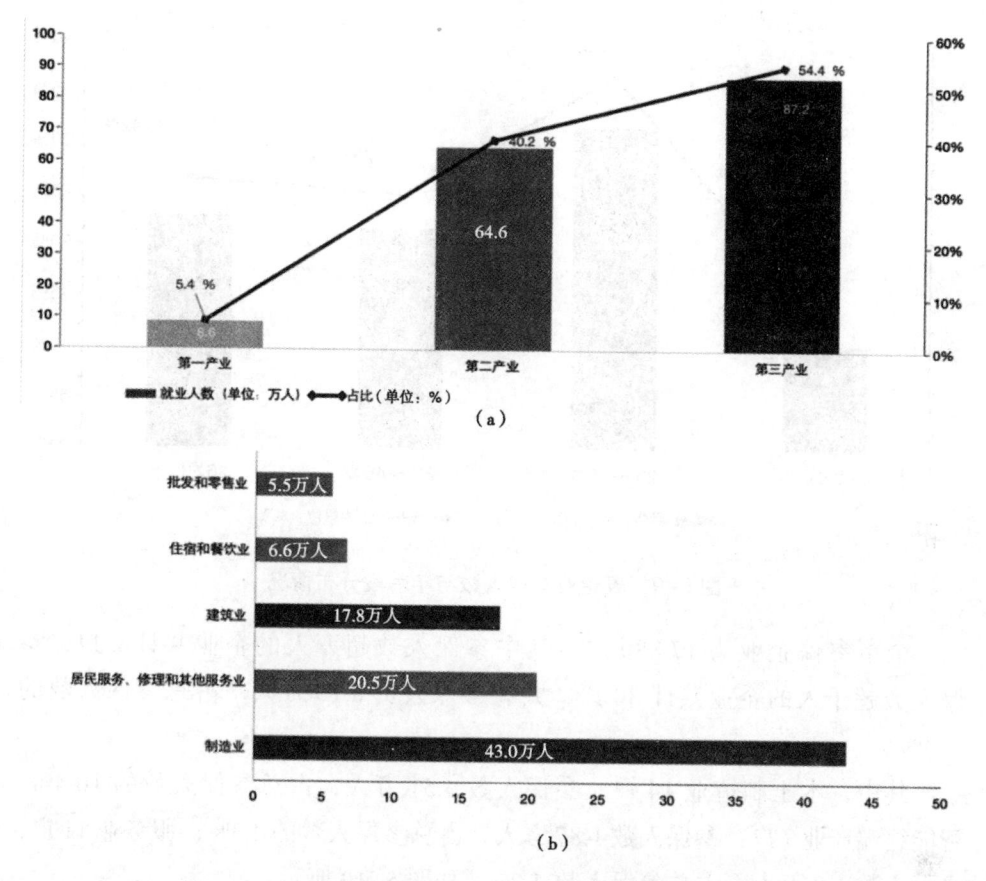

图 5-8 农村劳动力转移就业产业分布

返乡就业农民工数量稳步上升。截至 2021 年 12 月，三江新区 93 家重点企业共吸纳就业人数 38 882 人，同比增长 67.7%，其中农民工 31 382 人，占总用工人数的 80.7%。

（四）企业职工就业及参保基本情况

截至 2022 年 1 月底，全市企业职工养老保险参保人数 104.90 万人，其中在职人员为 71.22 万人，退休人员为 33.68 万人。在职参保人员中，参保单位职工为 43.22 万人。

其中，企业职工参保人数 25 岁及以下的有 5.21 万人，占比为 12.05%；25～35 岁的有 15.78 万人，占比为 36.51%；35～45 岁的有 10.81 万人，占比为 25.01%；46 岁以上的有 11.42 万人，占比为 26.42%，如图 5-9 所示。由此可见，25～35 岁人群为宜宾市企业职工参保率较高的人群。

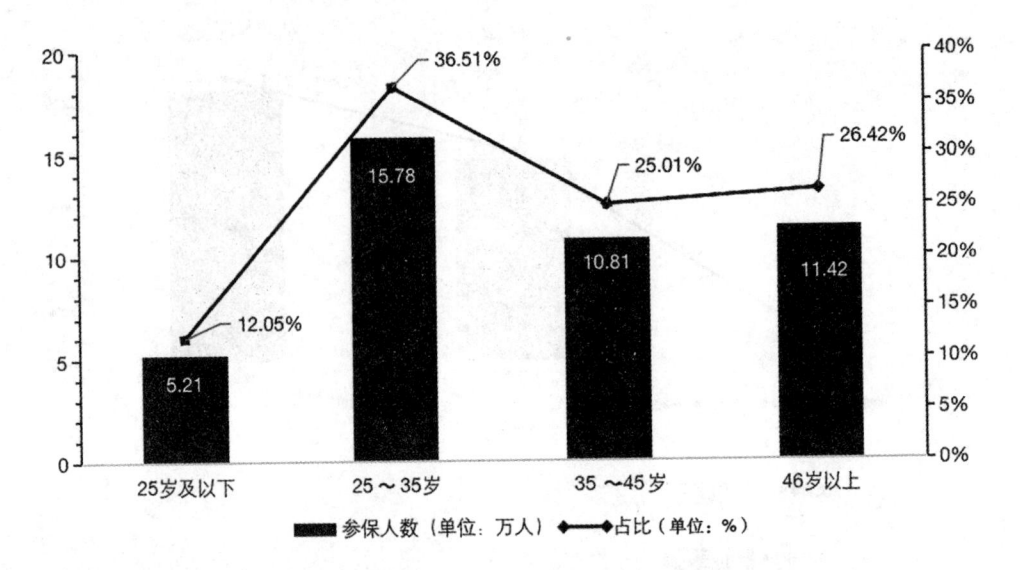

图 5-9　表企业参保人数与年龄段分布情况

全市参保企业为 17 880 户，其中参保人数超万人的企业共计 2 户，参保人数超千人的企业共计 30 户，共有参保人员 8.18 万人，占总参保人数的 18.9%。

其中，本土制造业 14 户，参保人数 4.51 万人，占总参保人数的 10.4%；智能终端产业 7 户，参保人数 1.87 万人，占总参保人数的 4.3%；服务业 11 户，参保人数 1.8 万人，占总参保人数 4.2%，如图 5-10 所示。

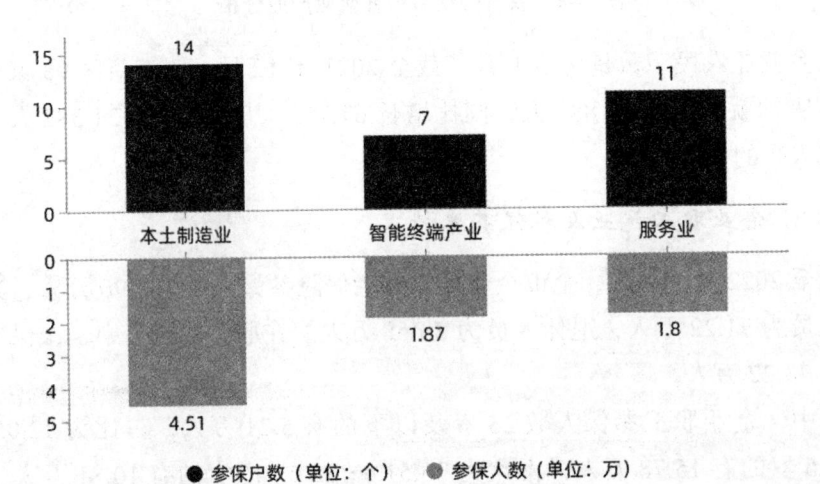

图 5-10　本土制造业、智能终端产业、服务业参保户数及人数

二、劳动力就业分布特点

（一）宜宾市劳动力行业分布

总体上看，就业前五的行业为制造业（43.0万人），居民服务、修理和其他服务业（20.5万人），建筑业（17.8万人），住宿和餐饮业（6.6万人），批发和零售业（5.5万人）。

大型企业特别是本土制造业仍然是吸纳劳动力就业方面的主力军。智能终端产业发展势头良好，企业户数、用工较多，但部分小微企业季节性、订单式用工多，企业参保积极性低，养老保险参保还有潜力可挖。全市参保人数前10的企业中有2家企业为人力资源服务企业，可见人力资源产业在促进劳动力就业、规范参保方面正在发挥重要作用。

农民工就业角度：160.2万农民工中，第一产业8.6万人，第二产业64.4万人，第三产业87.2万人，占比分别为5.4%、40.2%、54.4%。

目前，第二、三产业仍然是吸纳农民工就业的主要产业，制造业、建筑业等是农民工转移就业比较集中的行业。

160.2万农民工就业前五的行业为制造业，居民服务、修理和其他服务业，建筑业，住宿和餐饮业，批发和零售业，就业人数分别为43.0万人、20.5万人、17.8万人、6.6万人、5.5万人，如图5-11所示。

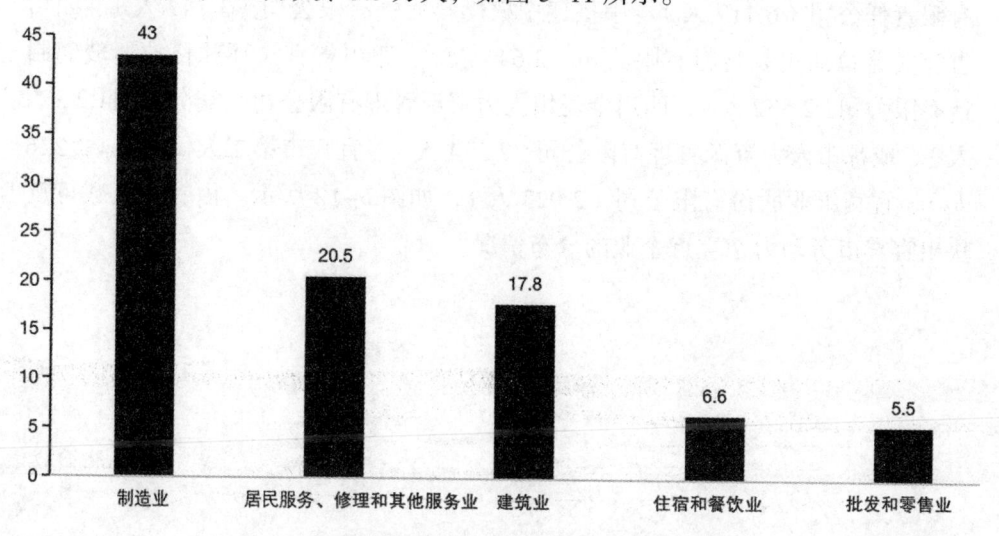

图5-11 农民工主要就业行业分布（单位：万人）

（二）宜宾全市劳动力地区分布

城乡区域分布：截至2022年1月，全市城乡劳动力有359.5万人，其中城镇劳动力135.1万人，占比为37.6%；农村劳动力224.4万人，占比为62.4%。

农村劳动力转移分布：从全市农村劳动力就业方面看，全市农村劳动力224.4万人，占全市城乡劳动力总数的62.4%。其中，转移农村劳动力就业160.2万人。转移输出前三的县（区）分别为叙州区（23.1万人）、江安县（20.5万人）、翠屏区（19.2万人）。

农民工转移就业地区分布：农民工转移就业省内高于省外，省外就业集中在经济发达地区，省内就业以市内为主。160.2万农民工中，市内就业69.5万人，占比为43.4%；市外省内就业16.3万人，占比为10.2%；省外就业74.4万人，占比为46.4%。农民工省外就业主要集中在广东、浙江等沿海经济发达地区，宜宾市农民工省外就业人数前五的省份分别为浙江、广东、江苏、福建、云南，占省外就业总人数的75.3%。

（三）宜宾全市劳动力重点企业分布

2022年，宜宾市参保人数前10的企业分别为宜宾五粮液股份有限公司（18 309人）、四川时代新能源科技有限公司（10 060人）、宜宾海丝特纤维有限责任公司（6 117人）、中核建中核燃料元件有限公司（3 242人）、四川省宜宾普拉斯包装材料有限公司（2 641人）、四川省宜宾环球格拉斯玻璃制造有限公司（2 532人）、四川金麦田人力资源管理有限公司宜宾分公司（2 377人）、成都市人力资源管理有限公司（2 374人）、宜宾市第二人民医院（2 226人）、宜宾纸业股份有限公司（2 023人），如图5-12所示。由参保人数可反映出宜宾市劳动力在重点企业的分布情况。

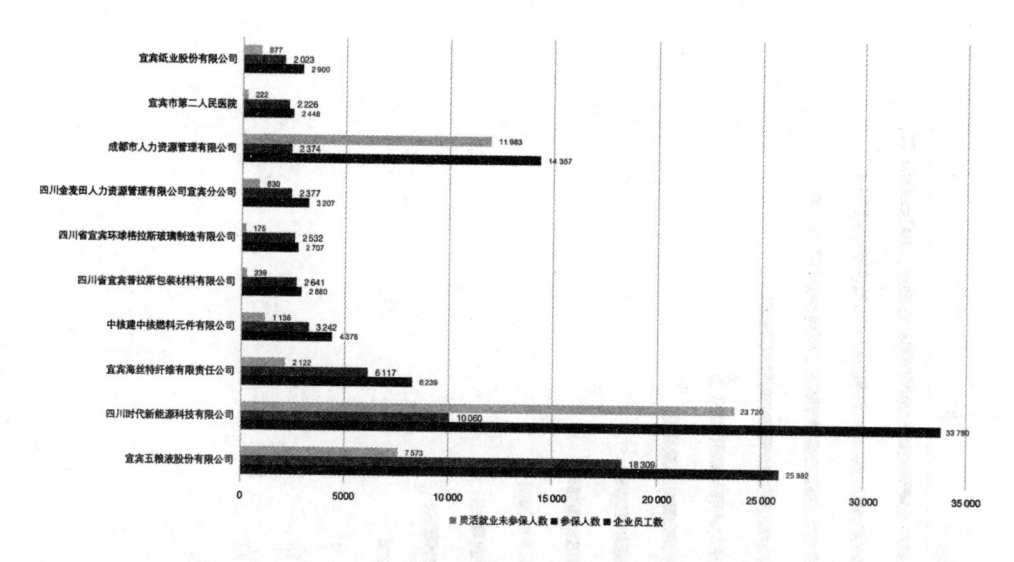

图 5-12　宜宾市重点企业劳动力与参保人数

三、灵活就业状况特点

（一）宜宾市灵活就业行业分布

从就业情况看，截至 2022 年 1 月底，全市灵活就业人数为 38.5 万人，主要分布在服务业，尤其是劳动密集型及小微企业。有详细记录的灵活就业人员主要分布在"制造业""批发和零售业""居民服务、修理和其他服务业""公共管理、社会保障和社会组织"中。图 5-13 显示了宜宾市灵活就业人员工作产业部门分布情况。

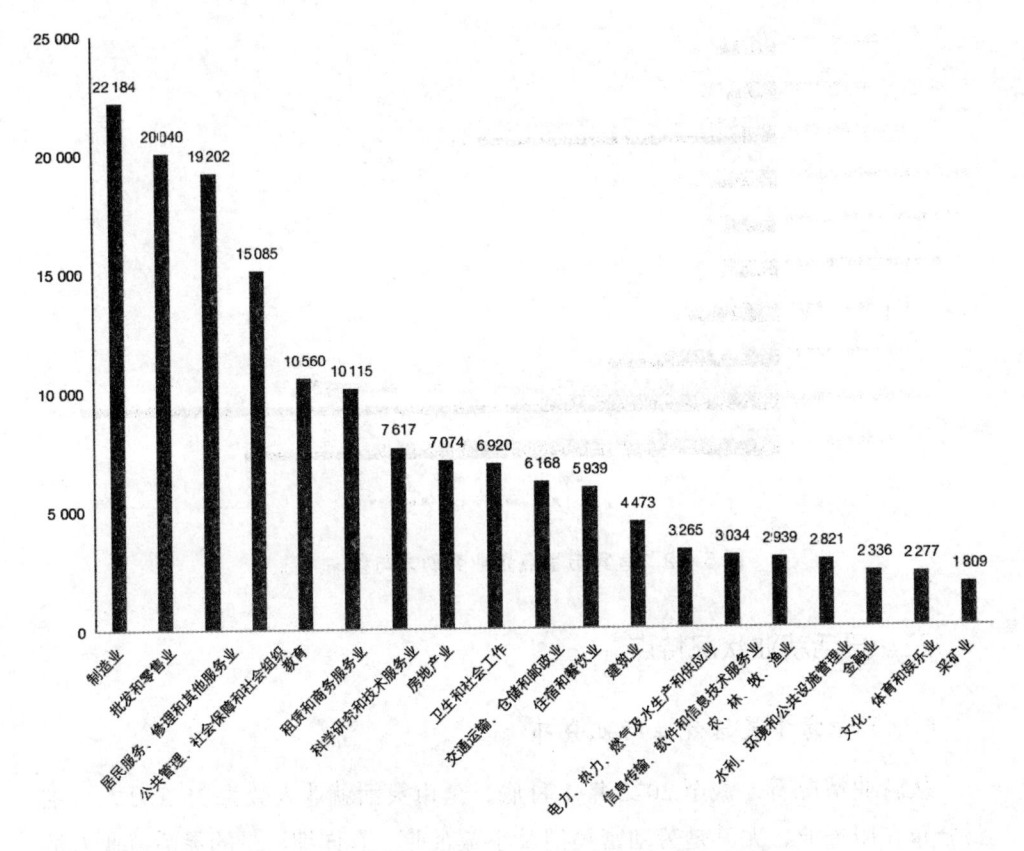

图5-13 宜宾市灵活就业人员工作产业部门分布情况

(二) 宜宾市灵活就业的地区、性别、年龄分布

灵活就业人员呈现出"文化程度偏低""年龄结构偏大"等特征。女性（54%）明显多于男性（46%）；45岁以上灵活就业人员占大多数（66%），30岁以下灵活就业人员较少（6%）；人员受教育程度为初中及以下占大多数（66%），大专及以上仅有6%。灵活就业的地区、性别、年龄分布差异分别如图5-14、图5-15所示。

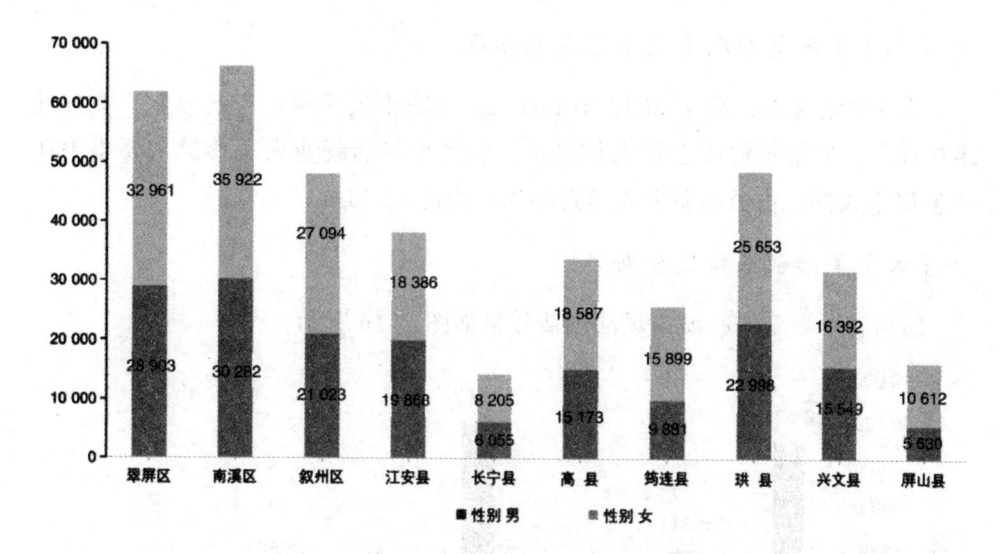

图 5-14 灵活就业的地区、性别分布差异

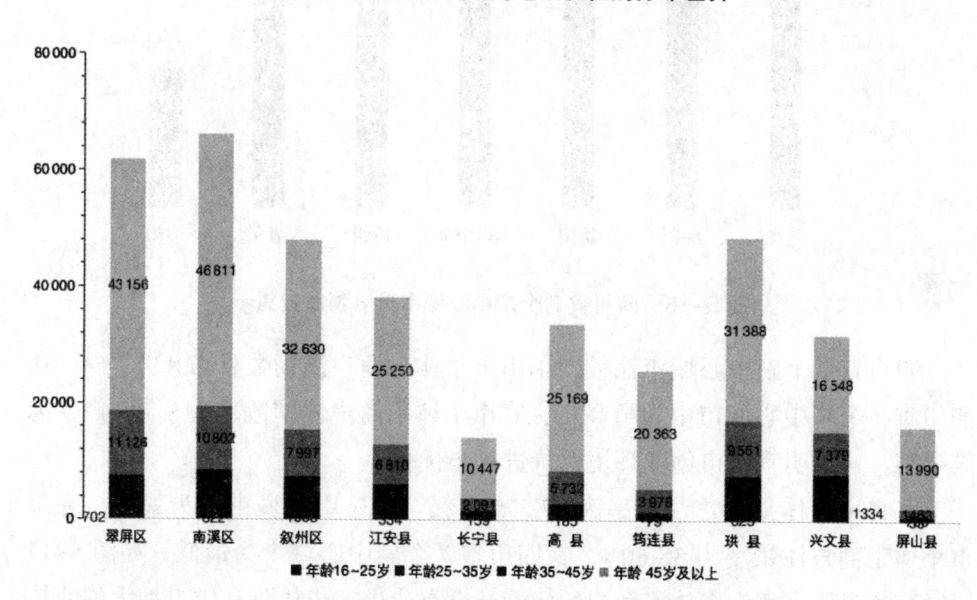

图 5-15 灵活就业的地区、年龄分布差异

各县（区）灵活就业人员占比不均衡。灵活就业人员占常住人口比例较高的为南溪区（15%）、珙县（11%），与较低的长宁县（3%）、叙州区（4%）有较大差异。翠屏区、珙县、南溪区、叙州区为灵活就业人员数量最多的县（区）。

(三)灵活就业人员及参保基本情况

从参保情况看,截至 2022 年 1 月末,宜宾市灵活就业人员参保人数共计 28.0 万人。根据年龄段参保人数显示,宜宾市灵活就业人员参保主要集中在 35 岁以上人群,占灵活就业人员总参保人数的 83.51%。

(四)灵活创业情况分析

四川省 7 个副中心城市灵活创业数量如图 5-16 所示。

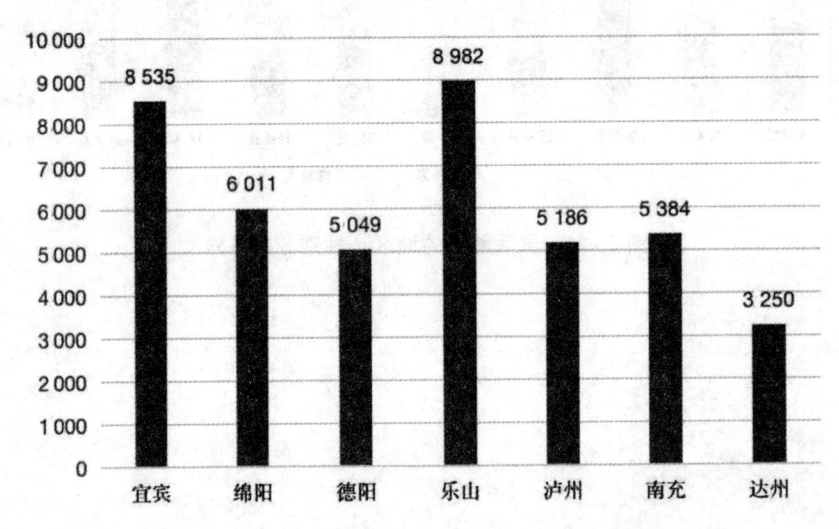

图 5-16 四川省 7 个副中心城市灵活创业数量

四川省 7 个副中心城市比较,乐山市个体工商户注销数目为 8 982 户,在四川省 7 个副中心城市中为最高;宜宾市个体工商户注销数目为 8 535 户,为第二高。这说明宜宾市创业环境有待进一步优化。

宜宾市个体工商户注销率为 47.77%,在 7 个副中心城市中为最高,绵阳市个体工商户注销率为 38.60%,在四川省 7 个副中心城市为最低,如图 5-17 所示。这表明宜宾市个体工商户的经营环境有待进一步优化,应当加大创业扶持政策对个体工商经营的支持力度。

图 5-17　四川省 7 个副中心城市个体工商户注销率

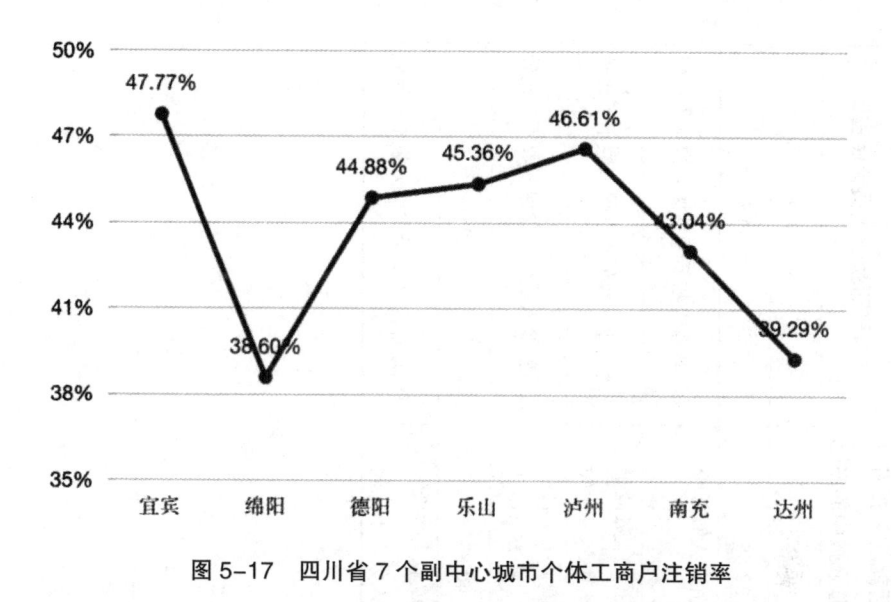

四、四川省 7 个副中心城市对比分析

(一) 灵活就业人数占比

从四川省 7 个副中心城市的灵活就情况看，2022 年 3 月宜宾市灵活就业人员总数为 38.5 万人，占总就业人数的 22.88%，位于第 3 位，与绵阳、南充比较，处于较低水平。从参保情况看，宜宾市灵活就业人员参保人数 28 万人，同比增长 1.04%，参保比例为 72.73%。2022 年 3 月，宜宾市位于第 1 位，与绵阳、南充比较，处于较高水平，但仍明显低于企业职工参保水平。四川省 7 个副中心城市灵活就业人数占比如图 5-18、表 5-1 所示。

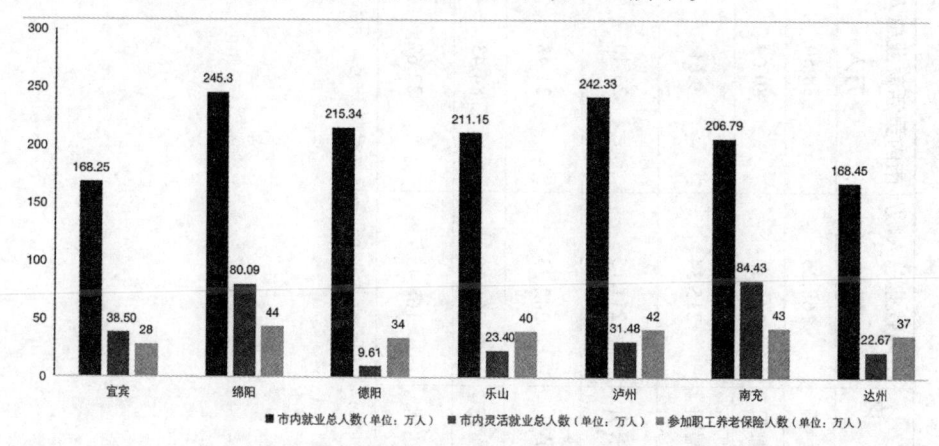

图 5-18　四川省 7 个副中心城市灵活就业人数占比

表 5-1　四川省 7 个副中心城市灵活就业人数占比

地区	市内就业总人数/万人	市内灵活就业总人数/万人	参加职工养老保险人数/万人	市内灵活就业人员在市内就业总人数中的占比	市内灵活就业人员参保占比
宜宾	168.25	38.50	28	22.88%	72.73%
绵阳	245.30	80.09	44	32.65%	54.94%
德阳	215.34	9.61	34	灵活就业人数低于参保人数不予比较	灵活就业人数低于参保人数不予比较
乐山	211.15	23.40	40	灵活就业人数低于参保人数不予比较	灵活就业人数低于参保人数不予比较
泸州	242.33	31.48	42	40.83%	50.93%
南充	206.79	84.43	43	灵活就业人数低于参保人数不予比较	灵活就业人数低于参保人数不予比较
达州	168.45	22.67	37	灵活就业人数低于参保人数不予比较	灵活就业人数低于参保人数不予比较

注：基于全省就业 2.0 系统及社保系统统计数据。

（二）宜宾市灵活就业人员产业分布

宜宾市灵活就业人员主要分布在制造业、批发零售、居民服务业。虽然宜宾市灵活就业总数、占比在四川省7个副中心城市中处于中上游水平，但是灵活就业人员的产业分布多样性、集约程度等落后于绵阳、泸州、乐山等城市。四川省7个副中心城市中，制造业、批发零售是吸纳灵活就业人员的主要产业部门。图5-19显示了四川省7个副中心城市灵活就业人员的产业分布现状。

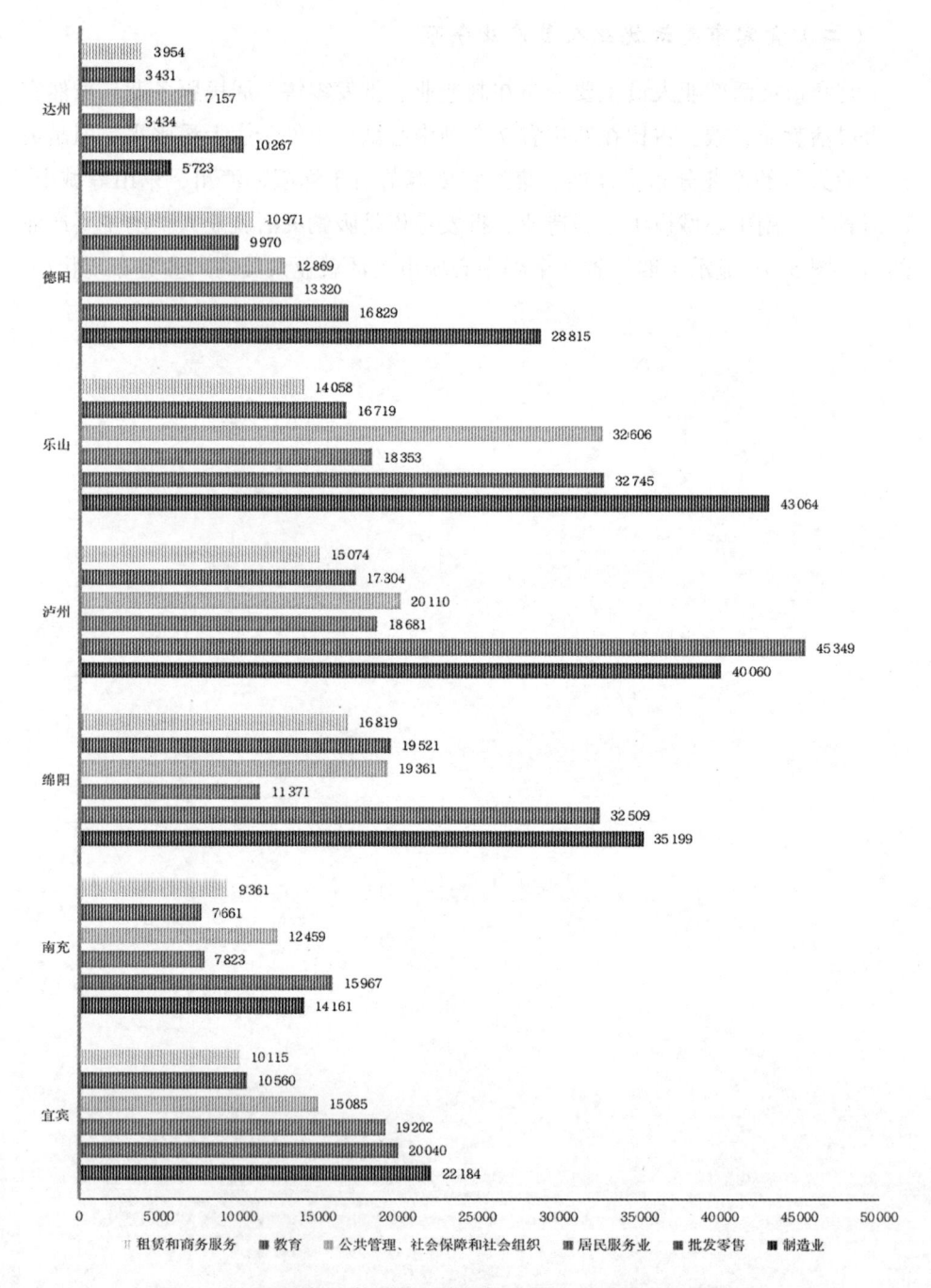

图 5-19　四川省 7 个副中心城市灵活就业人员的产业分布现状

五、就业与产业发展分析

(一)"产业—就业"偏离度分析

为考察宜宾市产业结构与就业结构变迁的一致性程度,本研究将引入产业结构偏离度的概念。产业结构偏离度是指各产业增加值比重和其就业(劳动力)比重与1的差值。以产值结构和从业结构为基础数据计算产业结构偏离度,可以分析研究产业产值与劳动力内部转换的效益。"产业—就业"结构偏离度的计算公式为

$$P_i = (Y_i/Y) / (L_i/L) - 1 \quad (5-1)$$

其中,P_i(i=1,2,3)为 i 产业的结构偏离度,L_i(i=1,2,3)为 L 产业的就业人数比重,Y_i(i=1,2,3)为 i 产业产值比重。若某产业 i 就业结构偏离度值越大,表明该产业与劳动力资源配置关系失衡,两者处于不同步变化和不对称状态,结构效益较差;若偏离度值较小,说明该产业与就业关系趋于合理,达到均衡状态。

宜宾市三次产业生产总值与就业人数如表 5-2 所示。

表 5-2 宜宾市三次产业生产总值与就业人数

年 份	地区生产总值/亿元				三次产业就业人数/万人			
	总产值	第一产业	第二产业	第三产业	总就业人数	第一产业	第二产业	第三产业
2010	8 078 406	1 324 310	4 332 288	2 421 808	254.82	123.82	61.75	69.25
2011	9 826 033	1 645 435	5 258 263	2 922 335	253.00	120.63	63.38	68.99
2012	11 198 009	1 934 397	5 967 563	3 296 049	248.70	115.29	59.05	74.36
2013	12 934 688	1 982 170	7 221 790	3 730 728	247.68	116.59	59.31	71.78
2014	14 113 712	2 153 878	7 463 036	4 496 798	247.24	114.52	58.61	74.11
2015	14 700 982	2 213 119	7 540 011	4 947 852	247.81	115.23	61.14	71.14
2016	16 095 610	2 328 831	7 722 963	6 043 816	247.97	113.10	60.87	74.00
2017	18 621 905	2 519 923	8 563 964	7 538 018	248.79	111.49	66.27	71.03
2018	23 493 097	2 547 500	11809 849	9 135 748	250.60	110.67	63.65	76.28
2019	26 331 105	2 776 546	13 245 231	10 309 336	252.01	108.98	63.64	79.39
2020	28 021 249	3 445 506	1 349 3009	11 082 734	255.91	106.82	63.72	85.37

(1)宜宾市第一产业就业结构偏离度高,且呈现逐年上升趋势。由图5-20可知,第一产业的结构偏离度为负值,从2010年的-0.66上升到2020年的-0.71,表明宜宾市第一产业的就业比重大于产值比重,存在隐性失业以及劳动力资源配置内卷化的问题,需要采取措施促进劳动力转移到其他产业。第一产业的结构偏离度呈总体上升趋势,这是由产业结构调整与就业转移不同步造成的。第二、三产业快速发展,第一产业增长相对滞缓,在地区生产总值中比例快速缩减,而第一产业就业结构变化相对有限。

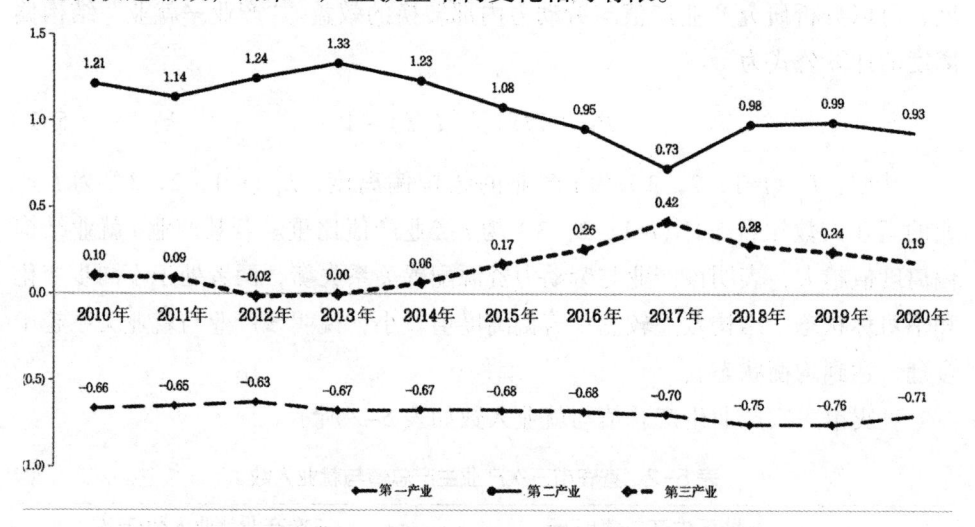

图5-20 2010—2020年宜宾市"就业—产业"偏离度

上述问题表明宜宾市第一产业的经济增长与劳动力资源配置不均衡问题没有得到缓解。这一就业结构和变动趋势说明宜宾市就业结构仍处于发展阶段,农业从业人员向外流动较慢,第二产业吸纳就业能力不足,不利于就业和产业的协调发展,甚至可能阻碍整体经济的长远增长。

(2)第二产业未充分发挥吸纳剩余劳动力的潜力。第二产业结构偏离度在2017年前呈现正偏离的现象,说明在2017年以前宜宾市第二产业相对劳动生产率较高:劳动力资源配置相对较少却贡献了较高的产值比重。2017年后,随着产业结构深度调整以及劳动力资源配置的优化,产业结构与就业结构一致性程度越来越高,就业吸纳效应日趋下降。总体而言,第二产业就业比重小于产值比重,存在较为丰富的劳动力吸纳潜力,该产业应吸纳更多劳动力以使产业发展与吸纳就业的能力保持一致,这是将来宜宾市第二产业就业结构调整的方向。

（3）第三产业就业结构偏离度近年来有所提升。宜宾市第三产业的结构偏离度较小，说明宜宾市第三产业的就业权重与产业权重具有较好的对称性。2017年以后，第三产业产业结构偏离度提高，对社会剩余劳动力的吸纳能力逐步增强。

（二）"灵活就业—产业结构"的相关分析

本研究将宜宾市灵活就业人数比重（x_R）定义为当年度灵活就业规模（e_R）占城镇就业人员总数（E）的比重，其计算方法为

$$x_R = e_R / E \tag{5-2}$$

将产业结构（y_i）定义为区域 i 三次产业 t 的产值在当年度内占国民生产总值的比重，其计算方法为

$$y_i = t_i / T \tag{5-3}$$

通过对宜宾市各区县产业结构的产值比重计算，可以标准化三次产业结构占比。宜宾市各区县灵活就业与三次产业产值占比如表5-3所示。

表5-3 宜宾市各区县灵活就业与三次产业产值占比

区　县	灵活就业总人数	灵活就业人数占比 x_R	第一产业产值占比 y_1'	第二产业产值占比 y_2'	第三产业产值占比 y_3'
翠屏区	61 864	0.07	0.34	0.62	0.04
南溪区	66 204	0.02	0.38	0.45	0.17
叙州区	48 117	0.05	0.41	0.48	0.11
江安县	38 254	0.09	0.43	0.37	0.19
长宁县	14 260	0.03	0.41	0.41	0.19
高县	33 760	0.06	0.44	0.37	0.19
筠连县	25 780	0.06	0.42	0.41	0.17
珙县	48 651	0.11	0.46	0.33	0.21
兴文县	31 941	0.07	0.53	0.28	0.20
屏山县	16 242	0.05	0.43	0.30	0.27

本研究对宜宾市各区县城镇灵活就业人数与三次产业产值比重结构进行相关分析，试图寻找宜宾市各区县灵活就业人群与产业发展的关联情况。这里通过皮尔逊积矩相关系数（Pearson product-moment correlation coefficient）对

"灵活就业人数"与"三次产业产值占比"之间的相关性进行分析。

"灵活就业人数"与"三次产业产值占比"皮尔逊相关系数定义为两个变量之间的协方差和标准差的商：

$$px(y) = \frac{\mathrm{cov}(X,Y)}{\sigma x \sigma y} = \frac{E\left[(X-\mu x)((Y-\mu y))\right]}{\sigma x \sigma y} \quad (5-4)$$

上式定义了总体相关系数，常用希腊小写字母作为代表符号。估算样本的协方差和标准差，可得到皮尔逊相关系数，常用英文小写字母代表：

$$r = \frac{1}{n-1}\sum_{i=1}^{n}\left(\frac{X_i-\overline{X}}{\sigma X}\right)\left(\frac{Y_i-\overline{Y}}{\sigma Y}\right) \quad (5-5)$$

皮尔逊相关系数（r）的变化范围为 $-1 \sim 1$，若 r 为正值，说明两变量间呈现正相关；若 r 为负值，说明两变量间呈负相关。将表5-2中的数据输入SPSS 26.0中分析两变量相关情况，可输出表5-4这个信息表。

表5-4 "灵活就业—产业结构"的相关系数表

	灵活就业人数比重	第一产业产值比重	第二产业产值比重	第三产业产值比重
灵活就业人数比重	1	0.080	−0.237	0.379
第一产业产值比重	0.080	1	−0.919	0.603
第二产业产值比重	−0.237	−0.9	1	−0.868
第三产业产值比重	0.379	0.603	−0.868	1

根据表5-3的数据呈现，可以得出以下结论。

（1）"灵活就业人员比重"与"第一产业产值比重"之间存在弱正相关关系，相关系数为0.080。这说明第一产业能少量吸纳城镇灵活就业人员，农、林、牧、副、渔等产业的发展能创造灵活就业岗位。

（2）"灵活就业人员比重"与"第二产业产值比重"间存在负相关关系，两者间的相关系数为−0.237。这说明以制造业和建筑为代表的第二产业快速发展能有效吸纳社会闲散劳动力，并将灵活就业人员转变为固定就业群体，将其整合于长期性、制度化的劳动力资源。若宜宾市的工业、制造业、建筑业快速发展，就能在一定程度上有助于社会就业稳定。

（3）"灵活就业人员比重"与"第三产业产值比重"间存在正相关关系，两者间的相关系数为0.379。这说明第三产业的蓬勃发展会创造一定的就业岗位，带动以快递员、网约车司机、外卖员、代驾跑腿等为代表的新型灵活就业劳动群体的同步增长，满足公众灵活就业的新型工作方式需求。

（三）"灵活就业人数—参保人数"的相关分析

本研究对四川省7个副中心城市的灵活就业人数与参加保险人数进行相关性分析，意在探究灵活就业人数与参保人数的关联情况。这里通过皮尔逊相关系数对"灵活就业人数"与"参加保险人数"之间的相关性进行分析。灵活就业人数与参加养老保险的人数如表5-5所示。

表5-5 灵活就业人数与参加养老保险的人数

地 区	灵活就业人数/万人	参加职工养老保险保险人数/万人
宜宾	38.50	28
绵阳	80.09	44
德阳	29.61	34
乐山	23.4	40
泸州	31.48	42
南充	84.43	43
达州	22.67	37

在进行皮尔逊直线相关性分析前，先将灵活就业人数和参加职工养老保险人数绘制为散点图内，通过观察发现，该散点图近似一条直线，满足皮尔逊相关性分析的前提条件。图5-21为灵活就业人数与参保人数散点图。

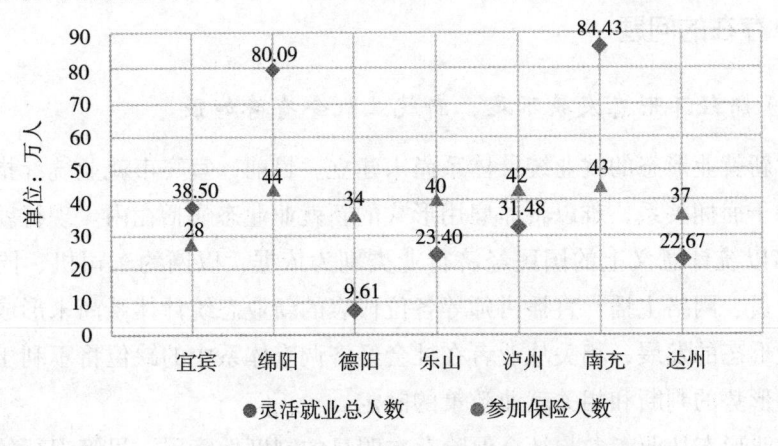

图5-21 灵活就业人数与参保人数散点图

皮尔逊相关系数的变化范围为 –1～1，若 r 为正值，说明两变量间呈现正相关；若 r 为负值，说明两变量间呈负相关。将表 5-5 中的数据输入 SPSS 26.0 中分析两变量相关情况，可输出表 5-6 这个信息表。

表 5-6　"灵活就业人数—参保人数"的相关系数表

变　量	灵活就业人数	参加职工养老保险人数
灵活就业人数Pearson相关	1	0.542
参保人数Pearson相关	0.542	1

由表 5-6 可知，"灵活就业人数"和"参加职工养老保险人数"的相关系数是 0.542，即 $|r|=0.542$；统计学上认为相关系数 $|r|$ 在 0.4～0.6 是中等程度相关，于是得出结论：灵活就业人数和参加职工养老保险人数存在相关性。

根据表 5-6 的数据，可以进一步得出以下结论。

（1）健全灵活就业保障政策，对保障灵活就业者参保权益具有显著促进作用。宜宾市要明确灵活就业人员的劳动关系和权益保障，消除"有色眼镜"，健全保障制度，进一步提高灵活就业职工参保人数。

（2）规范监督灵活就业者参保体系，促进灵活就业新模式的良性发展。在灵活就业新模式蓬勃发展的宏观背景下，宜宾市要挖掘并重视隐藏在巨大经济数字背后的灵活就业者的微观诉求，从法律层面认可灵活就业者的身份，保障他们的合法权益，为灵活就业新模式的未来发展消除隐患。

六、存在的问题

（一）新经济形态发展不足，新就业机会有待加强

针对新就业形态的就业统计体系尚未建立。目前，宜宾市就业统计指标的采集多基于雇佣关系，难以将非雇用形式的新就业业态囊括在内。现行就业统计口径多以统计意义上的国民经济行业类别为依据，以网约车司机、同城跑腿、外卖员、网络主播、直播讲师等各位代表的新业态统计体系尚未形成。随着新就业形态的发展，相关从业者在社会经济调查体系中的缺位将不利于决策层对就业形势的判断和相关就业政策的制定。

新就业形态从业者参与社会保险存在明显的制度性障碍。尽管现行的社会保障体系能够让新就业形态从业者以灵活就业人员身份通过自主缴纳的方式参

与养老保险和医疗保险，但是依然存在社保覆盖率低、险种不全、保障水平偏低等问题。

新形态就业机会有待加强。现行灵活就业人员主要分布于制造业、居民及社会服务行业、批发零售、租赁和商务服务等行业。而在新就业形态呈现关系灵活化、工作内容多样化、工作方式弹性化、工作安排去组织化、创业机会互联网化等变化趋势下，传统行业部门的组织安排及岗位设置显然无法满足新时代灵活用工特点及变化需要。

（二）创业环境有待优化，个体经济亟待发展

宜宾市创新创业虽然在四川省7个副中心城市中处于领先地位，但是个体工商户注销数量也是最高的。这说明虽然政府创业政策宣传好、劳动者创业意愿强，但创业环境有待优化。

个体经济发展既是灵活就业的重要组成部分，又是创业工作的支撑。个体经济的发展也是就业要实现跨越式发展以满足劳动力就业需要的重要保障，功能健全的灵活就业服务体系的缺位、有机结合功能的灵活就业的平台尚欠缺是实现宜宾市就业创业工作跨越式发展的瓶颈；从宜宾市劳动力就业提质扩面的视角看，个体经济亟待发展。

（三）人力资源开发不足，劳动力素质有待提升

宜宾市农村劳动力普遍存在文化程度低、专业技能不足等问题。由于文化程度低，农村转移劳动力大多围绕在低端工业、制造业等产业部门，劳动强度大、工资低，而且缺乏职业提升空间。此外，专业技能不足导致转移劳动力难以胜任技术性工作，以体力劳动为主。

人力资源开发相对滞后，与宜宾市"5+1"现代产业集群的快速发展不匹配。随着白酒、动力电池、智能终端、先进装备制造、新材料、医疗器械等产业的发展及产业链体系配套的完善，社会对区域内劳动力的文化层次、技能水平、专业知识等提出更高要求。区域内缺乏专业专能型的人力资源开发机构，导致宜宾市劳动力的就业技能难以满足新兴产业的发展需求。

（四）创新要素驱动不足，社会保障有待加强

首先，传统社会保障制度亟待调整。新就业形态从业者对比传统雇佣劳动人员，普遍面临工资较低、收入不稳定等问题。而以在岗职工为标准设计的社

保缴费制度的设置将加重灵活就业人员的缴费比重，导致其主动参与社保的意愿不高。

其次，是由于灵活就业群体存在用工关系模糊、劳动认定关系不清晰等问题，灵活就业群体难以获得以劳动关系为参保前提的社保险种，难以获得全面保障。

最后，在新经济业态下，由于制度创新、体系创新、技术创新等要素应用不足，就业、社会保障等公共服务体系难以精确跟踪灵活就业人员，以实现更为全面的社保接续。

七、对策建议

（一）拓宽就业渠道，发展灵活就业

增加非全日制就业机会，扶持就业困难人员。宜宾市要推动非全日制劳动者较为集中的保洁绿化、批发零售、建筑装修等行业提质扩容；要增强养老、托幼、心理疏导和社会工作等社区服务业的吸纳就业能力；要加强对非全日制劳动者的政策支持，对重点群体从事非全日制等工作的，按规定给予社会保险补贴。

支持新经济，发展新就业形态。宜宾市要推动本市全国性数字经济、平台经济健康发展，培育本土数字经济、平台经济平台；要加快推动网络零售、移动出行、线上教育培训、互联网医疗、在线娱乐等行业发展，为劳动者居家就业、远程办公、兼职就业创造条件；要创造更多灵活就业岗位，吸纳更多劳动者于本市就业。

（二）促进自主创业，帮扶重点群体

优化审批管理，降低创业门槛。宜宾市要开通行业准入办理绿色通道，对需要办理相关行业准入许可的，实行多部门联合办公、一站式审批；要在本市内试点运营一批"灵活就业无营业执照定点经营"场所，在政府指定的时间内销售农副产品、日常生活用品，依法从事便民劳务活动，实现自主创业与灵活就业有机结合。

扶持重点群体，引导个体经营发展。宜宾市要制定具有本市特色的鼓励政策，给予创业担保贷款、税收优惠、创业补贴等政策支持；要引导劳动者以市场为导向，依法自主选择经营范围；要鼓励劳动者创办小规模经济实体；要对

重点群体从事个体经营的给予更大的支持，提供低成本场地支持；要规划低成本场地建设用房，帮助个体经营者等灵活就业人员减轻房租负担；要将综合服务设施闲置空间、非必要办公空间改造为免费经营场地，优先为重点群体提供免费经营场地。

（三）保障新职业发展，提升劳动者素质

引导就业新形态，保障新职业发展。宜宾市要根据本市特色，密切跟踪经济社会发展、互联网技术应用和职业活动新变化，重点发展适合本市的新职业，征求本市社会各界对新职业的意见或建议，发展适合本市社会需要的新职业；要引导直播销售、网约配送、社群健康等更多新就业形态发展；要探索性地制定具有本市特色的新职业标准，开创性地推出具有新时代特征且具有本市特色的新职业培训课程；要完善统计监测制度，探索性地建立具有本市特色的新就业形态统计监测指标。

优化人力资源公共服务，发展人力资源服务产业。宜宾市要把灵活就业岗位供求信息纳入公共就业服务范围，开设灵活就业专区专栏，免费发布供求信息，按需组织专场招聘，送岗位进基层、社区，提供职业指导等服务；要指导企业规范开展用工余缺调剂，解决用工"潮汐现象"，帮助有"共享用工"需求的企业精准、高效地匹配人力资源；要组织劳务对接洽谈，鼓励人力资源服务机构为灵活就业人员提供规范有序的求职招聘、技能培训、人力资源外包等专业化服务；要依托宜宾人力资源服务产业园，引入国内知名人力资源服务企业，大力扶持本地人力资源服务企业。

开展针对性培训、定制化培训。宜宾市要将有创业意愿的灵活就业人员纳入就业创业培训范围，提升他们的创业能力和创业成功率；要支持各类院校、培训机构、互联网平台企业组织开展灵活用工的技能培训，如开展新兴产业、先进制造业、现代服务业等领域新订单式、定向式、定制化培训，推进线上线下结合的O2O培训模式，灵活安排培训时间和培训方式，增强劳动者的就业能力。

规范灵活就业，重视劳动保障。宜宾市要持续深入推进工程建设领域农民工按项目参加工伤保险，有针对性地做好工伤预防工作；对符合条件的灵活就业人员，宜宾市要及时按规定将其纳入最低生活保障、临时救助范围；宜宾市各区县政府要探索性地研究、制定互联网平台就业劳动保障政策。

（四）创建创业型城市，加强组织实施

创建创业型城市，落实就业政策。宜宾市要以创建国家级创业型城市（灵活就业为优先条件，四川省仅有成都市、绵阳市、攀枝花市为创业型城市）为目标，增强城市综合竞争能力，实现创新要素驱动城市发展，推进组织实施工作。

狠抓政策落实，简化手续，提高效率，确保灵活就业人员便捷享受各项支持政策和就业创业服务。宜宾市要落实灵活就业政策，优化发展环境，充分利用各种宣传渠道和媒介，大力宣传支持灵活就业的政策措施和典型做法，宣传自主就业创业和灵活就业的典型事迹；要建立舆情监测和处置机制，积极主动地回应社会关切，营造良好的舆论氛围。

支持多渠道灵活就业，强化组织领导。宜宾市要结合实际，创新工作举措，加强规范引导，完善监督管理，促进灵活就业健康发展；要统筹用好就业补助资金和其他稳就业、保就业的资金，保障灵活就业扶持政策落实；要坚持问题导向，完善政策措施，破解工作难题，创新工作思路。

加强监督力度，针对性社保提质扩面。针对灵活就业人员参保比例不高的现状，一是要强化全民参保登记工作宣传，建立健全市、县（区）、乡（镇）、村（社区）四级参保宣传工作机制，实施更积极的灵活就业补贴政策，鼓励灵活就业人员积极参保；二是要深入三江新区智能终端企业走访调研，开展社保工作宣传及经办流程培训，提高用工参保率；三是要加大劳动保障执法检查力度，加强与税务、公安、民政、财政、卫健、法院等部门的数据共享和联动，促进用人单位自觉据实申报缴纳社保费用。

执笔：庞豪、冯嘉华、周陶

第六章 市级尺度创新创业环境实务研究
——基于宜宾市的调查分析

新时代背景下，城市信息化水平有了很大的提高，大数据、大服务、大平台为实现宜宾市智慧化就业提供了坚实的信息和业务基础。宜宾市拟推行"智慧就业"精准助力高质量就业。

一、研究背景

《国家创新驱动发展战略纲要》提出了"三步走"的分阶段的战略目标，其中第二步，到2030年跻身创新型国家前列。党的十八大报告中"创新"一词出现频率达58次之多，党和国家目前的"五大发展理念"也以创新发展为首。《国务院办公厅关于发展众创空间推进大众创新创业的指导意见》强调加快实施创新驱动发展战略，适应和引领经济发展新常态，顺应网络时代大众创业、万众创新（以下简称"双创"）的新趋势。2015年10月19日"全国大众创业万众创新活动周"启动仪式在京举行，李克强指出："'双创'对推进社会公平，促进社会正义有着强烈启示，它让所有人都有机会在可能的条件下，去创业，去创新，也就是说，给愿意创业创新的人，打造一个公平竞争的机会、一个平等的上升通道。"在举国"双创"的大背景下，宜宾市贯彻落实国务院"大众创业、万众创新"的决策部署是长期的任务和要求。因此，研究宜宾市"双创"环境状况，分析存在的问题，提出应对措施，制定和落实相关政策，对推进社会经济又好又快发展有着重要的意义。

二、研究方法

"双创"评价研究主要有国家、特定区域和城市三个层次。国家创新层面的研究成果有《欧洲创新记分牌》《全球创新记分牌》等；特定区域创新的研究成果有《中国区域创新能力报告》等；城市创新具有代表性的研究成果有《全球城市竞争力报告》《中国城市竞争力报告》和《中国城市创新创业环境评价研究报告》等。

《中国城市创新创业环境评价研究报告》（以下简称《报告》）是清华大学启迪创新研究院组织开展的区域"双创"环境评价研究的结果，从政府支持、产业发展、人才环境、研发环境、金融支持、中介服务、市场环境、创新知名度八个方面对各城市的"双创"环境进行评价。《报告》权威、科学，有很重要的参考价值。本研究根据《报告》对宜宾市"双创"情况进行诊断性分析。

《国务院办公厅关于发展众创空间推进大众创新创业的指导意见》（以下简称《意见》）明确了重点抓好加快构建众创空间、降低"双创"门槛、鼓励科技人员和大学生创业、支持"双创"公共服务、加强财政资金引导、完善创业投融资机制、丰富"双创"活动和营造"双创"文化氛围八个方面的任务，为营造良好的"双创"生态环境指明了方向。本研究根据《意见》对宜宾市"双创"情况进行策略性分析。

本研究在运用《报告》对宜宾市"双创"进行诊断性分析，结合《报告》和《意见》进行策略性分析的基础上，采用问卷调查、专家访谈、开座谈会、面访市区县各级相关领导及有关部门负责人等多种方式对宜宾市的"双创"现状进行详细调查，对如何进一步积极推进宜宾市"双创"提出了建议，旨在为决策者和相关部门提供定性定量参考。

三、"双创"环境现状

根据《中国城市创新创业环境城市排名报告》，2013、2014年度宜宾市"双创"环境评价得分分别为31.03、32.42，分别位列全国的第143名、第137名。2014年度比2013年度上升了6位。宜宾市与其他城市的排名如表6-1所示。

表6-1　中国城市"双创"环境2013、2014年度城市排名

城　市	2013年得分	2014年得分	2013年总排名	2014年总排名	总排名变化
深圳	100.00	100.00	1	1	0
武汉	71.93	70.87	6	4	2
成都	67.30	60.00	8	5	3
绵阳	41.95	41.52	57	51	6
德阳	33.98	31.36	110	128	−18
宜宾	31.03	32.42	143	137	6
南充	29.84	31.74	150	148	2
达州	29.47	27.02	151	152	−1
延安	31.51	29.99	139	154	−15

从宜宾市在省内城市间的横向比较看，作为四川省省会，成都2013、2014年度"双创"环境评价得分分别为67.30、60.00，位列全国第8名、第5名，宜宾市与其存在较大的差距。成都正在创建"创业之都"，在软件园等"双创"基础设施建设及"创业场"等发展模式建设上有许多值得宜宾市借鉴和学习的地方，尤其是成都建立了"苗圃—孵化器—加速器—产业园"一整套完善的创业孵化体系。此外，2013、2014年度四川其他主要城市的得分情况如下：绵阳41.95分、41.52分，分别列全国第57名、第51名；德阳33.98分、31.36分，分别位列全国第110名、第128名；南充29.84分、31.74分，分别位列全国第150名、第148名；达州29.47分、27.02分，分别位列全国第151名、第152名。与省其他城市横向相比，宜宾市处于中等水平。

中共宜宾市委四届六次全会对宜宾市未来发展的战略定位是构建"长江上游辐射吸纳川滇黔的区域中心城市"的功能定位、"长江上游国际生态山水园林城市"的形象定位和"三个中心、六大基地"的产业定位。根据战略定位，宜宾市陆续出台了一系列政策性文件和激励措施，通过财政资金引导、社会资金投入等方式，不断营造"双创"氛围，不断优化"双创"环境。2022年3月，宜宾市已建成"电创联盟""艺创魔方""阳光社区"等30个众创空间，已建设省级孵化器1个、市级孵化器1个，并推出了"创青春"青年"双创"大赛、银政企科技金融活动、大学生"双创"交流活动等一系列双创活动。

宜宾市在推广创客空间、创业咖啡、创新工场等新型孵化模式，构建一批低成本、便利化、全要素、开放式的众创空间，发挥政策集成和协同效应，实

现创新与创业相结合、线上与线下相结合、孵化与投资相结合等方面尚存在着不足,仍需进一步加强"双创"环境建设。宜宾市各指标得分如表6-2所示。

表6-2 2014年四川主要城市一级指标得分情况表

城　　市	政府支持	产业发展	人才环境	研发环境	金融支持	中介服务	市场环境	创新知名度
成都	52.69	82.31	87.66	65.04	59.11	28.39	62.7	35.51
绵阳	30.85	53.54	38.78	65.20	31.20	20.85	25.72	24.12
德阳	27.99	42.25	28.51	41.68	28.04	20.38	23.54	24.28
宜宾	27.73	44.49	25.31	32.44	28.45	20.66	23.90	22.76
南充	25.51	41.62	27.42	27.91	26.03	21.61	24.21	22.12
达州	25.06	41.98	25.29	27.20	23.29	21.14	23.85	21.30

(一)政府支持方面

政府支持指标主要反映和衡量城市在政策层面对"双创"的支持力度。影响政府对"双创"的支持能力的相关因素有城市经济总量、财政支持能力和科技经费的投入力度。2014年,宜宾市在政府支持方面位列全国第126名,比上一年度下降1名,随着"双创"的启动和政府重视程度的不断提升,分值将逐年快速上升。

(二)产业发展方面

产业发展指标包括城市的第三产业发展情况、高新技术产业发展情况和创业活跃程度。2014年,宜宾市在该方面的排名为全国第136名,比上一年度上升5名。宜宾市第三产业实现增加值329.8亿元,占GDP比重为24.56%,比第二产业低了36.09个百分点。

(三)人才环境方面

人才是"双创"活动中最为关键的要素,人才环境是中国城市"双创"环境评价研究重要的一级指标之一,由人力资本和科技人员两个二级指标来测度。据此进行排序的全国前20名城市除深圳以外,全是省会城市。分析其原因,省会城市高校众多,而大专以上人口占常住人口比重反映城市的人才结构,占比越高,其发展更高层级产业也更具优势。2014年,宜宾市在人才环境方面位列全国第147名,比上一年度下降了4位,位列倒数第8。在宜宾市常住人口为 4 472 001 人，宜宾市常住人口中，具有大学（指大专以上）文化程度的人口为 182 809 人。

（四）研发环境方面

从研发投入、创新产出两个角度来评估城市的"双创"环境，其中 R&D（研究与试验发展）经费投入和 R&D 占 GDP 比重为两个重要的指标，专利数量和获得科技奖项也是研发环境衡量的因素。2014 年，在研发环境方面的排名中，宜宾市位列全国第 108 名，较上一年下降 1 名。宜宾市专利受理量 1577 个，专利授权量 1134 个，发明 72 项，全市 11 项科技成果获得 2013 年度四川省科技进步奖；全市新增高新技术企业 10 家、省级创新型企业 12 家、省级高水平企业研发机构 1 家、省级重点实验室 1 家、省级高校重点实验室 2 家、市级科技型企业 43 家，高新技术产业总产值完成 350 亿元。宜宾市在科技专利及获奖上取得了一定的成绩，从而促进了研发环境的良好发展。

（五）金融支持方面

金融支持指标是"双创"环境评价指标体系重要的一级指标，其重要性仅次于产业发展指标，该指标由上市企业、金融服务和金融机构 3 个二级指标来测度，分别考察入选城市的企业上市情况、存贷款规模和金融企业整体规模。2014 年，在金融支持方面，宜宾市位列全国第 77 名，比上一年度上升 52 名，为宜宾市排名最高的一级指标。

（六）中介服务方面

作为沟通市场、企业与政府的桥梁，中介服务业的发展有助于促进城市创新要素之间的高效互补，提升城市的创新效率。中介服务业的发展与城市经济规模、产业结构密切相关，在大城市、超大城市地区尤为发达。宜宾市在市、县两级 12 个政务大厅、63 个基层所增设专项服务窗口，对小微企业注册登记、商标注册等具体业务推行"电话预约、专人负责、限时办结、跟踪指导"服务模式。

截止 2022 年 3 月，宜宾市人社部门组建专家服务团，开展专家窗口坐诊咨询活动，筛选推荐服务项目，实行创业政策咨询、创业项目开发等"一条龙"服务，共为 21 599 人提供政策咨询，为 16 107 人次提供人力资源服务，推荐服务项目 667 个，推荐市第二批创业之星候选人 50 名，发放小额担保贷款 5 241 万元，为城镇失业登记人员、军队复退人员、大中专毕业生等七类人员创业融资提供保障。

（七）市场环境方面

市场环境是通过市场容量指标测度城市的商贸环境情况，主要通过消费品零售总额这一统计指标反映。从全国来看，东部地区占优势地位，省会及副省级城市排名靠前，两极分化现象明显，中部地区增速较快。2014年，宜宾市受地域等因素的影响，发展受到一定的限制，位列全国第 114 名，比上一年度上升 2 名。

（八）创新知名度方面

创新知名度是指社会对城市"双创"的关注度，由媒体关注度和万人注册商标数两个二级指标来测度。2014年，宜宾市在创新知名度方面位列全国第 111 名，与上一年度持平。

四、"双创"环境存在的问题

（一）政府支持方面

宜宾市在四川省主要地级市 2013、2014 年度"双创"环境评价排名中处于中等水平，与宜宾市在四川省 GDP 总量方面位居第 4 名不相匹配。宜宾市的地方财政科技投入 3.03 亿元，占宜宾市财政投入的 1.39%，位列全国第 126 名。宜宾市可进一步加大对科技、"双创"事业的财政投入。

宜宾市尚未建立"双创"强有力的统一领导组织机构，部门之间协作不够密切。调查显示，各部门协作配合不够密切这一问题表现得较为突出，部门与部门之间相关工作人员互相不熟悉，类似业务没有进行有机的整合。"双创"缺乏统一领导具体表现在两个方面：其一，缺乏统一的领导和有效的组织协调；其二，没有专门针对"双创"进行指导和管理的部门。

在新型孵化模式的运用上，宜宾市与成都、重庆等城市仍存在着巨大的差距。宜宾市创客空间数量较少，虽然硬件条件较完善，但软件及"双创"服务落后；"创业咖啡"为创业者交流活动的场所多为民间组织，没有政府的审核和授权；创新工场也多处于民间自发状态，缺乏政府的组织。

（二）产业发展方面

2015 年以来，宜宾市新发展注册资金 10 万元及以下小微企业 866 户，注册资金 6 015 万元；2015 年 1—5 月，全市共发展私营企业 2 032 户，个体工商户 8 299 户，农民专业合作社 283 户。虽然宜宾的新增企业在数量和质量上有了一定的提升，但相较成都的新增高新技术企业 312 家，产值达 5 123.4 亿元，同比增长 25.1%，占全省总额一半，还是有很大差距。可见，快速增加企业数量，提高新增高新技术企业质量对宜宾市"双创"环境的营造有举足轻重的作用。

（三）人才环境方面

四川省各市排名与该城市高新企业的数量、高校数量以及高校学生人数正相关，高校数量有绝对优势的城市排名靠前。截至 2022 年 3 月，绵阳有 13 所普通高校，德阳有 9 所普通高校，南充有 5 所普通高校，宜宾有 2 所普通高校、达州有 2 所普通高校。宜宾学院 16 000 人的办学规模远超达州的 2 所高校，这也与排名正相关。但宜宾市普通高等学校发展相对缓慢，没有很好地利用高校资源发挥相应的人才优势。高校数量相对较少、发展速度不够快也是宜宾市"双创"发展的不利因素。

笔者在调研过程中发现，科技人员和大学生"双创"不足：一方面，宜宾市"双创"专业人才引进困难。囿于宜宾市经济社会、地理环境等因素，高端专业人才宁可选择北京、上海、广州、深圳或者成都、重庆等待遇较低的工作，也不愿意选择宜宾市待遇较好的工作。个别本地人才甚至愿意舍弃宜宾市 20 万年薪的工作，去上海入职 10 万年薪的工作。宜宾市人口基数相对较大，高校毕业生外溢等也是造成人才环境相对落后的原因。另一方面，高质量的"双创"主要依靠专业技术人员，而宜宾市专业技术人员众多的高校存在"双创"专职教师数量不足、创业质量不高、鼓励高校教师创业的政策不够等情况。

在调研过程中，笔者没有在宜宾市政府相关部门查找到关于宜宾市人才总量等直接数据。统计数据的缺失也是影响人才环境的不利因素。

（四）研发环境方面

宜宾市研发环境的得分为 32.44 分，远低于成都的 65.04 分，也低于绵阳的 65.20 分、德阳的 41.68 分，在全省处于中下游水平，仅仅比排名最后的达州（27.20 分）略高。宜宾市 R&D 经费投入为 8.2351 亿元，R&D 经费投入占 GDP 总值比重为 0.61%，低于成都的 2.1%，更远低于深圳的 4%。这反映出 R&D 经费投入不足是影响宜宾市研发环境的重要因素。

（五）金融支持方面

2015 年，在金融支持方面，虽然宜宾市的总市值高达 1 324.45 亿元，排名仅次于成都市，但是宜宾市上市企业只有 4 家，其中宜宾五粮液股份有限公司一家独大，其贡献的总市值达 1 261.02 亿元，同时在中小板、创业板以及新三板上市的企业暂时还没有，因此宜宾市政府还应加大对企业上市的支持力度，进一步拓展投融资渠道，将金融支持转化为"双创"的动力。与金融支持相关的各类资金投资融资数量不足。各类资金投融资数量明显偏少，不能满足广大"双创"者的需求。截至 2015 年 9 月，宜宾市商业银行科技支行支持科技型企业贷款仅 1.24 亿元，其中大部分是非初创期的中小型企业的贷款。宜宾市投融资渠道较少，各类资金投融资数量不足是由投融资渠道不畅造成的。

（六）中介服务方面

宜宾市的创业者缺乏专家团队指导，大多数创业者没有专业的指导团队，凭借自己的一腔热血创业，也没有咨询专家意见的强烈意愿，认为自己创业要靠自己的智慧，对专家缺乏信任。宜宾市"双创"缺少完整的具有本地特色的教学研一体化模式。宜宾市与宜宾学院、宜宾职业技术学院有一些合作，但合作还不够深入，缺乏有效的模式。"双创"投融资服务相关专业机构较少，政府层面也尚未有为广大创业者服务的官方融资平台。成都市高新区软件园有专门的投融资服务机构"创业场"，而宜宾没有与之相类似的投融资服务中心，一站式的投融资服务机构也较少。众筹平台方面，宜宾市也有大众以微信为平台设立的几个众筹微信群，但大多缺乏规范化的监管。宜宾市的相关从业人员为 0.1 万～0.3 万人，中介服务业发展滞后。2014 年，宜宾市在中介服务方面位列全国第 131 名，比上一年度提升 12 名。总体来讲，宜宾市中介服务业虽然发展相对滞后，但还是有很大的发展空间。群众反映官方的"双创"平台、创业前的资金支持、创业中的技术指导、初创期的扶持中的不足都需要进一步通过中介服务来完善。

(七) 市场环境方面

四川省经济和信息化委员会、四川省财政厅公布了第三批省级小企业创业示范基地名单，宜宾市罗龙工业集中区和临港经济技术开发区名列其中，标志着宜宾市的企业孵化和培育能力再上新台阶。2014年，宜宾市社会消费品零售总额497.24亿元，同比增长14.4%。网上商店法人企业数2个，固定资产合计77万元，实收资本1 035万元，营业收入6 900万元，从业人员68人，营业利润160万元。但网络零售、移动电子商务交易额等数据缺失，给统计分析带来一定困难；宜宾市大数据、云计算和现代物流技术等发展欠佳，这是宜宾市"双创"发展的不利因素。

(八) 创新知名度方面

宜宾市运用本地主流媒体广泛宣传服务小微企业发展的具体政策和工作举措，激发全民创业热情，取得了一定的效果，但做得还不够。2014年以来，宜宾市营造返乡民工创业文化环境，帮助返乡民工创办各类市场主体1 217户，吸纳本地就业1万余人。但宜宾市在创新知名度方面的排名没有变化，仍然需要加快发展。

五、优化"双创"环境的对策

(一) 加快构建"宜创空间"机制

利用宜宾市的"宜"字、自然资源和人文环境优势、川滇黔接合部的区位优势，以及中国白酒之都等独特的经济优势，借举国"双创"之机，加强政府统一领导，打造具有鲜明宜宾市特色的"宜创空间"。"宜创空间"的"宜"字有合理、适合、适宜之意，除此之外，还有法度，标准之意。宜宾市要建设"宜居、宜业"的"双创"机制和环境。

宜宾市"双创"与众创空间既受到有界结构的规范又受到不确定性环境的影响。这主要表现在两方面：一方面，《中共中央关于全面推进依法治国若干重大问题的决定》发布后，依法治国理念进一步深入人心，国家民主法治不断进步，创业企业受到法规制度的约束加强。另一方面，随着国际政治经济形势的日益复杂和国内改革进一步深入，"丝绸之路经济带""21世纪海上丝绸之路"、长江经济带、成渝城市圈建设等战略实施，宜宾市的环境不确定性日益加剧。因此，宜宾市创业企业面临着一种有界结构不确定性环境的影响，而且这种影响将进一步深入。在这样的有界结构不确定性环境的影响下,"双创"不应该是放而不管、创而不新,而应该是更加需要政府的统一领导。

建议宜宾市委、市政府成立专门的对"双创"进行指导和管理的部门,负责"双创"政策咨询服务、地方性法规和政策制定、协调部门关系、开展"双创"领导小组日常事务等工作。"双创"领导小组部门抽调人员集中办公,梳理、清理各部门"双创"扶持政策,统一提供优质的服务,快速处理"双创"中出现的问题。特别是要在工商登记、创业融资、孵化期税收、构建良好的创业生态、打破地方保护主义、保护创新"金点子"即惩治仿冒侵权、给创业者更大空间等七个方面做好工作。

(二)降低"双创"门槛

"双创"需要新的具有较强激励作用的配套政策的出台。一是将中央、省发布的政策与宜宾市实际结合,制定宜宾市在"双创"的政策、资金、产业、环境等九大方面的相关具体办法。二是要对政策进行反复的调研和论证,缩小政策与"双创"者需求之间的差距。三是出台"双创"激励政策。例如,新的政策可以对住所登记的条件放宽,可以"一址多照"、集群注册,而且让创业者更加容易、更加方便地创业。尤其要在官方的"双创"平台、创业前的资金支持、创业中的技术指导、初创期的扶持等方面加大政策支持力度。

宜宾市要秉承"双创"手续"集中方便快捷"的方针打造完整的创业生态环境,进一步促使"双创"手续集中化、简单化,要尽快建立"双创""苗圃—孵化器—加速器—产业园"一整套完善的创业孵化体系,并形成包括政策扶持、服务式办公、创业大讲堂、创业社区以及创业投资平台等在内的全方位、多层次的服务体系,助推创业团队快速成长。

(三)鼓励高端人才创业

1. 出台激励高校教师和大学生创业的政策

宜宾市要健全创业人才培养与流动机制。具体做法如下:把创业精神培育和创业素质教育纳入国民教育体系,实现全社会创业教育和培训制度化、体系化;加快完善高校创业课程设置,加强创业实训体系建设;加强创业创新知识普及教育,使大众创业、万众创新深入人心;加强创业导师队伍建设,提高创业服务水平;加快推进社会保障制度改革,破除人才自由流动制度障碍,实现党政机关、企事业单位、社会各方面人才顺畅流动;加快建立"双创"绩效评价机制，让一批富有创业精神、勇于承担风险的人才脱颖而出；激励高校教师等专业技术人员创业，可依据《中华人民共和国促进科技成果转化法》《职务发明条例》《财政部 科技部 国家知识产权局关于开展深化中央级事业单位科技成果使用、处置和收益管理改革试点的通知》《加快推进高等学校科技成果转化和科技协同创新若干意见（试行）》等文件开展宜宾市科技成果转移转化试点工作。比如，高校或高校教师技术入股，学校在未取得股权分红或股权未发生转让前，不必缴纳企事业单位所得税；建议出台明确国有知识产权的管理办法及缓冲成果转移转化失败的相关政策，以解除教师的创业顾虑，并确保国有资产安全；鼓励高校教师创业，建议出台相关政策确保高校能够保留其教师身份。

2.进一步加大人才引进力度，完善吸引人才、留住人才机制

宜宾市要结合社会经济发展现状，不断促进"双创"环境建设，进一步完善人才建设模式；要加大对专业人才的引进力度，建立吸引专业人才的机制，从海外和省会城市吸引宜宾籍人才回流，参与到宜宾市的建设中。

宜宾市要摆脱单方面依靠经济手段来吸引和留住人才的方式，建设经济手段、社会认可、职业生涯规划、机遇与环境等多方面相结合的模式；要满足人才对平台、机遇、政策的需求；要完善吸引人才、留住人才的机制，探索更系统、更全面、更具有针对性的吸引人才、留住人才的模式。例如，市厅级领导直接负责引进重点人才项目，充分体现对人才的重视。又如，通过专门的项目发展事业部制，让被引进的人才直接参与或负责宜宾市具有发展潜力的项目，让其实现自我价值。

（四）支持"双创"公共服务

1.加强专家团队支持力度

宜宾市要建立适合本地的教学研一体化模式，依靠宜宾学院、宜宾职业技术学院进一步深化教学研一体化的合作；要充分利用地方高校服务地方的理念，利用地方高校的智力资源和人力资源建立适合宜宾市情的有效模式。

宜宾市要建立为创业者服务的专业指导团队，对创业前、创业中、创业后各个时期的工作进行指导。专业指导团队的专家由市委、市政府邀请，对专家严格筛选，建立最具权威、最有能力、最可信赖的"双创"专家团队。同时，宜宾市要利用各类宣传渠道和媒体，培育和激发创业者咨询专业指导团队专家

意见的强烈意愿，改变创业者认为创业靠自己进行所有决策的陈旧观念，培养创业者的咨询意识，培养创业者跟不上时代脚步就会被时代淘汰的危机意识。

2. 创新开展公共服务

（1）在创新的基础上打造"宜创空间"的公共服务。例如，宜宾市在对创业计划书的审核筛选（也可以采用竞赛的方式筛选）的基础上，对初创型或者创新型小微企业房租、宽带网络、公共软件等给予适当补贴。

（2）在创新的基础上丰富"宜创空间"的公共服务。例如，宜宾市通过盘活商业用房、闲置厂房等资源提供成本较低的场所，降低创业成本。宜宾市可在"宜创空间"内建立具有本市特色的小微企业"双创"服务联盟，在行业领军企业、高等院校、科研院所、行业协会中遴选一批重点服务机构，为广大中小微企业提供贴身服务。服务联盟成立后，宜宾市还可构建"双创"导师团队，征集一批拥有丰富创业经验和资源的成功创业者、知名企业家、天使投资人、专家学者组成"双创"导师团队进行辅导。

（3）在创新的基础上引领"宜创空间"的公共服务宜宾市。"宜创空间"的公共服务与大城市的公共服务有所区别，需要更多地利用社会资源，而社会资源需要示范效应。例如，宜宾市可利用原有各类园区建设创业基地，打造一批创业示范企业。同时，宜宾市要建立集政策发布、项目推介、融资服务、专家咨询等功能于一体的"双创"网络综合服务平台；要引导企业由传统的管控型组织转型为新型创业平台，让员工成为平台上的创业者，形成市场主导、风险投资参与、企业孵化的创业生态系统。

3. 完善相关机制

一是建立考核机制，对单位部门开展"双创"工作进行绩效考评和服务满意度评价。可以引进第三方评估机构进行。二是建立奖励机制。比如，定期进行"创业之星""创新明星"的评选，给予精神和物质激励。三是建立、完善监督机制。规范、优化"宜创空间"，通过制度约束提高创业团队依法依规的自觉性；建立监督机制，防止"一管就死，一放就乱"；建立综合信用等级机制，按不同等级给予相应的政策、资金、技术扶持。

（五）加强财政资金引导，完善创业投融资机制

1. 财政资金引导，促进优势项目发展

宜宾市要利用财政资金"四两拨千斤"的引导作用，加强对企业发展的指

向性功能。宜宾市要进一步加强对科技创新型中小企业和民营企业的资金支持，努力做大做强一些企业，争取在短期内有新的企业能够在新三板、战略科创板或创业板上市，从而实现本市上市企业百花齐放的局面，实现产业结构的良性调整。

2. 加大科技经费投入

宜宾市要对"双创"的科技经费投入与实际需求进行调研，有针对性地缩小其差距。"双创"如果没有实际的政策支持很容易成为空架子；反之，"双创"政策如果不具体、没有落到实处或者说没有得到完善，就不能很好地为创业者服务。

宜宾市要加大科技资金投入，最大限度地满足"双创"者的需求。一方面，宜宾市要充分利用国家对"双创"支持的金融政策，联合银行、信用社等金融机构，加大资金支持力度；另一方面，宜宾市要在"宜创空间"的基础上加大资金投入，建立一批以"双创"活动中心（俱乐部、活动中心）、创业沙龙（书吧、咖啡屋、茶吧）为代表的创业苗圃，建立一批科技企业孵化器（包括孵化大楼、孵化工场、孵化园区等）和"孵化+创投"、创新工场等新型孵化器。同时，宜宾市要在"双创"园中加快构建以"创业苗圃（前孵化器）+孵化器+加速器+产业园"为特征的阶梯形孵化体系。

3. 创建并规范投融资渠道

宜宾市要建立专门的投融资服务机构，强化投融资服务的政策和经济支撑。打造具有鲜明的本市特色的"宜创空间"投融资服务机构，形成"宜创空间"投融资服务的政策和经济基础，打造并建成"宜创空间"投融资服务的政策和经济架构。

宜宾市要在"宜创空间"的基础上学习大中城市和周边地级城市的投融资服务中心建设经验，建立具有本市特色的一站式的投融资服务中心。

首先，宜宾市要建立"宜创空间"官方的投融资渠道，打通官方渠道和民间需求的壁垒，刺激投融资的良性需求。"宜创空间"的"宜"字有合理、适合、适宜之意，"宜创空间"亦是如此，要建立合理的、适宜的、适合创业者需求和市场需求的投融资渠道。

其次，宜宾市要加强民间投融资渠道的监管。第一，在贯彻执行《私募股权众筹融资管理办法（试行）（征求意见稿）》《中华人民共和国证券投资基金法》《证券投资基金销售管理办法》《国务院关于鼓励和引导民间投资健康发展的若干意见》《关于证券投资基金宣传推介材料监管事项的补充规定》的基础上，对政策进行广泛的宣传、普及。第二，出台相关政策，"宜创空间"的"宜"字除了有适宜的意思外，还有法度、标准之意，合理的政策对"双创"的发展不仅不会产生约束，反而会促进"双创"发展。

4. 建立完善的官方众筹平台

以"宜创空间"为基础，市政府组建官方的融资平台，建立相应的众筹平台。为了众筹平台更贴近群众的创业需求，众筹平台的打造需要注意诸多细节。一是筹资天数要恰到好处。众筹的筹资天数应该长到足以形成声势，又短到给未来的支持者带来信心。在国内外众筹网站上，筹资天数为30天的项目最容易成功，因此建议宜宾市众筹平台给予项目筹资期限不宜超过30天。二是目标金额合乎情理。目标金额的设置需要将生产、制造、劳务、包装和物流运输成本考虑在内，然后结合本身的项目设置一个合乎情理的目标。三是支持者回报设置合理。对支持者的回报要价值尽可能最大化，并与项目成品或者衍生品相配，而且应该有3～5项不同的回报形式供支持者选择。四是组织创业者对项目进行包装。研究表明，有视频推介的项目比没有视频推介的项目多筹得114%的资金。而宜宾市的项目发起人大多不具有包装项目能力。因此，组织创业者对众筹项目进行包装势在必行。定期进行信息更新，以让支持者进一步参与项目，引导他们向其他潜在支持者提及创业者的项目并通过众筹平台鸣谢支持者。

社会化营销是众筹的关键因素，在"大众创新、万众创业"的时代背景下，不只靠众筹网来吸引创业者，也要将众筹本身与O2O结合起来，不能只靠众筹平台的流量来增加众筹项目，也要打造具有"宜创空间"特色的众筹平台。

（六）营造"双创"文化氛围

1. 做好"双创"宣传教育工作

加强对"双创"政策的宣传，开展全民"双创"教育，营造良好的"双创"文化氛围，根据现实条件，因地制宜地选择创业渠道和手段做好"双创"宣传工作。营造"双创"文化氛围的意义在于培养人们的创新意识和创业技能，这一方面能够支持现有的创业者更好地创业；另一方面可以激发更多的人投身于创业中，为社会经济的整体发展做出贡献，构建和完善全民创业教育的支持体系。同时，营造"双创"文化氛围还可以进一步促使创业者发挥聪明才智，利用一切可能的资源和条件进行"双创"活动。

进一步拓展创业教育的实施深度和广度。深度方面：首先，打破学校班级授课制，使教学内容和方法更富活力。创业教育突出的实践性特征要求教师要着重培养学生的实践能力。在课堂教学中，教师要重点激发学生的学习欲望，强调学生对知识的主动探索、主动发现和对所学知识的主动建构。其次，教师讲授内容要少而精，更多地采取案例教学、课堂讨论、模拟演练等形式，采取创业计划竞赛和论坛课外的教学形式，同时要注重健全创业者的创业心理，提升创业者的素质。广度方面：首先，进一步扩大宜宾学院、宜宾职业技术学院创业教育的覆盖面，增加社会培训机构的数量，使有创业意愿的学生和社会人员能够接受到创业教育；其次，要拓展创业教育实施领域，培养中小学生尤其是高中生的创业意识，将创业教育延伸到个体人格形成的早期阶段，将创业意识、创造力培养作为中学素质教育的一项重要内容。

2. 建立创业教育实践基地

为了开创"宜创空间"的优秀的"双创"文化，需要在"宜创空间"内部建立创业教育实践基地。因为创业教育的要求，传统的课堂教学模式是无法充分实现的，甚至在学校通过一些模拟活动来培养学生的创业技能也是不够的，必须创造条件让学习者接触社会、走入社会，在实践中逐步培养、锻炼和提升创业素质和创业能力。这就要求创业教育必须打破传统的、封闭式的课堂教学模式，采取一种开放式的教育方式、体验式的教育方式。同时，必须借助一些社会力量，特别是要获得企业界的支持。

建立专门的创业实践基地，将有创业意愿的潜在创业者的创业素质教育落到实处。创业教育实践基地是围绕对学习者进行创业教育而建立起来的具有示范和辐射功能的高水平的人才培养的硬件环境或载体。创业教育主要是通过创业实践基地内模拟现场的训练和创业实践基地外的定岗实践（如创业见习、生存训练等）进行的，其目的是熟悉创业技能而创造一种真实或仿真的环境。通过联系企业为学习者提供学习机会，在实践中使学生直面社会创业环境，使他们获得实际工作经验，形成团结协作、组织管理能力，锻造他们的创造性思维、适应能力和各种意志品质。最后，要鼓励准创业者建立公司，通过创业教育实践基地内部机构、创业教育智囊团或顾问咨询委员会的认定，由创业教育实践基地出资赞助或协助融资，通过竞赛等方式真正开始创业，迈向市场。

（七）建立宜宾市"双创"奖励扶助基金

建立宜宾市"双创"奖励扶助基金，旨在扶持"双创"主体、打造"双创"载体、优化"双创"环境。基金的建立可以有效推动高新技术企业创新，推进众创空间建设，促进科技、金融和产业结合创新，激励企业上市和挂牌新三板，发展知识产权事业；加强创新人才培育等，重点突出创新驱动发展具体工作措施和任务指标要求。

基金的资金来源可以以"三个一点"的模式来描述，即政府支持一点、企业赞助一点、社会捐助一点，并充分发挥政府财政经费的引导和放大作用。

基金的使用可以用优秀奖励、以奖代补、贴息额贷款、风险投资、偿还性资助等多种方式，灵活而有效地对创业困难者进行扶持、对创业优秀者进行奖励，比如，可以设立科技型中小企业科技信用贷款风险补偿资金池，对高风险、高收益、高速发展的优秀企业进行重点扶持。

基金规范运作和管理。从规范性的角度建立管理模式，从合理性的角度进行制度建设。一是法人主体运作。企业可成立董事会、监事会，依靠章程、制度来独立运作。二是制度健全。要求公开透明运行、权责利明晰、组织形式设计合理、风险控制有效、运作规范高效等。三是加强监督。在政府相关部门严格监管的同时，接受社会公众监督。

（八）实施宜宾"互联网+"行动计划

制定有宜宾市特色的《"互联网+"行动计划》，以"互联网+"为驱动，鼓励产业创新，促进跨界融合，惠及社会民生，推动宜宾市经济和社会的创新发展。利用互联网平台、信息通信技术把互联网和包括宜宾市传统行业（酒、茶及其他名优农产品）在内的各行各业结合起来，鼓励创业者在这个新领域创业。

执笔：庞豪、何一、周陶

第七章 产业发展中智慧化就业项目实务研究
——以宜宾市为例

智慧化就业项目建设是适应时代需求、推动就业市场现代化的一种重要手段,即运用数字化、信息化技术,构建更优质、更高效、更便利的就业服务平台,为毕业生、职场新人等提供求职资讯、岗位招聘信息、职业规划、在线课程等多方面的帮助和支持。其有助于提升就业市场的信息化程度,为毕业生和求职者提供更丰富、更真实的就业信息,为企业提供更广阔的招聘渠道,实现供求双方有效对接,从而实现就业服务的全天候、无缝对接,提高就业服务的覆盖率,为人才的流动提供更好的保障。

一、基本情况

(一)宜宾市概况

宜宾市地处川、滇、黔三省接合部,金沙江、岷江、长江三江交汇处,全市辖3区7县,面积1.3万 km²,总人口550万,具有两千多年建城史、三千多年种茶史、四千多年的酿酒史,是国家历史文化名城、全国文明城市、全国产教融合试点城市,积极争创成渝地区双城经济圈副中心和加快建设社会主义现代化国家区域性中心城市。

区位条件独特,交通优势明显。宜宾市是长江黄金水道的起点,扼四川出海南通道要冲,地处成都、重庆、贵阳、昆明四大城市"X"交会点,居于"一带一路"、长江经济带、丝绸之路经济带和中印缅孟经济走廊的叠合部,与成都、重庆两个极核形成均衡的"空间大三角",具有辐射、吸纳川滇黔3省8市3 700万人的优势。宜宾市是全国性综合交通枢纽城市和全国铁路枢纽,是长江经济带上游向西延伸的生长点和增长极、国家西部陆海新通道上的重要节点和四川南向开放的桥头堡。

经济发展迅猛。2021年,宜宾地区生产总值3 148.1亿元,入围中国GDP百强城市,居四川省第3位,同比增长8.9%,增长速度居四川省第1位;地方一般公共预算收入251.2亿元,居四川省第2位,同比增长25.6%,增长速度居四川省第2位;规模以上工业增加值增长11.3%,居四川省第3位;城镇居民人均可支配收入4.3万元,增长9.2%,居四川省第1位。传统产业转型升级、焕发活力,"中国酒业大王"宜宾五粮液股份有限公司营业收入突破1 400亿元;新兴产业做大做强,以宁德时代新能源科技股份有限公司为龙头的动力电池产业链企业计划投资1 000亿元以上,与宜宾市共建"动力电池之都"。宜宾市产业布局体系如图7-1所示。

"5+2"特色优势农业	"5+1"千亿级产业集群	"5+1"现代服务体系
● 竹产业 ● 茶产业 ● 蚕产业 ● 生猪养殖产业 ● 现代特色渔业 ● 酿酒专用粮产业 ● 油樟产业	● 新能源及智能汽车产业 ● 智能终端产业 ● 高端装备制造产业 ● 新材料及精细化工产业 ● 医疗汽车器械产业 ● 白酒食品产业	● 区域消费中心 ● 区域商贸物流中心 ● 区域金融中心 ● 区域文化旅游中心 ● 区域会展中心 ● 区域大数据中心

图7-1 宜宾市产业布局体系

科教支撑强劲。宜宾市正成为高等教育、科研院所汇聚和大学生就业创业兴业热选地,先后与21所高校签订市校合作协议,落户建成9所高校、12所产研院,欧阳明高、邓中翰等院士工作站入驻运行,成立全省首个诺贝尔奖专家工作站,是全国首批、西南地区唯一的国家产教融合试点城市和四川省唯一的"学教研产城"一体化试验区,高起点建成市科技创新中心,科技创新驱动能力大幅度提升。

(二)宜宾市劳动力和就业市场基本情况

劳动力总体概况:2021年末,宜宾市常住人口460.5万人,城镇劳动力135.1万人,农村劳动力230.2万人。

就业重点人群：2021年，全市城镇新增就业7.2万人，完成目标任务的130.3%，居四川省第1位；城镇登记失业率3.3%，低于4.2%的控制目标。宜宾高校在校大学生7.9万人，高校毕业生1.8万人，平均就业率93%；转移输出农民工160.2万人，市内就业69.5万人，市外就业90.7万人，实现劳务收入393.6亿元；返乡创业农民工达7.4万人，创办企业2.1万户；退役军人及其他优抚对象16万人，持证残疾人19万人，有劳动能力的残疾人约6.8万人。

主要就业市场：宜宾市劳动力就业行业主要集中在制造业、建筑业、居民服务业、住宿和餐饮业、修理和其他服务业、批发和零售业等；吸纳劳动力就业方面的主力军有四川省宜宾五粮液集团有限公司、四川时代新能源科技有限公司、中国中车集团有限公司、宜宾天原集团股份有限公司和宜宾丝丽雅集团有限公司等大型企业。

（三）公共就业服务现状

1. 前期工作汇总

近年来，宜宾市围绕就业工作重点，先后制定出台了一系列关于农民工就业服务保障、大学生就业创业服务体系等就业优先政策（表7-1），有力地推进了以农民工、大学毕业生为代表的重点群体就业工作，激活了区域创新创业要素，为公共就业服务均等化发展、保持区域就业总体稳定打下了坚实的基础。

表7-1 宜宾市就业优先政策

时间	政策文件
2018年	《宜宾市人民政府关于印发〈宜宾市智能终端产业员工招聘培训支持政策〉的通知》（宜府函〔2018〕117号）
2019年	《宜宾市人民政府办公室关于进一步做好返乡下乡创业工作的通知》（宜府办函〔2019〕2号）
	《宜宾市财政局 宜宾市人力资源和社会保障局关于转发财政厅〈人力资源和社会保障厅关于〈印发中央和省级就业创业补助资金管理办法〉的通知〉的通知（宜财社〔2019〕31号）
	《宜宾市残疾人联合会 宜宾市财政局关于印发〈宜宾市残疾人灵活就业创业补贴实施办法〉的通知》（宜市残联〔2019〕36号）

续 表

时 间	政策文件
2020年	《中共宜宾市委 宜宾市人民政府关于印发〈宜宾市促进农民工就业创业八条政策措施〉的通知》（宜发〔2020〕1号）
	《宜宾市人民政府关于印发〈全力应对新冠肺炎疫情支持中小企业共克时艰20条政策措施〉的通知》（宜府发〔2020〕1号）
	《宜宾市人民政府办公室关于进一步做好小微企业和困难群众帮扶工作的通知》（宜府办发〔2020〕11号）
	《宜宾市人民政府办公室关于印发〈宜宾市大力实施八大工程促进在宜高校毕业生就业创业政策措施〉的通知》（宜府办发〔2020〕12号）
2020年	《宜宾市退役军人事务局等12部门关于印发〈宜宾市促进新时代退役军人就业创业十五条措施〉的通知》（宜退役军人发〔2020〕55号）
	宜宾市人力资源和社会保障局 宜宾市财政局《关于印发〈宜宾市市级创业孵化示范基地（园区）认定和考核试行办法〉的通知》（宜人社发〔2020〕17号）
2021年	《宜宾市人力资源和社会保障局等4部门关于做好企业吸纳大学生本地就业补贴政策实施细则的通知》（宜人社发〔2021〕14号）
	宜宾市人力资源和社会保障局等5部门《关于贯彻落实延续实施部分减负稳岗扩就业政策措施的通知》（宜人社发〔2021〕19号）
2022年	宜宾市人力资源和社会保障局等5部门《关于印发〈切实加强就业帮扶巩固拓展脱贫攻坚成果助力乡村振兴工作实施方案〉的通知》（宜人社发〔2022〕1号）

2.落实《"十四五"就业促进规划》情况

"十四五"期间，宜宾市将继续实施更加有力的就业促进政策，促使城乡劳动者就业创业的政策全面落实，统筹推进高校毕业生、登记失业人员、返乡农民工、退役军人等各类城乡劳动者就业创业。就业容量不断扩大，就业质量不断提高，就业创业环境不断优化，劳动者技能素质不断提升，重点群体就业基本稳定。建立完善的智慧化公共就业服务体系，大力推进人力资源服务产业，实现城镇新增就业累计30万人以上，年度城镇调查失业率控制在5.8%以内，年度城镇登记失业率控制在4.5%以内，年度农村劳动力转移就业保持在160万左右。

3.均等化基本公共就业服务的主要情况

宜宾市积极推进各项公共就业服务，组织开展就业服务专项活动。探索以社银合作、银行出资的建设模式，投入1 000万元推动公共就业平台建设。所有区（县）均设有就业服务大厅、人力资源市场等"一站式"综合就业服务场所，在全市各级人社服务网点均配备自助服务一体机，实现了省、市、县（区）和乡镇（街道）公共招聘信息联网，同时依托"线上+线下"模式，城乡劳动者均等的就业服务和援助制度初步形成。

4. 就业服务主要目标和重点任务

主要目标：准确把握新发展阶段的深刻变化，深入贯彻新发展理念，积极融入新发展格局，努力促进人力资源和社会保障事业高质量发展，为全面建设社会主义现代化宜宾市做出积极贡献。

重点任务：统筹推进高校毕业生、登记失业人员、返乡农民工、退役军人等各类城乡劳动者就业创业，积极稳就业、助产业，采取"一核二定三对接四输送五跟踪"的五步工作法，充分挖掘全市及周边劳动力资源，对三江新区重点企业实行"县区包企"服务。全市城镇新增就业30万人以上，年度城镇调查失业率控制在5.8%以内，农村劳动力转移就业160万人。

5. 就业补助资金来源及支出领域

2021年，宜宾市共筹集就业补助资金28 498万元，其中中央财政转移支付24 232万元，省财政下达资金3861万元，市、县（区）财政安排232万元，其他资金173万元，如图7-2所示。

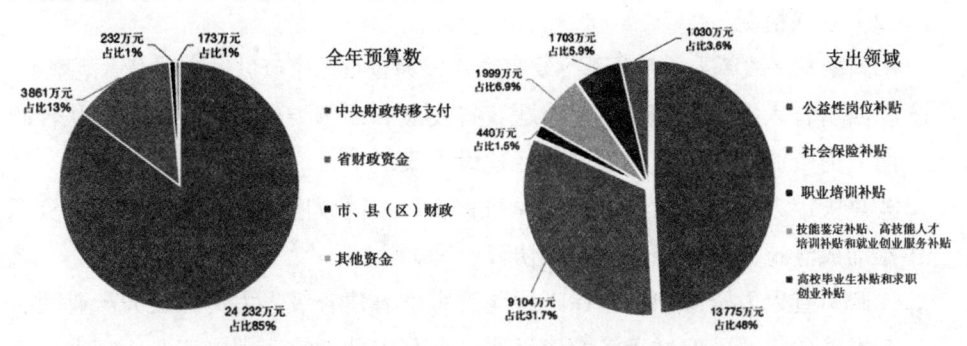

图7-2　就业补助资金来源及支出领域

6. 职业技能培训情况

2021年，宜宾市积极组织各类技能定点培训机构和创业定点培训机构开展补贴性培训5.8万人次，支出补贴资金3 772.3万元；重点打造"兴文苗家惠嫂"首批"川字号"特色劳务品牌；制定出台了《宜宾市人力资源和社会保障局 宜宾市财政局关于进一步做好就业创业培训工作的通知》《宜宾市项目制培训管理实施办法》《宜宾市企业新型学徒制实施办法》，积极推动建立以就业为导向的培训政策。

7. 立项申报开展的前期准备工作

（1）研究论证情况

①致力建设四川省人力资源服务产业"一核两翼"增长极和川南渝西地区人力资源服务中心。

②聚力建设宜宾市"一中心多支点"的人力资源服务产业空间布局，加快建设三江新区人力资源服务高质量发展集聚区。

③着力创建省级、国家级人力资源服务产业园。

④努力打造世界级白酒、西部智能制造、新能源汽车、轨道交通和东西部产业协作等高质量人力资源供给基地。

⑤大力挖掘和发挥高教园、高职园、大学科技园人才优势，推动人力资源与现代产业体系深度融合。

⑥全力编制人力资源服务"供给清单"和重点产业人力资源"需求清单"，搭建多层次、多元化人力资源线上线下供需对接和交易平台。

⑦合力打造重点企业、重大项目的点对点、精准式人力资源供给模式。

（2）立项情况

①国家发展改革委、教育部批复宜宾市成为首批国家产教融合试点示范城市。

②四川省人力资源和社会保障厅、省发展和改革委员会、省商务厅联合制定川南人力资源协同创新发展试验区建设方案。

③重庆市人力资源和社会保障局与宜宾市人民政府签订深化渝宜人力资源合作推动成渝地区双城经济圈建设协议。

④四川省人力资源和社会保障厅同意宜宾筹建省级人力资源服务产业园。

⑤推动成渝地区双城经济圈建设联合办公室共建宜宾锂电产业、宜宾人力资源服务产业园·产教融合公共实训中心、西南大学宜宾产教融合实训基地建设等重大项目。

⑥嘉兴市人民政府、宜宾市人民政府签订东西扶贫协作和发展合作框架协议。

（3）基础工作经验

产教融合的协同发展推动产业发展和完善；大学生就业创业八大举措促进精准化服务；"农八条"政策为农民工就业创业服务保驾护航，"三三三"农民工工作法全省推广；出台惠农、惠工、惠企、惠学"四惠"政策，保障重点企业用工；在三江新区智能终端产业园嵌入式建设宜宾人力资源服务产业园，实现全方位、多层次、高效便捷地服务产业、服务企业、服务就业，为建设川南人力资源协同创新发展试验区提供宜宾样本；四川省网信人才培养基地（一期）建设项目完成，提高了紧缺行业人才选拔和引入的力度。根据以上基础和工作条件，宜宾市需要展开智慧化公共服务平台建设，提高公共就业服务工作的效率，完善公共就业服务体系。

二、必要性和可行性

（一）项目立项的必要性

1.立足城市定位，促进就业体系创新

宜宾市城市发展定位迫切需要与之匹配的智慧化公共就业服务体系。只有打造智慧化公共就业服务体系，才能更好地满足宜宾市全域公共就业服务赋能产业发展的需求。

2.依托智慧建设，推动就业服务增效

宜宾市需要以信息技术为手段，以智慧人才为支撑，以智慧城市公共就业服务为有效路径，化被动为主动，实现智慧化城市建设。

3.围绕产业特征，强化就业主体赋能

宜宾市要坚定不移地推动"双轮驱动"，使白酒、茶叶等传统优势产业全面转型升级，动力电池、轨道交通等新兴产业做大做强。同时，面临新形态下就业新挑战，宜宾市需要构建智慧化公共就业服务体系，以实现多元化、多样化、高质量的人力资源供给。

4.对接民生需求，提升就业托底保障

宜宾市就业和再就业工作形势严峻，需要通过智慧化公共就业服务推进就业对接体系，助力兜牢重点群体就业底线。

5.聚焦品牌示范提高就业服务辐射

为有效促进高质量就业和经济高质量发展，宜宾市要构建智慧化公共就业服务体系，打造契合区位特点和实际情况的省级、市级公共就业品牌项目。

(二)项目建立的可行性

1. 以整体性和系统性为原则确保项目科学可行

项目以系统、动态、统一为原则设计公共就业服务信息中枢系统,以产业需求为中心,以就业满意为导向,基于智慧化公共就业服务体系,建立便捷、高效、精准的公共就业服务体系,有利于公共就业服务整体性和系统化推进。在城市经济需求、劳动力市场供给、公共就业服务三个子系统之间,宜宾市通过整体性协调,使各子系统功能产生耦合适应性动态演化机制,使智慧化公共就业服务项目科学可行。

2. 以基础性和本地化为导向确保项目落地可行

宜宾市已具备智慧化公共就业服务的基本政策和制度支撑,先后制定出台十余项就业创业政策制度,并通过宣传和前期工作予以落实;实施"互联网+人力资源服务"行动,提供"一站式"公共就业服务,夯实了就业环境保障;建设了一批人力资源实训基地,增强人力资源供给能力;通过产业园区平台建设工程,形成了以国家级开发区为龙头、以省级经济开发区为主体、以区县特色工业园区为补充的产业承载体系。通过上述举措,宜宾市奠定了良好的项目基础。本示范项目将立足经济发展实际情况和需求,自上而下实现全方位、全要素的公共就业服务智慧化设计,确保精准衔接、精细服务的项目落地实施。

三、项目实施目标

(一)项目实施周期的总目标

1. 实施就业优先政策

宜宾市要坚持经济发展就业导向,扩大就业容量,提升就业质量,促进充分就业,保障劳动者待遇和权益;要切实把就业指标作为宏观调控取向调整的依据,推动财政、金融、投资、消费、产业等政策聚力支持就业。

2. 稳定就业工作大局

宜宾市要强化就业优先导向,着力稳住已有工作岗位,创造新的就业岗位,促使创业带动就业,重点做好高校毕业生等青年就业工作,切实兜牢城镇困难群体的就业底线,确保完成就业工作各项目标任务。

3. 缓解结构性就业矛盾

宜宾市要注重缓解结构性就业矛盾，加快提升劳动者技能素质。宜宾市要以提升劳动者技能水平、能力素质为核心，贴近社会、产业、企业、个人发展需求，加快推进技能人才发展。

4. 打造全方位的公共就业服务体系

宜宾市要针对新形势、新任务、新要求，持续打造覆盖全民、贯穿全程、辐射全域、便捷高效的全方位的公共就业服务体系，满足社会求职、招聘、创业等多方面的需求。

（二）年度目标

宜宾市智慧化公共就业服务示范项目年度目标如表7-2所示。

表7-2　宜宾市智慧化公共就业服务示范项目年度目标

类别	内容	2022年								2023年											
		5	6	7	8	9	10	11	12	1	2	3	4	5	6	7	8	9	10	11	12
就业环境优化工程	建立完善的就业政策体系																				
	建立多层次就业政策宣传平台																				
产业工人培养工程	推进农村劳动力转移就业																				
	培养产业工人																				
	职工技能提升和转岗培训																				
	贫困劳动力技能扶贫																				
	支持企业开展职业技能培训																				
	支持职业院校扩大培训规模																				
劳务品牌培训工程	建立驻外农民工服务中心																				
	打造3个川字号劳务品牌																				
	对脱贫人员实施技能提升行动																				
大学生创新创业孵化工程	建设大学生创新创业孵化园																				
	环大学城生态圈双创孵化园																				
	建设"中小型"科技企业孵化园																				
	大型创新创业孵化社区建设																				
	"动力宜宾"高精特新科技企业孵化器																				
宜宾人力资源产业园服务提升工程	申报国家级人力资源服务产业园																				
	五大产业实训基地建设项目																				
	人力资源大数据平台项目																				
	南向开放人才合作与服务工作站项目																				
	数字经济人才认证中心、培训教育中心项目																				
重点产业人力资源保障工程	为宜宾新兴产业提供5万人次用工保障																				
	重点产业人才技能教育和培训专项行动																				
	"一绿一蓝"产业人才支置计划																				
	先进制造业人才奖励行动																				
就业援助工程	为未就业高校毕业提供兜底保障																				
	就业困难人员兜底保障																				
	零就业家庭人员提供兜底保障																				
智慧就业工程	宜宾就业智能政策经办系统																				
	智能求职招聘系统																				
	智能产业园管理系统																				
	智能信息监测系统																				
	职业培训监管系统																				
	就业决策和预警系统																				
		筹备					建设						服务						持续			

四、项目实施内容

（一）宜宾市智慧化公共就业服务平台概念系统

1.建设方针

公共就业服务是面向求职者和用人单位，以促进人的全面发展和促进用人单位健康可持续发展为目标，努力实现人力资源的最优配置和人力资本效用最大化。宜宾市政府本着"以人为本，暖心服务；以需为本，保姆服务"方针，"共建、共享、互通"的核心理念，建设宜宾市智慧化公共就业服务示范项目。

2.建设思路

宜宾市智慧化公共就业服务示范项目以政策机制为引领，构建智慧化服务体系。宜宾市智慧化公共就业服务系统设计如图7-3所示。

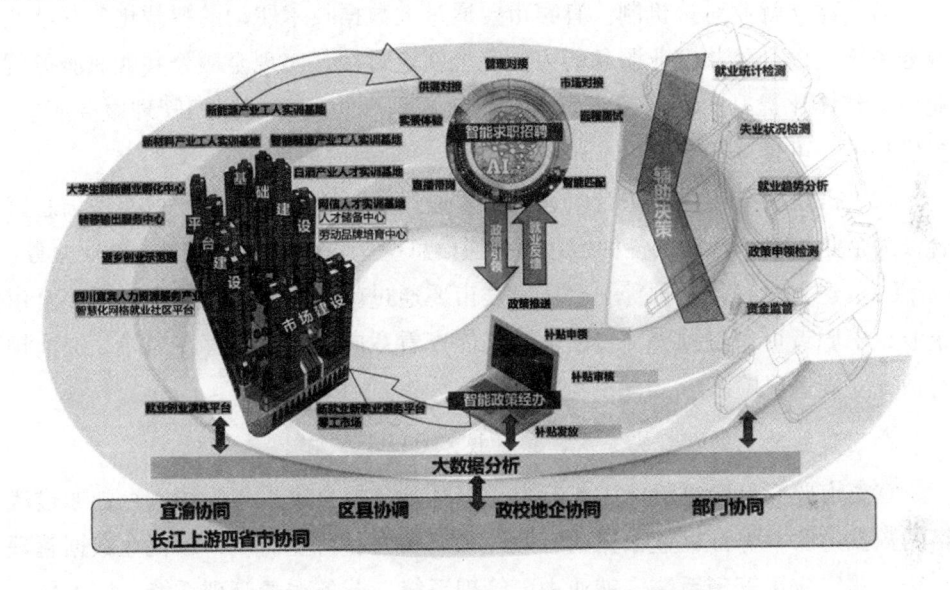

图7-3 宜宾市智慧化公共就业服务系统设计

政策机制模块：通过大数据分析，预测就业失业发展趋势，提出政策调整策略，优化就业环境，引领公共就业服务发展。

智慧化服务体系模块：实现多模式就业供需对接共建，引导就业培训，打造就业平台品牌，推动区域协同，完善监测评估。

供需对接：政府主导经办的供需对接（培养5个千亿产业、5万产业工人）、政府主导经办的保障对接（政府兜底就业援助工程，特殊群体：大学生、农民工、困难人群）、企业主导经办的市场对接（重点产业人才1个典型：宁德时代新能源科技股份有限公司）。

就业培训：5个培训基地、重点紧缺人才培养、困难人员帮扶。

就业平台、品牌：大学生创新创业孵化中心、三江新区人力资源产业园、劳务品牌培育工程。

区域协同：宜渝协同、区县协同、政校地企协同、部门协同。

监测评估：资金监管、就业统计监测、失业状况监测、就业趋势分析、政策申领监测等。

（二）宜宾市智慧化公共就业服务能力提升示范项目内容

1. 建设智慧化就业创业决策系统，预计投入500万元

（1）建立就业对接机制。宜宾市要通过大数据技术驱动的智慧化公共就业服务系统，提升公共就业服务能力，完善就业对接，实现全域公共就业服务就业能力整体化提升。同时，宜宾市要有效规划和协调各部门的管理服务职能，提供精准、可预测的公共就业服务。

（2）搭建智慧化供需平台。宜宾市要通过智慧化公共服务平台实现信息整合，为企业与就业者提供各种信息，打通信息壁垒，全面实现智慧化就业服务。

（3）建立实时就业预警平台。宜宾市要通过就业监测、预警平台对接全市企业，求职者可通过预警平台的监测功能查看意向企业是否存在风险，提前预警情况并规避风险。

2. 完善智慧化就业经办系统，预计投入5 000万元

宜宾市要充分遵循就业工作特点，以基础数据自主采集为切入点，通过严格的数据过滤，保证就业数据的有效性和真实性；自主研发升级就业数据管理系统、兼容应用管理系统、就业去向管理系统、劳务派遣管理系统、用人单位管理系统等。系统能自动更新升级后的地区代码，基本消除地区代码错误；具备多种基础数据操作方式，可协助就业管理部门快速完成数据的整理和应用；数据填报方式多样，能提高工作效率，实现就业闭环管理；支持数据逐条和批量处理操作，进行后台智能算法检测，完成派遣数据编制；提供"用人单位合并"功能，实现与用人单位库合并后自动更新；实现公共就业服务管理系统3.0操作的便捷性和管理的精确性。

3. 升级打造智能化宜宾人力资源服务产业园，预计投入2 000万元

宜宾市要在建成省级人力资源产业园的基础上，构建高标准人力资源市场体系，争创国家级人力资源服务产业园。同时，宜宾市要打造智慧化人力资源零工市场，搭建智慧就业服务大厅，提供政策咨询、岗位供求、职业培训、用工登记等全链条服务，进行岗位精准推送、点对点帮扶，打造线上线下一体化

服务平台：建立零工求职登记和企业临时用工需求信息库，利用大数据比对供求信息，有针对性地为求职人员提供信息推送服务，提高就业精准率；实现就业信息"一网化"共享，确保线上线下互融互通。

4. 建设智慧化五大"实训基地"，预计投入 12 000 万元

宜宾市要依据本市支柱产业、特色产业和战略性新兴产业技能人才需求，建设白酒产业人才实训基地、智能制造产业工人实训基地、网信人才实训基地、新材料产业工人实训基地和新能源产业工人实训基地，打造集"公共实训、技能评价、技能竞赛、技能研修、就业指导、劳动教育、职业体验"七大功能于一体的职业技能公共实训基地，提升人们的职业技能培训能力；要建立智慧化的线上线下有机结合的服务业培训平台，满足移动端培训需求，为宜宾市"5+1"产业发展、国家产教融合、成渝地区双城经济圈培育高质量技能人才。

5. 建设重点企业用工保障智慧平台，预计投入 1 000 万元

宜宾市要围绕重点企业发展需要，建设人力资源智慧化招聘中心、产业人才培训基地、紧缺工种培训品牌、新兴产业培训中心和技能大赛等，打造企业用工保障平台；要以精准就业人群对接机制打造"宁德时代"人力资源智慧化招聘中心，保障企业基础性用工需求；要以校企合作等方式打造酒类产业人才、战略性新兴产业等培训基地，对接产业人才培养需求；要以师徒机制、工匠机制、头雁计划等方式开发先进制造业技能大赛，检验培训效果，提升培训质量；要以人才培训体系建设和课程标准建设等方式培育紧缺工种培训品牌项目，形成示范引领效应。

6. 建设智慧化创新创业孵化中心，预计投入 2 500 万元

宜宾市要围绕本市科教资源优势、大学生和农民工等重点就业群体，打造大学生就业创业工程、"高教园""高职园"生态圈双创孵化园项目、"中小型"科技企业孵化园、创新创业孵化社区；要以高校毕业生就业工程、服务基础工程、报名参军工程、创业工程、见习工程、援助工程、技能提升工程、购房稳就业工程凝练大学生就业创业八大工程，促进大学生就业创业；要依托众创空间、孵化器、加速器等创新创业平台打造"高教园""高职园"生态圈双创孵化园项目，推动大学科技成果就近转移转化；要以"孵化器+加速器"建设模式建设"中小型"科技企业孵化园和"动力宜宾"高精特新科技企业孵化

器，提供创新创业载体。

7.建设智慧化就业演练平台，预计投入6 000万元

宜宾市要以智慧化为引领，将线下各类就业创业平台项目的全部、部分功能或新增线上项目融入智慧化公共就业服务系统。全部融入的有"免报直发"信息平台，以实现就业创业信息精准推送；部分融入的包括"酒都护工""酒都建工"职业技能提升，以方便受众群体不受时空限制地接受技能培训，提升就业成功率；需要新增线上项目的包括"苗家惠嫂""酒都阿嫂"等劳务品牌特色技能演练培训产业园项目，要求实施驻外农民工服务机构标准化建设和转移输出农民工技能提升项目，以智慧化融入扩充现有平台的功能，提高管理效能。

8.建立智慧化个性援助平台，预计投入1 000万元

宜宾市要针对大学生、农民工、退役军人、脱贫劳动力、残疾人等重点群体，在智慧化公共就业服务体系中建立智慧化个性援助平台。其具体应用包括但不限于就业困难群体信息库建设、智慧化就业帮扶政策查询、智慧化就业帮扶技能培训等。宜宾市要建设智慧化就业帮扶社区，以动态掌握特殊困难群体的特征和需求，为公益性岗位开发、兜底岗位安置提供科学支撑。这有利于人们便捷地了解最新政策、就业信息，并利用帮扶性公益培训提升自身就业创业能力。

五、资金来源

（一）中央专项财政资金

中央财政就业专项资金来源于中央政府财政专项转移支付。中央财政补助资金用于宜宾市公共就业服务平台建设、技能人才实训基地建设、智慧化平台建设和其他公共就业服务专项项目等支出。

（二）省财政厅就业专项资金

宜宾市可根据本市智慧化公共就业服务能力提升示范项目具体工作任务需要，申请省级财政专项资金用于促进公共就业服务示范项目建设。申请财政专项资金总量与本示范项目工作目标和计划要相匹配。

(三) 项目单位自筹资金

项目单位自筹资金由市、县（区）财政，市场主体，社会团体等自行筹集，可以激发和盘活就业服务多元主体力量和资源，为宜宾市智慧化公共就业服务能力提升示范项目实施提供辅助保障。

六、绩效评估和绩效目标

(一) 绩效评估

1. 实施的必要性

（1）目的明确，内容具体：宜宾市要通过本市智慧化公共就业服务能力提升示范项目打造，推动本市公共就业服务提档升级，促进区域劳动力高质量就业。

（2）立足需求，直迎痛点：宜宾市要瞄准传统优势行业转型和新兴行业强劲需求与城市公共就业服务市场之间的耦合度和关联性不强等问题并加以解决。

（3）聚焦长远，发展可续：宜宾市要围绕智慧化公共就业服务平台、重点人群就业能力提升、就业环境的营造、就业承载能力的提升等领域长远考量。

（4）筑牢基础，保障民生：宜宾市要为高校毕业生、军队转业干部、农民工、残疾人等就业重点人群提供公共就业服务，这具有良好的综合社会效益。

2. 操作的可行性

（1）项目独立，权责清晰：由宜宾市政府分管领导召集，宜宾市人力资源和社会保障局牵头组织联席会议，做到明确权责、独立执行。

（2）充分论证，集体决策：宜宾市可通过邀请行业专家、民间智库、高校智囊等形成项目论证团队，开展持续性专题论证，通过风险评估和集体讨论决策等方式完善方案策划，提高可行性。

（3）夯实基础，多元共构：宜宾市可通过设立智慧化公共就业服务能力提升示范项目协调推进办公室、建立重大决策专家咨询论证制度等，构建跨部门协调机制。

3. 投入的经济性

（1）精准匹配，预算科学：宜宾市可通过制定和完善市域智慧化公共就业服务领域的规范性文件，通过项目分解和明确项目主体权责，确保经费投入的科学性和经济性。

（2）产出为本，预算明晰：宜宾市可通过目标设定、重点项目推进、绩效考核机制进一步明确产出，并在此基础上细化工作范围，建立与之相匹配的经费预算。

（3）量力而行，依据充分：项目充分考虑了宜宾市公共就业服务的优势资源和劣势局限，做到了项目设计和经费投入着眼实际、量力而行。

4. 目标的合理性

（1）描述具体，目标清楚：宜宾市要围绕就业环境优化工程、产业工人培养工程、劳务品牌培训工程、大学生创新创业孵化工程等重点工作进行规划实施，体现目标设定的合理性。

（2）需求定向，目标可达：绩效目标能够做到与预计解决的问题及现实诉求相匹配，受益群体明确；绩效目标与整体目标匹配度高，产出明确，目标具有较高的可达性。

5. 筹资的合规性

（1）筹资多元，渠道合法：项目资金由中央专项财政资金、省市政府专项财政资金、项目单位自筹资金、社会资金组成。其中，项目单位自筹资金来自市场主体（四川时代、五粮液等企业）和相关单位（高校、职业院校等），具备合法性基础。

（2）制度完善，风险可控：项目建设主体——宜宾市人力资源和社会保障局有专门的就业创业补助资金管理办法、社会保障资金（基金）财务管理制度等规范性制度，保障了资金使用的合理、合法、合规。

项目组通过组建专家团队论证、建立跨部门协同论证、多级论证、集体论证等方式，综合以上分析，评估如下：本示范项目具体任务设计合理，实施主体明确，项目内容与实际需求契合，绩效可实现性较强，综合经济社会效益明显，且财政资金投入风险基本可控，示范带动作用明显。

（二）绩效目标

宜宾市可根据本市公共就业服务现状指标水平（2021年）和本市智慧化

公共就业服务能力提升示范项目实施方案编制要求，设定本市智慧化公共就业服务能力提升示范项目2023年目标值。

七、组织实施及保障措施

（一）组织领导

宜宾市要组建由市政府分管领导牵头，市财政局、市人力资源和社会保障局、市发展和改革委员会、三江新区管理委员会等相关部门负责人为责任人的工作专班，办公室设在市人力资源和社会保障局，负责定期梳理项目推进中存在的问题、建议或意见，落实项目实施各项决策部署。

（二）部门联动

宜宾市要建立由市政府分管领导召集，相关成员单位参与的联席会议机制，加强沟通协调，督促工作落实，研究、解决实际问题；建立由相关成员单位选派专家组成的重大决策咨询委员会，定期组织对项目推进过程中的重大事项进行咨询、论证；要打破部门间的数据壁垒并建立数据共享通道，统筹各职能部门和服务平台联动发展，依据职能，对标规划，参考决策，增强示范项目建设推进合力。

（三）政策保障

宜宾市要贯彻落实国家、省、市支持公共就业服务能力提升的各项政策，制定、完善具有针对性、操作性、前瞻性的"政策包"，并及时出台示范项目相关管理文件、行动计划、推进方案等，确保示范项目的顺利推进和高质量完成。

（四）资金管理

财政、人力资源和社会保障等部门要加强协作配合，健全公共就业服务经费保障机制，落实公共就业服务平台地方筹集的基本支出和工作经费，同时强化资金预算的执行和监督，加强事前、事中、事后监督管理，严防资金"跑偏"或沉淀，提高资金使用效益。

（五）绩效监控

宜宾市可制定智慧化公共就业服务能力提升示范项目阶段目标，并根据检查示范项目进度执行情况,对目标进行调整或修正。若发现实际执行情况与计划进度不一致,要及时分析原因并采取必要措施对原示范项目进行调整或修正。宜宾市可委托第三方机构开展示范项目推进中期和后期绩效评估,提出解决问题的有效办法,总结可复制推广的"宜宾经验"。

(六)监督检查

宜宾市要将本市智慧化公共就业服务能力提升示范项目的阶段重点任务纳入对相关部门、县(区)目标考核中,不定期开展示范项目进度实地监督检查。宜宾市要对项目专项资金使用、建设进度以及项目管理等进行全流程监控,对预期目标与实际完成情况进行定期通报,定期整改责任主体,确保项目落细、落小、落实。

执笔:庞豪、周陶、孟宝、刘华强、冯嘉华、朱丹、游宇、曲美霞、汪玲

第八章　省级新区发展定位实务研究
——以三江新区为例

我国基于类别型、差异化和创新性的"新区"规划建设历史悠久，每一"新区"必寻求其正面效益的综合性和最大化，这是基本和常态诉求。传承守正与创造创新则是实现这一诉求最具现实效率的途径。三江新区建设作为综合性的社会、经济行为，特别是作为对宜宾的未来发展必将带来历史性影响的事件，其在理念、模式、方法、成果、经验、人才等方面综合效益的诉求，并由此实现"定标发凡起例，创造全新新区"的规划发展目标更是情理之中。

围绕三江新区宏大战略及省委对三江新区"四区"定位的建设要求，彭清华提出了三个标准：第一，工具标准，即"突出高起点规划、高标准建设、高水平运营、高质量发展"；第二，价值标准，即"践行以人民为中心的发展思想，促进产业与城市融合发展、人口与产业协同集聚，加快打造高品质生活宜居地，更好满足人民群众对美好生活的需要"；第三，形态标准，也就是打造"山水花园城市"。之后，中共宜宾市委五届九次全会及《中共宜宾市委关于深入贯彻习近平总书记重要讲话和省委十一届七次全会精神加快建成成渝地区经济副中心的决定》提出了三江新区高质量建设的十大目标任务。紧接着，《中共宜宾市委 宜宾市人民政府关于加快宜宾三江新区高质量发展的意见》又进一步确立了建设"六大样板区"的发展要求。这一系列目标、任务和要求全面反映了三江新区从路径、成就、效益等方面的综合性"高标""新标"，即对后来者"发凡起例"的建设定位。而要实现此创新立标的目的，在视野上，宜宾市需要集宜宾建设历史发展正面动因之大成；在要素上，宜宾市要多维度研判三江新区建设实践的目标集成效益;在路径上,宜宾市要将新的价值观践行于建设实践的全方位、全过程。

一、三江新区之"新"的历史比对与启示

作为非自发的规划性行为,"新区"建设既是常态,又极具发展的历史性"节点"价值。历史地分析宜宾发展各阶段的关键性动力要素及其特点,是为三江新区建设准确建立参照、甄别优劣、吸取资源、预设目标、判断价值、确立位序的重要前提。

(一)宜宾发展的重要历史节点及其对应的核心动力要素

宜宾开启现代发展史上具有正面意义的历史节点与动力要素大约包括以下几方面。

(1)国际关系秩序变化——1840年鸦片战争。由于中国战败,中国与世界的关系由朝贡体制转变为条约体制。这导致了国家对国际处境、立场、态度与行为方式的根本性改变,并由此开启了中国社会经济的全新发展里程,即近代化"后发展"里程。这种变化涉及全幅员、全领域、全要素。同时,在观念上,"后发展"的种种启发对今天宜宾处于"后发"状态的三江新区建设具有启迪意义。

(2)崭新的"近代化"建设实体落地——外来"新文明"因素的影响,以及资本驱动而导致的宜宾自20世纪30年代开始一系列带有近代化特征的经济、社会事业实体的内生性启动和落地。由此,宜宾开启了逐步脱离传统生产与生活方式而迈向近代化建设的实际历程。新要素是近代"新宜宾"的催生剂。

(3)社会要素综合现代化——战争的非常态秩序,即20世纪40年代抗战带来的新企业、新文化、新学术和新人口,给宜宾带来了社会整体性进步。这种新变化从要素到效益,是一种综合、全面、质变性的进步。

(4)全新社会改造——1949年中华人民共和国成立后社会制度的革命性变化与进步,给宜宾带来了整体性、根本性的社会变化。其最大的特点是高度的行政效率、人民的积极价值观。

(5)国家发展方略的整体革新——1978年改革开放带来的观念、视野及国际化生存格局与社会发展方式的根本性革新。回归理性、尊重人性、实事求是、追求实质合理,是这一新动力最为核心的理念所在。

（6）超越意识形态的经济体制变革——生产方式的改变，即20世纪90年代宜宾企业产权制度改革带来的现代企业制度和市场化更新。实践证明，这种改变是经济可持续发展的必然选择。

（7）行政运行格局与体制的变更——1997年撤地设市所带来的政治、经济、社会运行发展模式的变化。多年的运行实践证明，行政辖域、体制、机制的变革是经济社会发展的重要促进因素。

（8）经济行为、形态的创新——21世纪初宜宾开始的园区经济建设。探究经济方式的多元化道路，是改善产业生态，开创产业新业态，提升经济效益的重要路径。

（9）创新与发展经济社会建设的新形态新机制——近年来产教融合机制创新的"双城"（大学城、科技创新城）建设实体性成就和经验性成果。宜宾以综合长远性的发展视野，开创性地创设共生业态与机制，创造了新的发展模式。

（10）新发展目标的确立与规划——建成全省经济副中心和建设区域性中心城市目标和实践的开启。主动融入国家与区域发展战略，是谋求本土发展动力资源最大化的根本性策略。

（二）三江新区之"新"的历史承启

站在新的历史起点，三江新区作为当前四川省唯一新区，必定肩负着经济社会发展综合性新模式探索的历史责任。之前各个时期、各具功能、各有侧重的历史驱动要素所造就的宜宾每一轮质的变化和发展，是我们讨论三江新区之"新"的功能性、资源性背景和基础。同时，作为宜宾发展历史最新起点的三江新区建设，其实践的历史逻辑向前看，正如古语所云："譬如积薪，后来居上"；向后看，其理念、方法、模式以及成果的"发凡起例"地位必是这一建设行为的应有定位和标准。换言之，之前10个成就宜宾发展历史节点的所有要素是新一轮认知和实践三江新区建设的最新之"新"的自然基础和前提，也是新一轮建设行为的重要综合考量资源和思考新实践的起点。总之，三江新区建设的形态、实践和效益既是此前发展历史正面动力要素和结果的集大成者，又是在历史基础上新的形态的创造、新的实践的开始和效益的提升。

二、三江新区之"新"的考量维度与效益研判

（一）基于创新路径

（1）建设过程之"道新"：对于三江新区项目及建设的认知、理念、规划、设计、方法、路径等方面展开超越性、不设阈限的全新探索和研究，以谋求道路正、效益高、质量优、意义大的建设和发展实践，最终获得精神性、非物质、可传承的成果。

（2）成果外在之"事新"：基于历史成就的参照，努力追求建设成果在类别、形态、实体上的人无我有，即追求成果实体创造、外在物质形态、数量规模效益等有形的超越性"新"成就。

（3）成果内涵之"质新"：基于与历史上同类建设成果的差异性比较，力求其内在效益、功能、价值以及可持续性影响力的超越和人有我优。

（二）基于时空观念

（1）在纵向时间上，充分吸纳、传承所有历史累积的建设性成果。宜宾市要努力挖掘近代以来中国"特区"发展历史，以及 20 世纪 90 年代以来各类"新区"规划建设的历史经验，特别是本市建设发展历史上一切正面的动力要素，以超越历史的姿态努力构建建设路径、方法、要素综合互动、有机驱动的新动力、新机制。

（2）在横向空间上，努力吸取覆盖一切建设实践的积极成果。宜宾市要以无论西东的胸襟和态度，广泛参考运用中国及世界上所有经济社会建设，特别是非常规特定功能的新区建设的已有经验、要素和成果形态，以超越的理念和方法，建设符合中国及宜宾价值追求的先进的三江新区。

（三）基于行政规制

三江新区作为政府主导的综合性经济社会建设项目，其宏观方略主调已定，具体如下。

（1）四大定位——"工具性"价值成果形态：长江上游绿色发展示范区、创新型现代产业集聚区、国家产教融合建设示范区、四川南向开放合作先行区。其功能在于支撑"生产"与"人居（或生活）"。

（2）一个空间布局——"目的性"价值成果形态："两区一廊一新城"的

空间布局。"两区一廊一新城"即现代服务业集聚区、先进制造业集聚区、长江绿色生态走廊、滨江山水新城,其旨在实现生态型、宜居性目的。

(3)四大探索——"过程性"机制成果形态:探索区域协同发展新机制,探索城市转型发展新路径,探索产教城融合发展新模式,探索开放型经济发展新举措。其旨在支撑从生产建设到生活宜居的高效实现过程。

但鉴于其作为"新区"建设的探索性、开拓性、试验性以及示范性的创新特质,其"新"的具体落实,尚需加强中观上"新"价值观——项目意义新认知、"新"方法论——项目路径新探究、"新"目标体——项目实体新构建三个方面的探究,以及微观上契合项目具体内容与目标的实践性思考。

为此,在具体策略上,要做好"三高""四综合"工作。

"三高":第一,将本土独特资源禀赋与高技术结合,创造高质独特产业和产品;第二,引进高层次人才,原创高竞争性产业和产品;第三,有选择地购买高技术,以创造优质产业和产品。

"四综合":第一,发展要素综合:包括五位一体、经济与社会生活综合要素等;第二,效益综合,即品牌、实践、成果、理论、人才全面出成果;第三,策略综合,即高技术原创与引进结合,"常"与"变"结合,发展与"不发展"结合,常态与非常态结合;第四,观念综合,即向前看与向后看相结合,大发展与大保护相结合,保护生态与保护历史文化相结合。

三、三江新区之"新"的落实路径与价值定位

(一)"新"价值观——项目意义新认知

1. 整全价值

整全价值即全要素考量三江新区建设行为、成果的价值内涵与外延。具体如下:当下与长远利益、宏观与微观价值、经济与社会效益、手段与目的功能通盘考量;政治、经济、社会、文化、生态各要素价值"五位一体"和谐共进,合理均衡处置;过程上的"建设"与建成后的"治理运行"创新价值并重;出理论、出方法、出经验、出模式、出实体、出人才等无形与有形价值综合认知。

2. 目的本位

均衡项目建设的工具性效益追求和目的性价值追求。建设行为的终极目的

和价值取向是帮助人们实现美好生活，是以人为本、坚持人民主体地位的施政理念的体现。为此，政府必须力戒三江新区建设中急功近利、GDP膜拜以及政绩焦虑等非理性异化现象，突出目的本位，回归建设行为正道。

3. 节点功能

基于"功成不必在我"的理念，以及对任何现实行为历史作用的科学衡量，三江新区建设的历史定位当是当前的阶段性最新建设成果。其"节点性功能"具体如下：它是这一阶段的"最新"和"最高"成就；它不是也不可能是终极性"顶峰"成就；它在功能、范式、价值上必须对三江新区建设起到关键性、节点性作用。

(二)"新"方法论——项目路径新探究

1. 后发展与新开拓

所谓"后发优势"的着力点，一是基于后发者而有机会对先发者的所有不足和优点做全面系统的考察；二是基于"后发"而有机会实现差异化、先进性、示范性和制高点的规划和建设追求。

我国自20世纪90年代基于改革和开放需求，开始设立"新区"建设模式，30多年来，在层级、性质、功能、类型及数量等方面已经形成较为系统的建设规制。在"新区"建设领域，三江新区属于后来者，其"后发优势"在于对先发展经验的集大成和对自身发展差异化定位的预期，当充分重视和利用。

2. 自我性与关联性

建设成就的创新性和先进性等个性化价值，是三江新区品牌目标的最核心体现，也是其存在价值的重要指标所在，理当致力追求。同时，"新区"作为特殊的建设规划行为，永远存在于常态化的"非新区"身边，"新新区""小新区"在自身特质上永远存在着与"老新区""大新区"的对比关联。这种区与区之间在概念、认知、实际功能和建设运行上，自我性与关联性的实际影响与利害一体效益必须引起政府的高度重视。

3. 常态与非常态

三江新区作为一个综合性社会建设项目，其建成成果和运行格局不但可以作为常态运行下的"五位一体"综合协调、全面健康发展的区域性先进示范，而且在自然灾害已然"常态"化的今天，其非常态情况下的正常运行功能必是其先进性、示范性的重要标志。比如，天灾人祸、国际或区域政治经济形势变化导致的不得不运行"内循环"形势下,对社会资源要素的自我完备性构建等,以切实做到常态与非常态兼顾。

(三)"新"目标体——项目实体新构建

1. "公园一样的城市"和"城市一样的公园"

宜宾市要依据一个空间布局——"两区一廊一新城"(现代服务业集聚区、先进制造业集聚区、长江绿色生态走廊、滨江山水新城)的空间布局,在三江新区空间、功能、实体、风格的设计上,超越现行城市常态建制结构与风格,即"摊大饼""沿河沿路"、功能与地域性"组团"等,在充分考量环境容量及公园特质形态的前提下,建成"公园一样的城市"和"城市一样的公园"的城市新格局。

2. "大学一样的城市"和"城市一样的大学"

临港经济技术开发区是三江新区的核心引领区,"双城"(特别是大学城)是最具新型城市新要素的地方。一般而言,大学城建设最易被关注的是显性的产业与经济效益,即投资拉动的 GDP 绝对增量和显性的建设面貌。

但是纵观大学从遗世独立于世俗社会的"纯净象牙塔"到"准世俗化",再到当下以培养社会劳动力为主业的几乎完全世俗化的角色演变,其内在精神与外在功能的张力彰显其社会功能本质上是综合、持续、长效和潜移默化的。这就需要我们在关注显性效益的同时,通过制度化的设计与实践,充分发挥大学给城市的精神气质、文化结构、社会治理、市民构成、文明形态、传统再造等方面带来的长效良性改造作用,以实现其全要素大学功能。换言之,其外,在城市的外观、规模、人口;其内,在城市的精神、气象、气质;其宏,在城市的政治、经济与文化的变动;其微,在城市习俗、心理以及言谈举止的渐变。由此,宜宾市要综合考量大学的社会功能,有意识、有规制地将大学全面融入城市社会生活,打造"大学一样的城市"和"城市一样的大学"。

3. 普适意义的"现代城"与"宜宾城"

三江新区作为探索与示范性建设项目,先进性与现代性是其目标定位。刘中伯指出,三江新区建设必须做到"六结合",即公园城市、"四区"定位、国家(部门)规划、成渝地区双城经济圈、"十四五"规划以及宜宾独特的山水、文化、景区、医疗、人口等市情相结合。所以,三江新区作为宜宾地域的宜宾人的新的美好生活目的地,其建设成果必须是先进性的共性和宜宾性的个性，在外在特征和内在精神气质上和谐统一。

总之，三江新区之"新"必定于认知、实践与成果的"发凡起例"定位，最为现实的承启性实践则是长江上游绿色发展示范区、创新型现代产业集聚区、国家产教融合建设示范区、四川南向开放合作先行区四大建设定位的创新、高效、高质地落地落实。

四、长江上游绿色发展示范区研究

（一）长江上游绿色发展示范区是目的性发展追求

1. 绿色发展是三江新区经济社会高质量发展的内涵

（1）绿色发展的背景。20世纪末，全球生态环境持续恶化，资源、能源供给日趋紧张。2008年，联合国环境规划署提出"全球绿色新政"和发展"绿色经济"的倡议。2009年，经济合作与发展组织国家在部长级理事会宣言中倡导"绿色增长"。2009年，欧盟理事会通过关于发展"生态效率经济"的决议。2012年，在联合国可持续发展大会上，包括中国在内的与会国家签署了会议决议——《我们期望的未来》。"绿色转型"已得到世界各国执政者的广泛关注。

改革开放以来，我国经济社会实现跨越发展，为社会主义现代化建设奠定了坚实的基础。但由于传统粗放的发展方式尚未得到根本转变，经济发展与资源环境之间的矛盾日益突出，资源环境承载能力已达到或接近上限，所以必须加快国家经济发展战略转型与产业结构升级的步伐，努力跨越先发地区在经济发展过程中所经历的"先污染后治理""先发展后保护"的老路，促进经济增长由"黑色"到"绿色"的跨越转变，走出一条独具特色的绿色发展之路。

（2）绿色发展的内涵。《2002年中国人类发展报告：让绿色发展成为一种选择》对中国绿色发展做了深刻的阐述：绿色发展强调经济增长与环境保护的统一与和谐发展，是一种以人为本的可持续发展方式。基于此论述，绿色发展基本内涵如下：①绿色发展强调经济增长的数量，更强调质量，注重理性发展。即除了结构要不断优化外，资源消耗和能源消耗要越来越低；对生态环境的干扰强度要越来越小，知识的含量要越来越高。②绿色发展强调经济社会生态的相互协调，注重可持续发展。即必须把经济规模控制在资源再生和环境可承受的界限之内,全面提高人的生活质量的同时,坚持以绿色产业为支柱的经济可持续的发展模式。③绿色发展强调"以人为本",注重"两型"社会建设及和谐发展。即应在坚持"以人为本"的原则下为改善民生而改善生态,做到生态与生计兼顾,"绿起来"与"富起来"结合,社会、经济、生态三效益统一。

2.战略与宜宾发展合力驱动三江新区绿色发展

(1)西部大开发形成新格局战略的驱动。我国《国民经济和社会发展第十二个五年规划纲要》正式采用"绿色发展"一词。党的十八大以来,党中央把生态文明建设纳入中国特色社会主义事业"五位一体"总体布局。习近平指出:"绿水青山就是金山银山。保护生态环境就是保护生产力,改善生态环境就是发展生产力。"党的十九大报告强调必须树立和践行绿水青山就是金山银山的理念,坚持节约资源和保护环境的基本国策,形成绿色发展方式和生活方式。

为了探索绿色发展的新思路、新模式、新办法,2014年中华人民共和国工业和信息化部(以下简称"工信部")将镇江、黄石、包头等11个重化工业特征明显、有一定发展基础的城市作为工业绿色转型发展试点城市。同年10月,国务院办公厅批复建设中国—新加坡天津生态城国家绿色发展示范区。2017年,中华人民共和国环境保护部(现为中华人民共和国生态环境部)和广东省人民政府签订合作协议,共建珠江三角洲国家绿色发展示范区。这为从国家层面和大尺度区域探索绿色发展路径提供了经验。

(2)宜宾高质量建设三江新区的诉求。中央财经委员会第六次会议提出加快建设成渝地区双城经济圈,中央全面深化改革委员会第七次会议通过了《关于新时代推进西部大开发形成新格局的指导意见》,这些都有利于在西部形成高质量发展的重要增长极,打造内陆开放战略高地。中国共产党宜宾市第五届委员会第九次全体会议在落实和贯彻省中国共产党四川省第十一届委员会第七次全体会议精神与彭清华书记来宜宾视察调研重要指示精神的基础上,提出建设高质量宜宾三江新区,将三江新区打造成支撑宜宾高质量发展的动力之芯和宜宾融入成渝地区双城经济圈的高能级平台及高质量增长极,为加快融入以国内大循环为主体、国内国际双循环相互促进的新发展格局培育新优势、增添新动能、构筑新支撑。

3.绿色发展是三江新区践行"两山"理念的现实表达

（1）有利于构建和谐"人城境业"现代绿色新区。宜宾三江新区构建长江上游绿色发展示范区，是三江新区"5+1"现代产业发展和升华的基本引领理念，对提升和发展现代先进制造产业具有重要的现实意义；是三江新区"双城"驱动，产学研城融合发展的基本原则，对产教融合，科技提升产业，教研融入城市，提升高品质生活具有重要的现实意义；是三江新区打造显山露水、宜人宜居的基本抓手，对三江新区统筹好生产、生活、生态三大空间，打造"人城境业"高度和谐统一的现代化绿色公园城市，实现城乡统筹发展具有重要的现实意义。

（2）有利于践行生态优先绿色发展的"两山"理念。站在加快推动成渝地区双城经济圈建设，打造成为引领川渝滇黔区域跨越发展的高能级平台、成渝地区双城经济圈高质量发展的重要增长极的历史节点，绿色发展必将引领三江新区经济社会发生重大变革。将宜宾三江新区建设成为长江上游绿色发展示范区，是践行"绿水青山就是金山银山"理念的重要体现，是统筹推进"五位一体"总体布局和协调推进"四个全面"战略布局的重大举措，是实现四川省委"要把绿色作为三江新区普遍形态"重要要求，打造"一江三带四山多园"目标的重要支撑，是宜宾三江新区对标全国先进地区、增创发展新优势、提升区域竞争力的必然选择，必将对成渝地区双城经济圈区域乃至西南地区探索绿色发展产生重大示范意义和深远影响。

（二）绿色发展基础优势明显引领川南

1.三江新区绿色发展现状引领川南经济区

生产发展是社会发展的物质基础，生活富裕是生产发展的结果，生态良好决定着生产发展和人民生活的可持续程度，生产、生活和生态则分别对应人类活动复杂系统中的经济子系统、社会子系统和生态子系统。城市的绿色生产、绿色生活和绿色生态构成了城市绿色发展的全部内涵。

基于上述内涵，笔者以国内外权威机构经典观点的高频指标为重点，结合国家四部委《绿色发展指标体系》进行指标的海选，从绿色生态、绿色生产和绿色生活三个方面筛选出27个指标构建绿色发展指标体系（表8-1）。

表 8-1 绿色发展指标体系

一级指标	二级指标
绿色生产	人均 GDP（元）
	第三产业比重（%）
	单位产值二氧化硫排放量（吨/亿元）
	单位产值氮氧化物排放量（吨/亿元）
	单位产值烟尘排放量（吨/亿元）
	单位产值用电量（万千瓦·时/万元）
	单位耕地面积化肥使用量（t/hm²）
	单位工业增加值能耗指数
	单位地区生产总值建设用地消耗（平方千米/亿元）
	R&D 经费投入强度（%）
	R&D 人员全时当量（人/年）
	工业固体废物利用（%）
绿色生活	生活垃圾处理（%）
	污水处理率（%）
	城市每万人拥有公交车辆（辆）
	城市轨道交通运行线路长度（km）
	建成区给排水管道密度（km/km²）
	节能环保占一般公共预算支出比重（%）
	每万人发明专利拥有量（件）
	各地级市财政预算中的科学技术支出（%）
	教育、文化、娱乐、医疗保健公共预算支出占 GDP 比重（%）
	每百万人拥有高校数（所）
绿色生态	绿化覆盖率（%）
	森林覆盖率（%）
	空气质量（城市空气质量优良天数比率，%）
	饮用水达标率（%）
	区域环境噪声平均值（dB）

（1）绿色发展整体评价。基于宜宾市打造以宜宾为核心的川南经济区成为成渝地区双城经济圈高质量发展第三级，加快建设长江生态第一城的定位，笔者筛选了成渝地区双城经济圈"一轴两带，双核三区"16 个核心城市进行比较，以此分析宜宾绿色发展的现状。①

---

① 数据来源包括 2019 年《中国城市统计年鉴》、2019 年各城市统计年鉴和统计公报以及相关机构公开发布的数据。

通过计算，笔者得出了成渝地区双城经济圈 16 个城市绿色发展指数排名（表 8-2）。结果显示，成渝地区双城经济圈 16 个城市绿色发展指数呈现明显"两头大中间小"的哑铃状，成渝中间城市绿色发展指数均值为 22.56，成渝两城的均值则为 73.21。宜宾绿色发展指数排名第 5 位，与成都、重庆和绵阳的差距显著。

表 8-2　2018 年成渝地区双城经济圈 16 个城市绿色发展指数排名

排　序	1	2	3	4	5	6	7	8
城市	成都	重庆	绵阳	德阳	宜宾	眉山	泸州	雅安
得分	82.88	63.54	48.18	29.23	22.79	22.48	21.92	21.28
排　序	9	10	11	12	13	14	15	16
城市	乐山	自贡	资阳	遂宁	南充	广安	达州	内江
得分	21.16	20.77	20.18	19.97	19.27	19.01	15.16	14.43

（2）绿色发展水平空间格局分析。从空间格局分布来考察宜宾绿色发展水平，对于宜宾积极融入成渝地区双城经济圈，引领川南经济区，打造成渝地区双城经济圈高质量发展第三级具有重要的参考价值。

目前，成渝地区双城经济圈城市主要基于成渝城市群规划提出的"一轴两带，双核三区"的空间格局分布。2018 年成渝地区双城经济圈 16 个城市绿色发展空间格局分布如表 8-3 所示。

表 8-3　2018 年成渝地区双城经济圈 16 个城市绿色发展空间格局分布

"一轴两带"和"三区"		排　名	城　市	得　分
一轴两带	成德绵乐城市带	3	绵阳	48.18
		4	德阳	29.23
		6	眉山	22.48
		8	雅安	21.28
		9	乐山	21.16
	沿江城市带	5	宜宾	22.79
		7	泸州	21.92
	成渝发展主轴	11	资阳	20.18
		12	遂宁	19.97
		16	内江	14.43

续 表

"一轴两带"和"三区"		排 名	城 市	得 分
城镇密集区	川南城镇密集区	5	宜宾	22.79
		7	泸州	21.92
		10	自贡	20.77
		16	内江	14.43
	南遂广城镇密集区	12	遂宁	19.97
		13	南充	19.27
		14	广安	19.01
	达万城镇密集区	15	达州	15.16

从一轴两带的空间格局分布看，成德绵乐城市带的绿色发展均值为28.47，其平均水平要高于沿江城市带（均值22.36）和成渝发展主轴（18.19）。这反映出成都平原经济区内圈同城化、整体一体化发展趋势已具雏形，且成都美丽中国典范城市形成的绿色发展高地溢出效应得以彰显，但与空间距离呈负相关。沿江城市带主要包括宜宾和泸州，两个城市的经济和文化相近，其绿色发展水平趋同（宜宾略高于泸州）。近年来遵从长江上游"共抓大保护，不搞大开发"的政策背景，改革转型工业结构，加强环保投入强度，因此其绿色发展水平要高于成渝发展主轴的资阳、遂宁和内江三座城市。

从三个城镇密集区的空间格局分布看，区域城市之间的绿色发展水平相近，其中川南城镇密集区城市绿色发展水平最高，领跑三个城镇密集区，均值为19.98，南遂广城镇密集区次之，均值为19.42，达州为15.16。就川南城镇密集区的4个城市而言，宜宾绿色发展水平最高。因此，从数据上看，宜宾已经具备成渝双圈川南第三级绿色发展示范的禀赋。

（3）绿色发展"三生"指标分析。由表8-4可知，在绿色生产领域，成都、重庆和绵阳位于前三位，遥遥领先于宜宾。这三座城市的绿色生产表现出明显的共性，即在产业结构和科技研发方面得分较高，第三产业比重分别为54.1%、52.3%和46.6%，明显高于宜宾（38.1%）。就川南城镇密集区而言，宜宾第三产业比重排在第3位，自贡和内江分别为42.7%、41.2%，高于泸州（36.7%）。在研发资金投入强度和研发人员比例等方面，成都、重庆和绵阳三城也远远领先于宜宾，特别是作为西南科技城的绵阳，在研发资金投入方面超过成都和重庆，位居第1位。R&D经费投入强度分别为绵阳6.61%、成都2.56%、重庆1.95%，均高于宜宾（1.21%）；R&D人员全时当量分别为成都

88 811 人、重庆 56 416 人、绵阳 28 480 人,高于宜宾(5 245 人)。相较川南城镇密集区其他三城,宜宾在产业转型升级、研发创新等方面更为突出。

由表 8-4 可知,在绿色生活领域,成都、重庆和绵阳同样位于前三位,与宜宾拉开了较大距离。三座城市的绿色生活同样在城市公共交通和科教发展两个方面表现出明显的优势。成都和重庆城市公共交通的优势主要体现在强大的公交系统和城市轨道交通系统方面,特别是城市轨道交通极大地提高了绿色出行效率。科教发展优势主要体现在科学技术支出预算比例较高,大学和科研院所数量较多。就川南城镇密集区而言,宜宾在城市公共交通方面明显优于其他三城,特别是在城市轨道交通方面;在科教发展方面,宜宾在科技支出预算比例和大学科研机构数量方面相较其他三城略微逊色。

由表 8-4 可知,在绿色生态领域,各城市之间的差距较小。就川南城镇密集区城市而言,宜宾的城市绿化覆盖率高于内江,低于自贡和泸州;泸州的森林覆盖率最高,宜宾次之;宜宾空气质量指标不高,排在第 3 位,该指标与泸州有一定的差距。

表 8-4　2018 年成渝地区双城经济圈 16 个城市绿色发展二级指标排名

排序	城市	绿色生产	排序	城市	绿色生活	排序	城市	绿色生态
1	成都	31.75	1	成都	47.41	1	南充	5.55
2	重庆	21.24	2	重庆	37.41	2	泸州	5.26
3	绵阳	20.7	3	绵阳	23.15	3	雅安	4.89
4	德阳	12.15	4	德阳	13.04	4	重庆	4.89
5	自贡	11.44	5	雅安	8.92	5	资阳	4.63
6	资阳	10.99	6	泸州	8.88	6	广安	4.50
7	宜宾	10.59	7	宜宾	8.56	7	乐山	4.42
8	遂宁	10.35	8	眉山	8.01	8	遂宁	4.33
9	眉山	9.8	9	乐山	7.34	9	绵阳	4.33
10	乐山	9.01	10	广安	6.77	10	眉山	4.11
11	泸州	8.34	11	自贡	6.74	11	德阳	4.04
12	达州	8.27	12	南充	6.10	12	成都	3.72
13	广安	8	13	内江	5.62	13	宜宾	3.64
14	南充	7.35	14	遂宁	5.29	14	达州	3.16
15	雅安	7.34	15	资阳	4.57	15	自贡	3.11
16	内江	6.4	16	达州	3.73	16	内江	2.41

2. 三江新区构建绿色发展示范区优势明显

通过上述比较可以发现，宜宾绿色发展水平在成渝地区经济圈城市中排名靠前，在川南城镇密集区中更是排在第 1 位，具有建设长江生态第一城的基础。三江新区作为省级新区，旨在探索新的发展模式，以新理念引领社会经济生活。因此，三江新区在建设长江上游绿色发展示范区方面相较宜宾市更具备良好的基础和先天的优势。

（1）坚实的现代产业基础。三江新区以国家和省级经开区、高新区、产业园区等为重要依托，2019 年全区 GDP 达到 190.7 亿元，人均 GDP 为 73 629 元，第三产业比重为 43.3%，R&D 经费投入强度为 4.89%，R&D 人员全时当量为 1 550 人，高新技术企业达到 88 户，市级以上研发平台 27 个，市级以上创新载体 9 个，科技对经济增长贡献率达 56%，已经形成了"5+1"（智能制造、新能源汽车、轨道交通、通用航空、新材料五大主导产业加现代服务业）战略性新兴产业布局。先进制造业与现代服务业已经成为三江新区产业支柱，为推进绿色生产示范打下了坚实的基础。

（2）丰硕的科研教学资源。三江新区按照"城市围绕大学建、产业依托教育兴"的"学教研产城"融合发展思路，启动了大学城和科技创新城建设。2020 年，大学城、科技创新城已完成 18 km² 建设，与 19 所高校签订战略合作协议，宜宾的高校增至 11 所，在校大学生由 2.5 万人增加至 5.7 万人；有来自 50 余个国家留学生 700 余人，居四川省第 2 位。科技创新城城入驻 11 家产研院和欧阳明高、邓中翰院士工作站，建成国家企业技术中心 7 个、省级以上众创空间和科技企业孵化器 18 个、高新技术企业 56 家，园区高新技术产业总收入、R&D 支出、高校数量以及在校大学生人数等指标在四川省级高新区中排在第 1 位，是全省唯一的"学教研产城"一体化试验区，为推进绿色生活示范累积了优厚的资源。

（3）深厚的山水文化底蕴。三江新区资源和环境条件较好。其水系发达，河流众多，金沙江、岷江、长江在此交汇，黄沙河、白沙堰、马家河等多条河流和龙头山、挂弓山、金竹山、琴山等山体资源形成了水陆交会、谷岭穿插的特色山水格局。同时，三江新区具有长江绿色生态保护带，白沙堰、黄沙河和马家河三条景观带，观斗山、龙头山、老君山和马家山的良好生态环境资源，并形成了"一江三带四山"的生态建设格局，开发潜力较大。区域内有省级文保单位 4 处、市级文保单位 2 处，历史文化资源呈现沿江展开、两岸呼应的分布特征，非物质遗存及文化底蕴深厚，为推进绿色生态示范提供了强力的保障。

（三）建设长江上游绿色发展示范区的掣肘

1. 产业价值链条低端，产业集聚能力不强

（1）产业发展双轮驱动初见成效，但仍处于价值链低端。现阶段，三江新区正加速形成高端产业链条，但产业存在新旧动能接续不畅、传统产业转型不彻底、新兴产业势强力弱、整体创新能力不足等问题，与高质量发展的规划要求还有一定距离。三江新区智能终端、轨道交通、新能源汽车等产业刚刚起步，虽具备一定的产业基础，但在工业总产值中所占比重偏低，相关企业技术实力较弱，对区域经济的带动作用有限。比如，三江新区智能终端产业仍处于产业价值链低端，主要以中低端手机组装为主，缺乏芯片、射频、存储器、面板等高附加值的上游元器件生产和下游软件开放等环节。因此，亟须加速传统产业转型升级和新兴产业的培育壮大，促进绿色产业可持续发展。

（2）产业园区初见规模，但产业集群格局尚未形成。产业集群能够通过专业化生产、设施和环境共享，降低交易成本，从而形成产业和要素聚集洼地，这是三江新区融入长江经济带，形成竞争比较优势的重要手段。但目前园区和产业还没有真正形成强有力的集群发展效应，截至2019年9月底，智能终端已签约项目178个，对全市经济发展虽然起到了促进作用，但产业关联性还不够强，缺乏重点企业、支柱企业、主导企业发挥龙头引领作用，对配套产业和配套中小企业的带动不够。因此，需要立足本区产业发展基础和长期规划，促进产业迁移，推动绿色产业的集约化发展。

（3）产业多元化，但尚未实现经济内循环。所谓"内循环"，是指经济发展的原料主要来自本地区，产品的研发、加工、管理、销售和消费基本都在本地区，就像长江之水一样，该经济在宜宾内川流不息，循环不已。三江新区根据区域优势，在宜宾临港经济技术开发区、宋家镇、罗龙街道等建立不同的产业园区，但产业之间的衔接不够。另外，城乡融合不够深入，乡村的人口基数及国土空间开发不足，本地区内部各要素间不均衡，这些都不利于经济内循环体系的实现。

2. 绿色生活践行不足，城市韧性普遍不强

（1）绿色生活理念渐次树立，但生活方式改观不大。随着对三江新区绿色

生活方式的稳步推进，绿色生活方式的理念渐次树立，但对三江新区居民的访谈调查显示，绿色生活方式的观念仍有待培养。受地理位置环境和经济社会发展的影响，民众长期形成的传统生活方式中的资源消耗大、浪费多、污染重以及过度消费等情况仍需逐步改变。部分民众尤其是乡村居民不能及时跟上社会发展速度，仍有传统"靠山吃山、靠水吃水"的生活观念，部分企业的绿色生产理念也有待加强。因此，政府需要思考如何在新形势下，在更大范围、更广人群中倡导践行绿色生活方式。

（2）城镇化水平不断提高，但城市韧性普遍不强。城镇化是一个地区现代化的重要标志和必由之路，也是乡村振兴和区域协调发展的有力支撑。三江新区作为示范区需要对新型城镇化建设提出更高要求，在城市规划中要重视绿色发展标准引领，提高城市韧性，强化应急管理体系建设，以应对日益频发的自然、社会、经济威胁，并将其转变为发展机遇。2020年，三江新区城镇化率超过77%，率先步入城镇化成熟阶段；GDP指标的综合研判尚有待提高，且绿色政绩考核尚未明确构建和实施，容易造成城市发展速度与质量不匹配，阻碍城市的可持续发展。

（3）科教资源丰富，但与城市发展耦合不够。大学与城市的关系已经从分离走向全面互动。现阶段，由于政府对大学科研的大力资助以及社会发展的需要，一些大学尤其是研究型大学在政治、经济、科技、文化等领域发挥着越来越重要的作用，大学与城市的界限日益模糊。"双城"（大学城、科技创新城）是三江新区的重要组成部分，"双城"建设发展迅猛。目前，高校数量、科技创新城入驻规模、R&D支出等在四川省内的高新区中名列前茅。但其促进科技、金融、产业、人力资源良性循环健康发展的生态体系尚处于起步阶段。大学城与城市之间的融合、互动不够，大学开放性不足，资源尚未实现共享，大学生群体对市民文化和生活的正向促进作用尚未体现。同时，学校教育与企业需求衔接不够紧密，没有充分发挥大学在三江新区绿色发展、高质量发展中的功能与作用。

3. 生态环境条件脆弱，区域协同机制缺乏

（1）城市风貌日新月异，但与自然融合不够。要实现城市绿色生态可持续发展，三江新区在规划建设中应避免对自然环境的破坏，追求一种人与自然和谐发展的境界。三江新区虽拥有"一江三带四山"这一区位生态优势，但城市建成区绿化覆盖率还需进一步加强，生态环境安全形势依然严峻，环境科研支

撑能力不强，环境信息化不足。在城市建设中，三江新区要坚持最美标准，以"绿"为出发点，以"美"为关键点，以"富"为落脚点，逐步打造"春有繁花似锦、夏有绿树成荫、秋有红叶飘霜、冬可踏雪寻梅"的美丽风景。

（2）乡村生态环境日益改善，但发展特色不足明显。三江新区乡村建设中，政府围绕城乡统筹发展，在"厕所革命"、村容村貌提升、垃圾污水治理等方面精准发力，使乡村生态环境日益改善。但乡村地区生态环境、乡村发展问题依然存在，污水处理、生活垃圾处置设施建设较滞后，城乡环境基本公共服务供需矛盾凸显，农村环境基础设施尚存缺口。在乡村发展中，区域间的特色不突出，乡村旅游业持续发展存在瓶颈，如随着乡村旅游业的发展，乡村旅游市场趋于饱和，人流量变小，农户的参与积极性与动力不足；项目趋于大众化，吸引力不足，市场效益低下，都会给乡村旅游业的持续发展带来一定的风险。

（3）生态保护力度加强，但社会参与度不高。生态环境的保护虽然离不开政府的资金投入和技术扶持，但更重要的是社会的参与。目前，三江新区绿色生态的维护更多地依赖政府，民间社会力量不足，环保类社会组织参与生态环境保护的格局尚未形成。在意识上，公众多认为生态环境保护是政府和企业行为，缺乏参与意识或不知道如何参与，对环保社会组织的工作也缺乏理解和支持；在参与程序上，宜宾市政府通过多种形式全方位开展生态环境保护，但在此过程中环保社会组织的参与程度低，政府生态环境保护工作的决策、实施、监督等过程基本没有环保社会组织全过程参与；在制度建设上，环保社会组织参与生态环境保护的制度不完善，环保社会组织提起公益诉讼的条件严格。

（四）建设长江上游绿色发展示范区的建议

1. 提升产业价值链条，发挥产业集聚效益

（1）激发创新活力，推动产业链条高端化。宜宾是一个资源型城市，要实现传统产业转型升级和发展新兴产业双轮驱动战略，实现城市的升级转型。三江新区作为宜宾创新发展的先行区，在推进化工轻纺建材、装备制造、绿色食品等传统产业绿色改造的同时，要加快智能终端、轨道交通、新材料、新能源汽车等新兴主导产业的培育，成为三江新区经济新的增长点。新兴主导产业与传统优势产业既要有延续性，又要包含新技术与产业的发展方向。三江新区要继续依靠科技创新驱动，实施"互联网+"与"生态+"发展战略，使自身产业向"高轻优强"迈进。

（2）推行飞地经济模式，注重产业与技术转移并行。目前，宜宾市与发达地区依然存在较大的产业级次和聚集度差异，其区域产业转移合作有着广阔的空间，完全可以在不同区域尝试飞地经济模式。三江新区依托资源优势和产业基础，在智能终端、轨道交通、新能源汽车、装备制造等方面已经形成较为明显的比较优势，可以以这些产业为领头雁，推动多核式集群和网状式集群发展，做大做强新兴产业；以园区为依托，发挥一体化和规模经济优势，推动企业清洁生产和生态园区建设，实现生产和废物处理的组织化、系统化，使生产方式从线性的"资源—产品—废物"向"资源—产品—再生资源"的循环模式转变。

（3）注重产业全方位发展，构建经济内循环体系。构建经济内循环需要政府全方位的扶持和推动。首先，政府要在体制和制度上保障企业的权益；其次，政府要为企业提供急需资金，疏通资金供给和需求的渠道，加速经济内循环的周转速度，提升经济内循环的质量；最后，政府要促进中小企业的发展，使大、中、小企业之间形成一个信息互动、物质交流、循环畅通的有机整体。在三江新区建设中，政府还要将城市和乡村视为有机整体，推进城乡融合发展，挖掘乡村在土地和人口方面的承载能力，拓宽发展空间，增强发展韧性，利用资源、资金、信息和劳动力的融合为经济体注入新的发展动力，构建经济内循环体系。

专栏1　发展壮大绿色产业

第一，构建电子信息、智能终端、轨道交通、新材料、新能源汽车等新兴产业集群，构建以战略性新兴产业为先导、以先进制造业为主体、以生产性服务业为支撑的现代产业体系。

第二，着力发展"互联网+智能制造"模式，加快工业化和信息化深度融合，推动制造业智能化、高端化发展。

第三，围绕研发设计、科技成果转化、检验检测认证、创业孵化、科技金融、知识产权等领域，加快建设成果转化转移体系，搭建科技服务公共平台，做大做强科技服务机构，推进科技服务业集聚区建设，提升创新创业服务能力。

三江新区发展壮大绿色产业的具体指标如表8-5所示。

续表

表8-5 三江新区发展壮大绿色产业的具体指标

指 标	2025年
第三产业增加值占GDP比重（%）	>60
先进制造业增加值占规模以上工业增加值比重（%）	>55
单位GDP能耗（吨标煤/万元）	<0.26
单位GDP用水量（立方米/万元）	<25
单位GDP化学需氧量排放强度（千克/万元）	<0.70
单位GDP氨氮排放强度（千克/万元）	<0.09
单位GDP二氧化硫排放强度（千克/万元）	<0.39
单位GDP氮氧化物排放强度（千克/万元）	<0.60
环境污染治理投资占GDP比重（%）	>2.0
一般工业固体废物综合利用率（%）	>90

2.倡导绿色生活方式，提高城市承载能力

（1）培育"绿色心根"，亲近绿色生活。三江新区率先垂范，大力倡导勤俭节约、绿色低碳、文明健康的生活方式，努力使绿色生活方式成为每个社会成员的自觉行动。具体做法如下：三江新区广泛开展绿色消费行动，自觉抵制和反对各种形式的奢侈浪费、不合理消费，积极引导消费者购买节能环保低碳产品，强化企业绿色消费责任，健全生产者责任延伸制；大力倡导绿色低碳出行，推广公共交通、共享单车等绿色出行方式，实行城市公共交通低票价政策，提升宜宾智轨的利用率，着力改善城市慢行空间环境，建设与公交站点无缝接驳的自行车道和步行连廊；倡导绿色居住，支持绿色生态小区建设，减少环境负荷，创造健康、舒适的居住空间；多举措推进垃圾分类处理、厕所革命，提高生活文明程度。

（2）建设韧性城市，提高城市承载力。由于近年来的地震、洪涝、泥石流等灾害的冲击，宜宾市政府需要将韧性城市建设作为三江新区规划、管理的重要内容，提升城市系统适应不确定性的能力，提高三江新区可持续发展水平。在三江新区的规划中，宜宾市政府要依托山水地貌优化城市形态和功能，根据资源环境承载力合理调节城市规模，推动城镇化发展由外延扩张式向内涵提升式转变；科学规划城镇发展格局，合理布局工业用地，推动产业集聚发展；合理设计通风廊道，预留自然生态空间，控制城市建设高度；科学利用地下空间，推动地下综合管廊建设；推行低冲击开发建设模式，加快推进三江新区韧性城市试点工作；强化绿色考核，提高绿色发展指标在政绩考核中的比重，大力倡导以产业园区为代表的生产生活生态功能复合发展模式，实现产城融合；围绕长江沿岸、城市绿道等建设防灾区，增强应对灾害的能力，提升城市的安全性。在城市建设中，充分体现海绵城市、智慧城市、综合管廊等韧性城市建设要求，根据现实预判，在大学城建设中有针对性地提高设防标准。

（3）开放办学，建成学教研产融合发展示范区。大学城与三江新区之间通过开放办学和资源共享等途径进行融合、互动，增强所在城市的育人功能，促进所在城市的经济发展。大学城的开放性体现在没有围墙和大门，还体现在其人才培养、科学研究和思想观念上的开放性。从思想观念看，大学城兼容并包，能吸引来自世界各地的专家、学者，以及不同国家和民族的学生，实现文化与城市的融合发展；从人才培养看，大学城不仅为企业培养各种所需的人才，还与企业联合创办专业、开设课程、提供教育和咨询服务等；就科研和为社会服务而言，大学城与企业联合建立科研中心和科学园区、共同创办企业等，推动科技创新和成果转化。而开放性与共享性是相辅相成的，开放办学离不开资源共享，在大学城与社区之间的资源共享上，大学城内图书馆、体育馆等部分教育设施和文化娱乐设施向社会公众开放，为公众提供公共课程，并为业界人士提供培训等。城市为学生打工或实习提供了大量岗位，企业为学生提供了价廉物美的商品，由此形成了良性互动，大大提高了资源的运作效率。

专栏2　构建宜人宜业绿色生活空间

第一，充分发挥世界环境日等重大环保纪念日的作用，做好宣传活动，形成宣传冲击力和感染力，使公众对环境知晓度达到100%，努力打造一批环保公益活动品牌。

第二，提升城市道路交通系统智能化和精细化管理水平，实施公共交通优先发展战略，实现城市内外交通高效衔接，构筑市区微循环公交系统，规范和引导共享单车健康发展。

第三，加强节约型公共机构建设，在公共机构推行绿色办公与绿色采购，到2025年，将全部机关和50%以上的事业单位建成节水型单位。

第四，完善政绩考核评价指标，把生态文明建设作为考核评价的重要内容，加大资源消耗、环境保护等指标的权重，确保生态文明建设工作占党政实绩考核比例不低于20%。

三江新区构建宜人宜业绿色生活空间的具体指标如表8-6所示。

续　表

表 8-6　三江新区构建宜人宜业绿色生活空间的具体指标

指　　标	2025 年
城市建成区绿地率（%）	>40
城市交通绿色出行分担率（%）	>60
城镇新建民用建筑中的绿色建筑比重（%）	=100
公众环境文化知晓度（%）	=100
公众对生态环境质量满意度（%）	>80
生态文明建设工作占党政实绩考核比例（%）	>20
环境信息公开率（%）	=100

3.统筹城乡绿色发展，建立区域协同机制

（1）突出区域特色，打造山水森林城市。2018 年，习近平在视察成都天府新区时提出了"公园城市"构想，这是新时代中国特色社会主义的城市发展战略，是党的十九大精神在城市建设领域的导引。三江新区建设以成都"公园城市"为参考，根据自身区域特色，打造山水森林城市。以观斗山、龙头山、老君山、马家山等外围连绵山地丘陵为主体，构建三江新区绿色生态屏障，以黄沙河、白沙堰和大马家河为主体，打造生态景观带，以长江上游为主导，建设长江生态走廊道，形成"绿屏蓝带、廊道链接"的区域生态安全格局；大力推进拆迁补绿、破墙透绿、见缝插绿"工程；提高河道绿化率和林荫路推广率，提升建成区绿化覆盖率，形成"城在林中、路在绿中、人在景中"的山水森林城市特色。

（2）实施乡村振兴战略，打造农村产业融合发展示范园。2017 年 10 月，在党的十九大报告中，习近平首次提出"实施乡村振兴战略"，这是新时代"三农"工作的重大历史任务。在三江新区规划建设中，宜宾市政府要把乡村放在与城市平等的位置上，立足乡村的资源、产业、生态、文化等，激活乡村发展活力，促进城乡一体化建设；创设条件，引进企业投资，推进乡村产业规模化发展，注重产业配套衔接，拓展农民创业就业领域，形成乡村工业集群；开展高素质农民培训，推广乡村文化建设，培育农村特色文化和生态文化，开展农村环境整治全民行动工程，积极引导村民形成健康、文明、低碳的生产、生活、行为方式，建立乡村新风尚。另外，沿江的白沙湾街道、沙坪街道、双城街道、宋家镇和南溪区罗龙街道、江南镇等根据特色优势集中发展特色产业，外围发展现代化农业园区，以规模化的经济作物种植为主，为特色镇建设提供产品基础支撑；外围为传统古镇、风景游览胜地等旅游景区，打造旅游观光核心品牌并发展农事体验、观光采摘等旅游项目，实现农业与旅游业的互利共荣；借助宜宾临港经济技术开发区内的新兴产业园区、大学城技术和人才，促进农业与生物科技、研发设计、互联网等的融合发展，实现农业技术革新，促进农民增收。

（3）建立协同机制，推动跨区域的生态文明建设。生态文明建设以行政区为主体虽然在建设效率上有巨大优势，但是带来了不同区域之间的行政分割，不能达到最优效果。只有将不同区域的生态文明建设模式有机结合起来，才能实现更大突破。三江新区长江生态建设中，宜宾市政府在因地制宜地制定规划纲要的同时，要建立长江沿线不同地区联动机制，推动跨行政区域的生态文明建设。同时，创建长江上游绿色发展示范区是一个复杂的系统工程，涉及多元社会主体的利益，还需要全区域成员的共同参与。社会组织是连接公众与政府、社会之间的桥梁，是推进我国国家治理体系和治理能力现代化的重要组成部分，宜宾市政府在三江新区建设规划中应加大培育、扶持环保类社会组织的力度，充分发挥其在生态环境保护中所具有的宣传教育、环保法律援助、环保监督、环保法治建设等方面的功能。

专栏3　打造特色生态环境

第一，加强城市立体绿化，推进城市建筑和其他立面的绿化营造，实施全域增绿。

第二，在山水森林城市建设中突显本地特色，高标准推进林业工作，推动乡村绿化美化升级，切实保护和改善生态环境。

第三，积极推进农村产业规模化发展，注重产业配套衔接，拓展农民创业就业领域，形成"一村一品""一镇一业"块状集结的乡村工业集群，实现乡村"产业美"。

第四，进一步完善农村生活垃圾收运处理体系，开展农村生活垃圾分类减量工作。到2025年底，农村生活垃圾分类减量比例预计达到50%，农村生活垃圾有效处理率预计达到90%以上。

三江新区打造特色生态环境的具体指标如表8-7所示。

表8-7　三江新区打造特色生态环境的具体指标

指　　标	2025年
森林覆盖率（%）	>52
城市空气质量优良天数比例（%）	>91
PM2.5年均浓度（μg/m³）	<34
城市集中式饮用水源比例（%）	=100
城市污水处理率（%）	>96
地表水达到或好于Ⅲ类水体断面比例（%）	>76

五、创新型现代产业集聚区研究

（一）建设创新型现代产业集聚区是引领性核心引擎

1. 创新型现代产业集聚区是高质量发展的内涵特征

阿尔弗雷德·马歇尔（Alfred Marshall）在《经济学原理》中最先提出产业区，将产业区定义为一种由历史与地理共同限定的区域，区域内企业积极地相互作用，企业群与社会趋向融合。迈克尔·波特（Michael E.Porter）将"产业区"理论发展为产业集群，将产业集群定义为地理位置相近、在产业领域内相关或互补的企业和机构。创新是集群持续健康发展的关键，产业集群在演化过程中需要不断创新，形成以创新为基础的自强化自循环的组织系统。创新是否成功在一定程度上取决于集群内相关企业的知识互补程度。企业间的合作可以高效增加隐性知识流通，并为企业在其边界外获取知识创造可能性。集群中的企业从正式或非正式交流中有效整合资源，提高了产业集群创新效率。建设创新型产业集群能够有效整合区域创新主体和要素，是推进区域创新的重要途径。

现代产业体系最早是由党的十七大提出的，是一个中国语境下的概念。党的十九大报告中提出："我国经济发展已由高速增长阶段转向高质量发展阶段。"这是对我国经济发展阶段发生变化做出的重大判断。当我国经济转向高质量发展阶段之后，建设现代化经济体系成为高质量发展的基本特征和目标。高质量建设现代化经济体系的着力点之一，就是建设现代产业体系。党的十九大报告提出，要"着力加快建设实体经济、科技创新、现代金融、人力资源协同发展的产业体系"。把现代产业体系作为一个重要任务提出，用新的表述赋予其新的内涵，具有鲜明的时代特点和问题导向特征。这是适应当今世界科技革命与产业变革新潮流，针对我国发展的现实矛盾做出的新的决策部署。

创新型现代产业集聚区作为符合国家战略导向、满足地方实际需求和提升产业竞争优势的组织形式，能够有效助推新旧动能转换，促进三江新区产业发展迈向价值链的中高端，创造更高的经济产出效率，拥有更大的发展前景。

2. 创新型现代产业集聚区是多要素协同的共力推动

建设创新型现代产业集聚区，需着眼"创新引领、要素协同、链条完整、竞争力强"这几个关键点，实现实体经济、科技创新、金融服务、人力资源协同发展，使科技创新在实体经济发展中的贡献份额不断提高，现代金融服务实体经济的能力不断增强，人力资源支撑实体经济发展的作用不断优化。

（1）创新引领。发展核心技术，进行价值链升级是构建现代产业体系的关键，只有人力资本雄厚、创新能力强大，才能通过自主创新掌控产业核心技术，推动产品与服务的品质升级，实现产业链、价值链的高端化。其目标是掌握一大批关键核心技术，拥有强大的技术研发平台和产业合作网络，技术和产业创新资源整合能力强，技术研发成果处于领先地位；产学研合作紧密，创新成果转化渠道顺畅，辐射效益强，推动新兴产业不断成长；创新动力强大，创新真正成为引领发展的第一动力。

（2）要素协同。根据保罗·罗默（Paul M.Romer）的内生增长模型，人力资本是知识积累和技术进步的源泉，技术积累及其外部性引起的规模收益递增是经济长期持续增长的主要动力。此外，金融发展对现代产业体系的构建也不可或缺。发挥现代金融的资本媒介功能、跨期风险配置、财富管理、并购重组和高效支付服务等功能，能够降低信息和交易成本，促进各类生产要素优化配置，分散科技创新和创业风险，从而促进科技创新和实体经济发展。另外，对新区产业发展来讲，合理高效的土地规划利用也是必不可缺的关键要素。因此，现代产业体系要求拥有数量庞大、质量优良、结构合理、配置有效的科技、金融、人才、土地等优质要素，并且建立要素之间的协同机制，优化要素配置，提升要素效率，源源不断地吸引各类人才投身到实体经济发展中，促进现代金融发展与实体经济紧密结合，创造最大的经济效益。

（3）链条完整。从产业链角度看，三江新区现有产业体系的突出问题是优势产业仍以加工制造为主，而核心零部件、高端研发和海外市场拓展等环节存在不足，产业链不完整，上下游合作不紧密，协同创新少，缺乏产业链的合作和整体布局。实现建设创新型现代产业集聚区的目标，三江新区需要构建链条完整的产业体系，推动制造业发展从主要依靠加工制造环节向研发设计、中高端制造、海外市场拓展等价值链高端环节延伸，不断增强产业链的控制与主导能力。

（4）竞争力强。竞争力强是构建现代产业体系的最终结果，主要表现如下：拥有一批实力强大的高新技术企业，对产业链的主导能力强；拥有先进的生产技术能力，劳动生产率高，全要素生产率高，产品质量高，比较优势强；拥有足够的市场规模、强大的营销网络和主导市场的能力，并且品牌知名度高，产品附加值高，等等。

3.创新型现代产业集聚区是区域竞争力的提升途径

建设创新型现代产业集群是促进产业转型升级，提高地区竞争力的重要途径。创新型产业集群与传统产业集群最大的区别就是创新型产业集群依靠创新驱动发展，在一定地理范围内，围绕战略性新兴产业，以科技型企业和服务机构、创新型人才为主体，依托技术创新和知识流动，形成具有区域特色的组织环境，集群内产业依靠创新要素、规模效应和协作机制增强竞争优势。2019年，宜宾成为全国首批、西南唯一的国家产教融合型试点城市，也是全省唯一的"学教研产城"一体化试验区，为三江新区的产业发展和经济腾飞提供了更好的机遇。三江新区紧扣宜宾市"加快建成全省经济副中心"主题，以壮大经济总量为核心，以推进创新驱动为抓手，以项目建设和企业培育为重点，通过创新型现代产业聚集区建设，为宜宾市建设西部一流国家级经济技术开发区，加快建成全省经济副中心和成渝地区经济副中心提供了坚实的产业支撑和科技保障。三江新区应充分利用现有产业发展基础和外部宏观政策环境，以"双城"建设为契机，积极申报创新型产业集群试点单位，为成功创建国家级高新技术产业开发区打下坚实的基础。

（二）创新型现代产业集聚效应分析

1.三江新区创新型现代产业发展具备良好条件

2016年，宜宾市委、市政府确立"双轮驱动产业发展"战略，并确定了"8+2"主导产业。三江新区抢抓机遇，承接了其中的智能终端、新能源汽车、轨道交通、通用航空、新材料五大产业，再加上现代服务业形成了"5+1"战略性新兴产业布局，经过"十三五"期间的大力发展，为打造创新型现代产业集聚区打下了坚实的基础。

（1）招商引资工作成效显著，"5+1"战略性新兴产业布局基本形成。"十三五"期间，三江新区全力实践"产业发展双轮驱动"战略，持续招大引强、招强引优，千方百计招引一批有实力的大企业、大集团，着力夯实产业发展底部基础，真正让产业扛大旗挑大梁，以实实在在的行动做大经济总量，推动经济高质量发展。目前，全区形成了"5+1"（智能制造、新能源汽车、轨道交通、通用航空、新材料五大主导产业加现代服务业）战略性新兴产业布局。三江新区累计引进招商引资项目240多个，累计协议总投资1 523亿元，市外到位资金532亿元，已有宁德时代新能源科技股份有限公司、深圳市得润电子股份有限公司、上海易景信息科技有限公司、横店集团东磁股份有限公司等为代表的上市企业、龙头企业或独角兽企业21家落户本地。其中，智能终端、新能源汽车、轨道交通三大产业深度融合、优势互补，已初步形成较为完整的产业生态链。智能终端产业已落地项目140个，协议总投资400亿元以上，全面达产可实现年产值1 400亿元以上。全国手机前30强企业中已有8户落地三江新区，其中86户企业已建成投产，2019年实现销售收入159.94亿元。新能源汽车产业已建成90 000 m²的总装厂房，现已实现总装首车下线，建成冲压、焊装、涂装、总装四大工艺生产线，全面达产后可实现年产值500亿元。成功引进全球新能源行业领军企业——宁德时代新能源科技股份有限公司总投资100亿元的产能60 GW·h动力电池宜宾制造基地项目，已于2020年底建成投产。轨道交通产业智能交通T1线也是全球首条商业化智能轨道快运系统示范线建成投运、15列智轨电车总装交付使用。在新材料产方面，横店集团东磁股份有限公司收购宜宾金川电子有限责任公司并新增投资项目正式签约，天亿新材料产业园投入运营，总投资14.7亿元的天原锂宝锂电三元正极材料项目投入生产。

（2）高新技术企业数量增加，产学研融合创新能力不断增强。三江新区拥有高新技术企业11家，2019年第二批申报10家待批，2019年1—10月高新技术企业（含待批）产值达55亿元，同比增长47.5%。宜宾是全国首批、西南唯一的国家产教融合型试点城市，也是全省唯一的"学教研产城"一体化试验区，拥有国家级研发平台1个、省级研发平台5个、市级研发平台12个、省级以上创新载体及平台4个。此外，宜宾市与电子科技大学等18所高等院校签订了合作协议，已有电子科技大学研究生院宜宾分院、四川轻化工大学宜宾校区、西华大学宜宾校区、四川大学研究生院宜宾分院4所院校建成投入使用；引入中国人民大学长江经济带研究院、宜宾同济汽车研究院等12所科研机构入驻运行，建成全省首个厅市共建智能终端四川省重点实验室、四川省酿酒专用粮工程技术研究中心、四川省数字经济研究院、四川省人工智能研究院、国家技术转移西南中心川南分中心等省级创新型平台，全职及柔性引进诺贝尔奖得主、院士等30名；科学研究与试验发展经费投入（R&D）达24.4亿元，科技对经济增长贡献率达56%，全市科技创新工作排在全省第2位。

2.三江新区创新型现代产业集聚达到一定规模

自19世纪经济学家马歇尔开始关注产业集聚现象以来，社会上涌现出多种衡量产业地理集中度的方法。区位熵又称"专门化率",它由哈盖特(P.Haggett)最先提出并运用于区位分析中。区位熵是衡量某一区域要素的空间分布情况、反映某一产业部门的专业化程度或某一区域在高层次区域的地位和作用等方面的有效指标。在经济学的产业结构研究中,区位熵指标多用于分析区域优势产业的状况。对某一区域产业的区位熵进行计算,可以找出该区域在高层次区域或全国具有一定地位的优势产业。区位熵的值越大,地区产业集聚水平越高。其计算公式为

$$LQ_{ij} = \frac{q_{ij}/q_i}{Q_i/Q} \qquad (8-1)$$

式中:LQ_{ij}表示j区域i产业的区位熵;q_{ij}表示j区域i产业的相关指标(如产值、就业人数等);q_i表示j区域的所有产业的相关指标;Q_i表示高层次区域或全国i产业的相关指标;Q为高层次区域或全国所有产业的相关指标。如果$LQ_{ij}>1$,则表明j区域i产业在地区集聚或专业化程度方面在高层次区域或全国范围内具有优势;如果$LQ_{ij}<1$,则表明j区域i产业在地区集聚或专业化程度方面在高层次区域或全国范围内处于劣势。

根据国家统计局、四川省统计局、宜宾市统计局2018年统计年鉴中的相关数据,得出宜宾市有关行业企业单位数、营业收入、平均用工人数的区位熵,如表8-8所示。

表8-8 三江新区"5+1"战略性新兴产业集聚度分析

行业	区位熵								
	宜宾市			四川省			全国		
	企业单位数	营业收入	平均用工人数	企业单位数	营业收入	平均用工人数	企业单位数	营业收入	平均用工人数
计算机、通信和其他电子设备制造业	12.24	19.64	17.43	15.22	5.59	4.97	13.79	6.23	5.01
汽车制造业	3.42	13.75	7.56	0.94	1.00	1.25	0.89	0.87	1.08
铁路、船舶、航空航天和其他运输设备制造业	—	—	—	—	—	—	—	—	—

续 表

行 业	区位熵								
	宜宾市			四川省			全国		
	企业单位数	营业收入	平均用工人数	企业单位数	营业收入	平均用工人数	企业单位数	营业收入	平均用工人数
电气机械和器材制造业	3.16	1.18	4.04	1.24	0.27	1.08	0.84	0.15	0.57

注：轨道交通、通用航空均纳入"铁路、船舶、航空航天和其他运输设备制造业"进行统计；在统计资料中没有单列新材料产业，这里根据宜宾市现有相关企业主要产品类别以"电气机械和器材制造业"代替。

从表 8-8 中可以看出，在宜宾市域范围内，三江新区三大重点产业的区位熵均远大于 1。作为支撑宜宾高质量发展的动力之芯，三江新区立足自身定位和优势所在，逐步扩大产业规模，不断延长产业链条，初步具备了建立创新型产业集群的基础和实力。在与四川省和全国产业数据比对中，三江新区确定的五大新兴重点产业中，"计算机、通信和其他电子设备制造业"各项指标的区位熵均大于 1，而且分值较高。这说明宜宾市智能制造领域已经形成一定程度的集聚效应，但营业收入和平均用工人数区位熵相比企业单位数区位熵较小，说明在企业生产规模和劳动力吸纳方面还有提升的潜力，需要进一步加大对大型知名企业的招商引资力度，进一步扩大现有项目生产投资规模，丰富产业链条，吸引、容纳更多的劳动力就业，以形成良性互动的规模效应，创造更高的经济价值。"汽车制造业"区位熵各项数值均接近 1，说明三江新区该产业集聚专业化程度在省和全国范围内具备一定的优势，应成为宜宾市建立现代产业集聚区的重要支撑。"电气机械和器材制造业"各项区位熵数值与全省相比，企业单位数、平均用工人数均大于 1，而在营业收入这一项上数值较低，与全国相比，各项数据均低于 1，说明在相关行业中，宜宾在四川省内已具有一定的基础，但在全国范围还未形成较强的优势地位，产业集聚水平不高。"铁路、船舶、航空航天和其他运输设备制造业"区位熵数值未得出，究其原因，有两方面：一方面，统计数据本身有一定的局限性，没有对相关产业进行完全的细分；另一方面，宜宾市政府自 2016 年启动大学城和科技创新城建设以来，三江新区的科创实力得到了前所未有的提升，大量高校、研究中心和科研机构的入驻为三江新区的发展提供了重要的智力支撑和技术支持，一系列重大产业项目落地建设和加速推进。在轨道交通产业方面，三江新区引进了中车株洲电力机车研究所有限公司、四川省铁路产业投资集团有限责任公司、五粮液集团、株洲中车时代高新投资有限公司、四川交通职业技术学院，共同组建四川省中车铁投轨道交通有限公司，打造集核心技术研发、整车总装、零部件生产、运营维保、综合服务于一体的"智能轨道快运系统"产业基地。宜宾市2019年总体经济发展态势良好，主要经济指标增速均高于全国、全省平均水平。①

（三）创新型现代产业集聚区发展短板

1. 行业龙头企业招引困难，未充分形成集聚优势

三江新区全力实践"产业发展双轮驱动"战略，努力招大引强、招强引优，已有宁德时代新能源科技股份有限公司、深圳市得润电子股份有限公司、上海易景信息科技有限公司、横店集团东磁股份有限公司等为代表的上市企业、龙头企业或独角兽企业落户新区。但总体而言，因为发展基础的限制和产业迁移的难度，对五大新兴行业龙头企业招引仍旧存在较大的难度。例如，在智能终端产业方面，2020年三江新区一、二线品牌仅有天珑。整机产量还未形成相对规模，整机企业总体实力较弱，对一线品牌配套龙头企业缺乏较大的吸引力。2020年，落地的智能终端配套项目多以大件配套件组装为主，仍处于价值链的低端，全区产业链配套不到20%，缺乏芯片、射频、存储器、面板等高附加值的上游元器件生产和下游软件开发、方案研发等环节，无法形成较大的产业集聚优势。

2. 科技创新协作水平不高，校企合作意识不强

一是创新型产业集群企业之间协作意识不强。不少集群内企业之间存在技术壁垒，存在市场竞争关系，导致产业集群内部的整体协作水平不高。二是校企之间合作意识不强。宜宾市已与电子科技大学等18所高等院校签订合作协议，大量科研机构开始落户三江新区。但目前校企之间的合作项目仍停留在较浅层次上，真正涉及核心技术领域的项目不多。三是产业链之间的协作水平不高。现有产业集群从整个产业链以及延伸影响程度来看，不够完善，协作水平较低，而且产业链内上下游企业未形成紧密衔接，产品"供—产—销—服"链未能有效形成，从而导致企业成本战略、生产计划以及销售策略未能实现最优化。

---

① 数据来源于《中国统计年鉴2018》《四川统计年鉴2018》和《宜宾统计年鉴2018》。

3. 创新型人力资本支撑不够，高新技术人才不足

一是创新型人才实施战略不够清晰，缺少创新型人才成熟的发展平台，创新型产业集群企业之间开展技术合作与分享交流的机制尚未构建，与创新型人才激励相关的激励机制也未能很好地建立。二是创新型技术人才缺乏。目前，三江新区创新型产业集群建设尚处于起步阶段，需要大量高层次的科技人才、创业人才、高技能人才。就目前的情形看，现有企业员工的劳动力技能普遍较低，高新技术人才和高级技工人才在某些行业领域较为缺乏。

4. 融资土地等要素保障不足，生产性服务业滞后

创新型现代产业集群作为不同于以往的新型组织结构，其对金融的需求也与其他行业有所不同。而传统性金融机构对创新型产业资本、设备、技术、结算等因素了解不足，导致企业融资面临困难。加上经济处于转型发展期，银行等金融机构坏账率攀升，金融机构为了降低自身的经营风险严把贷款关，客观上加大了企业融资的难度。因城市规划及相关土地政策的滞后性，三江新区现有土地指标难以满足招商引资企业拿地自建需求，加上三江新区自持可租赁存量厂房紧张，拟租赁厂房企业只能选择智能终端拿地自建企业的空余厂房，选择面较窄，对产业发展扩大及企业创新协作造成一定障碍。

（四）创新型现代产业集聚区发展对策

1. 积极借鉴国内外创新型产业集群发展经验，打造宜宾特色样板区

2013年6月，中华人民共和国科学技术部（以下简称"科学技术部"）发布了第一批创新型产业集群试点单位（以下简称"创新型产业集群"）名单，北京市中关村移动互联网创新型产业集群等10个产业集群上榜。截至2019年底，国家共发布了三批创新型产业集群试点单位名单，确定创新型产业集群试点单位61个。此外，科学技术部于2013年11月、2017年12月共确定了47个创新型产业集群试点（培育）单位。2019年，四川省有创新型产业集群试点单位2家，分别是成都数字新媒体创新型产业集群、德阳通用航空创新型产业集群；创新型产业集群试点培育单位2家，分别是绵阳汽车发动机及关键零部件产业集群、遂宁经开区电子电路产业集群。三江新区要建成创新型现代产业集聚区，可以从国内外创新型现代产业集群建立和发展的经验中获得重要启示。

（1）经济发达、创新资源充足的地区，创新型产业集群更容易建立。一个产业组织形态要成为创新型产业集群，需要满足一些硬条件，如集群内产业链上的企业、研发机构、相关服务机构具备一定规模、较为完整且比较集中，一些企业已经建立技术联盟或产业合作组织；集群内拥有较多的高新技术企业，拥有一系列有影响、有自主知识产权的品牌，重要企业参与了国际行业标准的制定，或者参与了国家标准的制定；集群内的骨干企业、中小企业形成了生产配套关系或者协作关系。这些要求决定了在经济发达、创新资源充足的地区，创新型产业集群和创新型产业培育集群就多，反之，则少。宜宾市经济总量与发展速度近年来一直排在四川省的前列，但从三江新区建立创新型现代产业集聚区的目标来看，仍需在行业龙头企业、研发服务机构的数量和质量方面进一步提升，建设一批占据全省乃至全国技术高地，拥有自主知识产权的高新技术名牌企业，形成链条完整、协作创新的产业体系。

（2）创新型产业集群和培育集群，体现了不同地域主导产业和龙头企业特色。德阳高新技术产业开发区"通用航空创新型产业集群"2017年被科技部认定为国家创新型产业集群试点，也是目前全国唯一一家列入试点的通用航空产业类创新型产业集群。经过多年的积累和发展，德阳高新技术产业开发区在通用航空领域具有先天的优势和产业基础，集聚了一批通航制造、运营和维修企业，形成了较为完备的通用航空产业链条，具备了通用航空产业集群发展的良好基础和优势资源。德阳高新技术产业开发区依托主导产业和龙头企业，形成了"2+3"通用航空产业结构体系，即拥有四川凌峰航空液压机械有限公司和四川新川航空仪器有限责任公司为代表的通航制造体系，拥有四川西林凤腾通用航空有限公司、四川星耀通用航空有限公司和四川三星通用航空有限责任公司为代表的通航运营体系。同时，德阳市域内拥有航空零部件生产企业、航空材料生产企业以及航油研发生产企业等数十家，具备较为完整的航空器研发制造和配套产业体系。三江新区建立创新型产业集群，在大力引进外来企业，扩大产业范围的同时，应注重发挥本地原有优势产业和龙头企业的作用，通过资本合作、产业转换等方式做大做强新兴产业。

（3）创新型产业集群是各地区重要经济增长极，可发挥显著的带动效应。各省（区、市）的创新型产业集群和培育集群对本地的经济发展有着重要影响，是一个地区的经济增长极。比如，芜湖新能源汽车创新型产业集群拥有7家整车制造企业、400余家汽车零部件生产企业，其中包括世界500强企业、国内知名汽车及零部件企业30家，规模以上企业近300家，能生产全系列汽车整车、零部件等各类产品，具备130万辆的年产能力。特别是产品涉及20个大类产品、3 000多个品种，其中绝大多数为高新技术产品，其创造的工业增加值、营业收入、财政收入、出口创汇收入等对地区经济发展有着十分重要的影响，是该地区经济增长的重要支撑。重庆电子信息创新型产业集群拥有电子信息科技型企业近200家，能生产笔记本电脑配件、手机及核心零部件等众多电子信息产品，是我国万亿笔记本电脑生产基地，年收入超过260亿元，其创造的价值是重庆GDP的重要来源，也是重庆重要的经济增长极。

（4）创新人才集聚是创新型产业集聚区发展的核心要素。美国硅谷是世界上最大的IT产业集聚区，集中分布着8 000多家IT科技公司，年产值高达3 000亿美元。硅谷有世界一流的人才供应，有数千家研发机构和企业培训机构，吸引了世界上近1/4诺贝尔奖获得者、近千名科学院和工程院院士前来工作。印度班加罗尔地区是世界创新型产业集聚区的典型代表，是印度软件产业集聚区的核心所在地，班加罗尔是印度高等学校和科研机构的集中地，班加罗尔工程学院数量是美国工程学院数量的一半。北京的中关村高新技术产业集聚区是中国知识和技术最为密集的产业集聚区之一，这里有北京大学、清华大学等高等院校39所，以中国科学院为代表的各级各类科研机构213家。这些有利的人才条件为创新型产业集聚区发展提供了支持，突出体现了人才资源在创新型产业集聚区建设和发展中的核心作用。

2. 充分发挥政府引导作用，加大龙头企业招商和重点项目培育力度

三江新区要形成创新型现代产业集群，区域内主导产业应该有良好的市场前景，重要的细分领域要在国内具有明显的优势，集群内的生产、研发机构、创新服务机构、企业孵化器、产权和技术交易、投融资服务和知识产权服务机构要完备，形成完整的产业链，企业充满活力，能满足集群产业的战略发展需求。而且，集群的发展规划应具有科学性、前瞻性，充分发挥政府的支持和引导作用，真正建立集群产业链的协同创新机制。另外，还要加强对相关行业龙头企业的招商引资工作，加大对现有重点产业项目的培育支持力度。马歇尔的外部规模经济理论认为，某一个工业一旦设置于某一个地区后，就具有长期性和依赖性，就可能长期地设置于此；相关厂商或者同类厂商也就乐于选择某类劳动力集中的地域设厂，这种就业的优势与产业在地域上集中的优势结合就形成了产业集聚效应；产业集群一旦形成就可以将与产业生产相关的生产要素

（如物质、技术、劳动力、相关配套服务等）吸引过来，扩大生产规模；随着产业链的延伸，更多的相关产业或者不同产业会集聚于此，扩大产业的规模，增强产业集群的竞争力，也可带动企业迅速成长。2020年，随着宁德时代新能源科技股份有限公司、横店集团东磁股份有限公司、上海易景信息科技有限公司、深圳市得润电子股份有限公司等诸多国内外知名企业的落地，三江新区应顺势针对五大主导产业在的品牌企业、龙头企业、重大产业链配套企业开展招引工作，从而在区域内快速形成龙头效应，集聚更多优质配套企业，加快形成产业链生态圈。三江新区要进一步谋划智能终端、新能源汽车、轨道交通等产业的配套产业链招引，从纵向开拓高附加值板块，坚持产业链中游组装环节突破、上下游两端跟进，重点招引电池、电机、主板等细分领域的龙头企业和重点企业；要横向拓展泛智能终端生产及服务领域，主动招引和培育智能家居、车联网等具有未来性的优质企业，强化与新能源汽车、轨道交通产业的融合发展，横向拓展产业链。同时，三江新区要加大对已落地龙头企业和项目的培育力度，提高产业辐射带动效应。三江新区要筛选20～30家在产品质量、市场开拓、企业管理、技术研发等方面有一定优势的企业，培育一批10亿元、30亿元、50亿元、100亿元的龙头支柱企业；在资金保障、市场推广、产业转型等方面给予重点支持，培育类华为、类小米的宜宾自己的品牌企业和龙头企业，提升产业的核心竞争力和影响力。

3. 加大创新产业研发投入，提高集群企业科研水平和持续创新能力

三江新区要进一步增强产品生产配套能力，延长集群产业链，扩大主导产业规模，增强主导产业的集聚效应和扩散效应；要进行创新型产业集群的准确定位，实行专业化分工协作，引导集群内企业特别是中小企业体向专精细方向发展，不断培育出冠军企业、独角兽企业；要不断开发差异化的新产品，不断南向拓展全球市场，加强自主知识产权保护，培育主导产业的著名品牌；要加强产业集群与国内外著名企业和研究机构的技术合作，开展前沿技术、关键领域先进技术的共同研发，通过技术创新和研发，提高产品的技术含量，增加产品的附加值，增强产品出口竞争优势，拓展国际市场，扩大国际市场的占有份额；要进一步引导企业加大科研投入，加强科技创新力度，要积极申请发明专利和实用新型专利，促使区内企业进一步争创国家高新技术企业；积极引导符合条件的企业参与科技型中小企业备案，增强新区科技创新的活跃力度；要增强科技板块的服务力量，加快推进宜宾市科技创新中心建成投运，发挥省级成

果转移转化示范平台、产学研示范基地等平台的作用,共同助推三江新区企业的科技创新和转型发展。到2025年,争取建设国家级研发机构(孵化基地)3个以上、省级研发机构(孵化基地)15个以上、市级研发机构(孵化基地)25个以上,认证高新技术企业80家以上,实现高新技术产业产值600亿元以上,累计授权发明专利达到500件以上。

4. 实施人力资本驱动战略,强化创新引擎机制和高端人才激励机制

人力资源是产业发展的根本源泉,三江新区建设要激发人才创新活力,建立有利于科技成果转移转化的体制机制。三江新区建设要实施科技人才培育计划,以"双城"建设为突破,支持校企合作,引导学校开设符合产业发展规划的学科,引导企业建立大学生实践基地,通过高校、科研院所和企业共同培育科技人才,为产业发展提供可持续的人才和智力支撑。正是因为企业自身的创新动能不足、研发平台缺乏,三江新区才更具备发展科技成果交易的条件。宜宾市政府应以三江新区建设为契机,争取从省级层面出台科技服务业方面的政策,支持宜宾发展科技服务业,活跃科技成果转移转化市场。宜宾市政府应探索高等院校成果转化机制,以宜宾建设国家产教融合建设示范区为抓手,大力推进"双城"建设和新兴产业发展,建立健全技术转移体系,进一步释放高等院校和科研院所的科技创新力量,通过市场化机制促进科研成果在本地转移。同时,宜宾市政府应通过创业基金、住房补贴、户籍制度改革等吸引行业高端人才来宜创业就业;打通科研人员、管理人员等到企业兼职的人才流通机制,完善企业的人才供应链;引导各类人才多层次、多渠道合理流动,创造服务人才公平竞争的环境。

5. 拓宽企业融资渠道方式,提升资金使用效率和金融服务支持能力

三江新区创新型产业集群建设要充分利用国际、国内两种资源,通过直接融资和间接融资为企业量身定做融资方式,为企业提高自主创新能力创造条件,增强产业集群的发展后劲;要创新科技资金投入方式,充分发挥财政资金的杠杆作用,调动企业创新投入的积极性,引导社会资本向重点产业企业集聚,建立多元化、多渠道的投入体系;要争取国家各部门的政策性资金支持,引进国际、国内金融机构参与三江新区创新型产业集群的建设,充实资金来源。可推出针对创新型产业集群中企业的贷款政策,使优惠政策能够尽可能地惠及创新型产业集群中的每一个企业;加大对金融创新及创新型产业集群的扶持力度,开展激励政策,鼓励新型金融服务机构的设立,建立多层次的资本市

场体系;设立三江新区中小企业技术创新基金,发挥创新资金在培育科技型中小企业方面的突出作用。

6.大力发展生产性服务业,构建创新型现代产业集群综合服务体系

现代服务业是三江新区"5+1"战略性新兴产业布局的重要组成部分。生产性服务业是指为确保工业生产有序进行、提高生产效率、推动产业升级和技术进步提供保障服务的服务行业,它是与制造业高度相关的服务业,存在于企业生产的各个环节。在创新型现代产业集聚区的建设过程中,政府必须大力发展生产性服务业,构建支撑创新型产业集群发展的现代服务支撑体系;充分支持创新型产业集群与高等院校、研究机构广泛合作,建设国际国内一流的研发服务体系,确保产业集群的先进技术的充分供给;充分利用高等院校及科研机构资源,加强企业职工的科学文化知识培训,建立终身学习制度,建成稳定的和具有国际先进水平的劳务培训基地和职业培训基地,发展订单式培训,建设高素质的职工队伍,达到人才的充分集聚,支撑产业集群高水平、可持续发展;支持建立集群内的会计师事务所、创业服务中心、教育培训机构、环境服务中心、法律服务中心,构建完整的立体式产业集群服务体系,实现对产业集群发展的全方位服务;加快建设高水平的信息服务平台,建设创新型产业集群统计制度体系和大数据库,实现数据资源的快速流动和充分共享;加强硬件设施建设,建设高水平、高效率的电子商务和电子政务系统,创新物流运作模式和管理模式,建设现代化物流体系。

六、国家产教融合建设示范区研究

(一)建设国家产教融合建设示范区是创新型共生基础

1.实现产学研融合到产教融合的路径转换

(1)产学研融合的内涵。2012年9月23日,《中共中央 国务院关于深化科技体制改革加快国家创新体系建设的意见》印发,要求强化产学研用紧密结合,促进科技资源开放共享,充分发挥高等学校的基础和生力军作用,促进科研与教学互动、科研与人才培养紧密结合;大力推动与产业需求相结合的人才培养,建立与产业、区域经济紧密结合的成果转化机制,提高高等学校服务经济社会发展的能力。产学研融合的提出是基于加快科研成果向现实生产力转化的需要,是指企业、高校、科研机构等主体本着资源共享、优势互补、互利共

赢的原则，协同推进各创新要素的有效组合，并致力于提升各自知识获取能力、知识吸收能力和知识交互能力，推动科技研发和知识成果转化的循环过程。产、学、研分别指的是生产应用、教育教学以及科学研究三大功能，其融合以技术创新为核心，要求企业、高校和科研院所成为效益共同体，发挥各自优势，按照风险共担、利益互补的原则，共同开展技术创新活动。产学研深度融合是产学研合作的高级阶段，其运行模式是形成创新生态圈，并通过生态圈各主体之间的协同效应促进自我净化，同时从外部吸收新的资源，扩大规模，通过内外资源的相互协调，提高"新陈代谢"，突显竞争优势，从而实现自我循环升级。

（2）产教融合的内涵。产学研深度融合的创新路线是沿着产业链正向线性扩展，随着创新生态圈的自驱升级，协同创新的理念促进了产学研的深度融合。"协同创新"倡导突破体制壁垒，协同多方资源，实现创新资源和要素的有效汇聚。当技术创新不再是有效创新的唯一支点时，人才培养模式也必然从单一技术培养向综合培养转变。2015年，《国务院办公厅关于深化高等学校创新创业教育改革的实施意见》发布，该文件发展了"产教融合"的概念。"产教融合"以创新创业教育为内容，以人才培养为落脚点，通过"双创"人才供给解决产业需求重大结构性矛盾。党的十九大报告中，习近平明确指出要"完善职业教育和培训体系，深化产教融合、校企合作"。2017年，国务院办公厅发布了《国务院办公厅关于深化产教融合的若干意见》（国办发〔2017〕95号），以促进校企合作的制度化和规范化。在上述政策指导下，国内各类高校和企业、各级政府等不同参与主体坚持不懈地寻求合作与创新的可能性，许多政府推动的校企合作机制逐步形成。

（3）从产学研融合到产教融合，从产学研融合到产教融合的演进源于创新型国家建设的现实需求。党的十九大报告提出要建设实体经济、科技创新、现代金融、人力资源协同发展的产业体系，要推动互联网、大数据、人工智能和实体经济深度融合，要建立产学研深度融合的技术创新体系。建设教育强国，要教育先行，要深化产教融合、校企合作，要实现高等教育内涵式发展。随着国家经济结构的调整、企业的成熟与市场主体地位的强化、信息技术的快速发展、人才价值观念的变化，产教融合协同育人不仅体现为高校人才培养的改革趋势，更成为我国经济技术发展演进的实际需求。新时代的产教融合就是要让学校教育在当前的产业转型升级中更好地发挥支撑、引领作用，通过创新型、应用型人才培养为新旧动能转换提供人力支撑。面对前所未有的变革，相关政府部门要以改造传统产业为契机，进一步深化产教融合，优化人才培养模式，强化新技术应用对教育的推动作用，将新技术应用人才的优势突显出来，为国家培养高端技能型人才提供人力资源保障。企业和高校是产教融合的两个主体，具有不同的社会定位和价值使命，在培养目标、人才需求、人才价值观、人才技能等方面存在区别。产教融合的重点在于融合企业与高校的各自优势，提升人才培养质量。不同需求和环境将产生不同的产教融合模式。高等教育办学主体是高校，产教融合应立足高校人才培养目标，补充产业实践短板。

2."产才教城"互动实现区域创新一体化

（1）"产才教城"互动发展机理。根据克鲁格曼（Paul R. krugman）的CP模型理论，区域创新体系的构建可理解为经济地理学意义上的"产才教城"互动发展及四者互动的内在机理，即产业、人才、教育和城市四个要素的内在联系及工作方式。互动的产业、人才、教育和城市均存在产业关联，也就是说产业导向是四个要素形成集群关系的基础，并且这类产业在集群环境下具有技术进步和创新特质，进而有利于产业效益的放大。从要素合作看，四个要素建立的合作关系主要通过人才的流动性来决定，表现为城市发展的核心引擎是产业，产业发展的动力源自人才，人才身上凝聚的知识和技术则有赖高等教育，而高等教育大多集聚在城市。"区位黏性"的存在又会推动产、才、教、城互动发展形成集聚趋势，这一循环因果链使得四个要素完成了互动发展。其中，产业人才是产城教互动发展的链条核心，产才融合是互动的关键。

（2）二江新区产教融合发展目标。为补齐长期以来科教发展短板，为经济社会转型发展、高质量发展提供强有力的科技人才支撑，宜宾提出"科教兴市、人才强市"战略，以发展高等教育为突破口。2016年，宜宾在宜宾临港经济技术开发区启动了大学城和科技创新城建设，提出"城市围绕大学建、产业依托教育兴"的"学教研产城"融合发展思路。2019年，中共四川省委教育工作委员会、中共四川省教育厅党组颁布了《中共四川省委教育工作委员会中共四川省教育厅党组关于支持宜宾市建设学教研产城一体化试验区的实施方案》。从构成看，"学教研产城"融合发展的目标对应"产才教城"四要素。以产业集群为导向的高等教育集群建设将形成一种新的格局——以高新技术产业为主的"中心"和以传统产业为主的"外围"，这将在"产才教城"互动中形成两股力量：一是来自产业关联和知识技术溢出的聚集力；二是市场竞争、运输成本和不流动生产要素的离散力。在高等教育集群建设中，笔者认为要有效调整以上两种力量，即必须引入政府的公共性干预。"产才教城"互动发展实质上是实现"产业链—人才链—教育链—城市链"的区域创新一体化。

3.将区域创新系统融入"成渝"双城创新体系

（1）构建区域创新系统。三江新区基于宜宾大学城、科技创新城，可建设成为涵盖市级生产要素支撑的区域创新系统。区域创新体系理论的溯源主要是创新经济学、国家创新系统理论和区域经济理论。1912年，熊彼特（Joseph Alois Schumpeter）首次提出创新概念，并将创新内涵界定为新产品、新技术、新市场、新来源、新组织五大方面。熊彼特创新理论的长期发展产生了创新的运行模式理论，主要包括集成创新、协同创新、开放创新和网络创新模式理论。从20世纪40年代开始，国家创新体系理论逐渐成熟，其内容包含国家技术创新体系论、国家制度创新体系论和国家知识创新体系论。1992年，库克（Philip Nicholas Cooks）教授首次提出了区域创新体系的概念，用区域经济理论诠释了区域创新体系如何推动经济增长、如何在空间上聚集、如何在时间上动态演化。构成区域创新体系的主体包括企业、大学和科研机构、中介服务机构和政府等；区域创新投入主要有人才、资金、技术等的投入；创新内容包括技术创新、管理创新、体制创新等；创新产出为产品创新、产业创新与环境创新。区域创新体系是国家创新体系的延伸，其建设从国家、省级延伸到市级，市级区域创新的个性和特征将更加显著，市级区域创新的经验和规律也更容易被复制和推广。

（2）融入"成渝"双城经济圈。2020年，中央财经委员会第六次会议召开，首次提出推动成渝地区双城经济圈建设，这是继京津冀一体化、长三角一体化发展示范区和粤港澳大湾区后的又一国家战略，是以习近平同志为核心的党中央做出的重大战略部署，是我国区域经济增长第四极。习近平强调："推动成渝地区双城经济圈建设，有利于在西部形成高质量发展的重要增长极，打造内陆开放战略高地，对于推动高质量发展具有重要意义。"[1]创新是一体化的质量要求，是区域经济增长的发力点。根据国家战略安排和顶层设计，建设成渝地区双城经济圈是为了实现区域创新一体化。三江新区在创新系统的构建中应抓住机遇，构建由相互联系的企业及其相关机构（大学、智囊团、职业培训

---

[1] 新华社.习近平主持召开中央财经委员会第六次会议[EB/OL].(2020-01-03)[2020-01-03]. https://www.gov.cn/xinwen/2020-01/03/content_5466363.htm?eqid=b3a8c179000a40e400000006645b6654.

机构、行业协会等）在区域内的聚集体，形成"产业集群"，使这种集聚成为促进经济发展的一种思维方式和引起变革的一种手段，形成创新特色，积极融入成渝双城创新体系，参与到西部区域创新协同治理的国家战略体系中。

（二）建设国家产教融合建设示范区的优势

1. "双城"规划起点高，功能布局合理

宜宾于2016年启动了大学城和科技创新城建设，按照"学教研产城"融合发展思路，高起点规划了36 km²、首期12 km²的大学城科创城。1期已基本完成开发，2期6 km²正在开发建设。"双城"已建成项目总占地达252.2 hm²，总建筑面积约124万 m²，总投资约125亿元（含20亿元土地费用）。2019年，宜宾全年新征收双城集体土地291.3 hm²，提供双城用地238.5 hm²，征地拆迁资金投入6.8亿元，全面保障了四川大学宜宾园区、四川轻化工大学宜宾校区（二期）、西华大学宜宾校区（一期）、电子科技大学研究生院宜宾分院4所大学正常运行，宜宾学院临港校区全面建成，全力保障服务成都理工大学产业技术学院、四川外国语大学成都学院（现为成都外国语学院）宜宾校区、成都工业学院宜宾校区3所高校快速建设。

2. 创新型产业集聚，创新需求旺盛

宜宾重点发展智能终端、新能源汽车、轨道交通、新材料四大类新兴产业，四川朵唯智能云谷有限公司、四川苏格通讯技术有限公司、宜宾市极米光电有限公司、宜宾凯翼汽车有限公司、四川时代新能源科技有限公司等国内企业陆续入驻宜宾临港经济技术开发区智能终端产业园，引进了电子科技大学宜宾研究院、哈尔滨工业大学机器人研究所、中国人民大学长江经济带研究院等承载着产业转型升级、发展动能转换的重点产教融合项目落户大学城、科技创新城，为宜宾产业发展提供了坚实的人才科技支撑。2017—2019年，宜宾引进"三类500强"企业、行业领军企业等98户，到位国内省外资金1900亿元。2020年3月，中华人民共和国工业和信息化部公布的第九批国家新型工业化产业示范基地名单中，四川宜宾临港经济技术开发区凭借电子信息（智能终端）产业优势成功获批国家新型工业化产业示范基地。智能终端产业园已签约148个项目，协议总投资500亿元以上，2020年实现营业收入达300亿元。

3. 高校和院所不断引进落地，人才培养优势明显

宜宾已与中国人民大学等18所高校签订战略合作协议，与17所高校签署项目落地协议。9所产研院陆续落地宜宾临港经济技术开发区，在宜宾办学的高校由2016年的2所增加到2020年的11所，其中已建成招生高校包括四川大学宜宾园区、电子科技大学研究生院宜宾分院、四川轻化工大学宜宾校区、西华大学宜宾校区、宜宾学院、宜宾职业技术学院6所，在建高校为西南交通大学宜宾园区、成都理工大学宜宾校区、成都工业学院宜宾校区、四川外国语大学成都学院（现为成都外国语学院）宜宾校区5所，在校大学生增至5.7万人，2020年秋期达到7万人，留学生人数由零突破到700余人，居全省第2位。

4. 加大建设力度，创新创业平台特色显现

宜宾引入中国人民大学长江经济带研究院、宜宾同济汽车研究院等12所科研机构入驻运行，建成全省首个厅市共建智能终端四川省重点实验室、四川省酿酒专用粮工程技术研究中心、四川省数字经济研究院、四川省人工智能研究院、国家技术转移西南中心川南分中心等省级创新型平台，全职及柔性引进诺贝尔奖得主、院士等30名，高新技术企业达到88户，同比增长75%。科技研发经费投入（R&D）达24.4亿元，科技对经济增长贡献率达56%，全市科技创新工作排在全省第2位。

2019年"双城"各类创新平台如表8-9所示。

表8-9 2019年"双城"各类创新平台

平台类型	数量/个
省部级、厅级重点实验室	33
省部级工程实验室	1
省厅级工程研究中心	7
省市级产业技术研究院	9
院士工作站	2
其他科研机构 （产业技术创新联盟、博士后工作站、质检中心、研究中心、设计中心等）	40

5. 科研成果汇聚，支撑地方经济优势突显

2016—2019年，大学城、科技创新城建设启动以来，共有82个项目获得国家自然科学基金资助，资助金额合计2 134.5万元，6个项目获科学技术部资助，资助金额合计404.7万元，12个项目获国家社会科学基金资助，资助金额合计197.4万元。大学城、科技创新城内的科技成果主要集中在新能源、

新材料、轨道交通、人工智能、生物技术、食品等领域，科技成果就地转化148项，科学研究服务并支撑地方产业发展的态势开始显现。

6.对标"三向融合"，初步搭建"双城"互动的创新体系

"双城"（大学城、科技创新城）互动的创新体系包括技术创新、产业发展、创新平台、中介服务和人才等子体系。三江新区大学城、科技创新城通过建立省、校、市、企"四位一体"协作联动机制，推动人才链、产业链和创新链"三向融合"，高标准推进产教融合发展。大学城和科技创新城已有200余项产学研深度融合项目落地。在快速增强的科教实力支撑下，宜宾临港经济技术开发区获批"2018年中国产学研合作创新示范基地""四川省科技成果转移转化示范区"。2019年，宜宾开通全球首条智轨快运系统运营线、凯翼新车正式下线、宁德时代百亿项目开工，一系列产业和民生重大项目加快推进；成功申报并获批全国首批国家产教融合型试点城市，成为全省唯一的"学教研产城"一体化试验区。

（三）建设国家产教融合建设示范区的制约因素

1.高校学科专业与产业集聚匹配度有待提高

高校受知识本位的影响，在学科专业设置中，主要应对教育部的学科专业门类指导，难以主动对当地经济发展的主导产业、新兴产业进行研究与预测分析。加上考虑到学生就业的宽口径与主导产业转换的风险，缺乏将学科专业设置全面对接地方产业的决心，因此易导致人才培养目标与行业企业需求匹配度不高，人才培养规格与行业企业工作岗位要求对接不紧密，教学过程与工作过程衔接不够好。

2.产教融合形式单一，协同机制不健全

由于高校与企业的发展目标、体制机制等方面存在差异，高校产教融合的形式仅限于共建学生实习基地、订单式人才培养等单一形式，企业在制订人才培养方案、专业发展规划、课程开发计划中的作用不大。同时，作为创新生态系统中的主体，校企双方缺乏约束与激励机制，特别是当企业不能够在合作中获得好处时，企业就会缺乏继续合作的动力，而且校企合作在实践中常常处于点对点的浅层次的合作，合作内容、合作程度都难深化与持续。

3.人才集聚度不高，"双师双能型"教师缺乏

宜宾地处川南，目前的区域交通条件制约了高层次人才的聚集，大学城建

成招生和在建的 11 所高校中，除了 2 所本土高校外，其余 9 所为四川省内高校异地开设的分院，此类高校在运营中面临师资调配、校区管理、办学成本与效益核算等现实问题，此类高校的教师在分校区持续工作的稳定性不强，本土高校面临高层次人才引进难的问题，因此"双城"高层次人才集聚度还需提高。此外，"双师双能型"教师是产教融合的重要保障，在产教融合的各个环节发挥着重要作用。本科高校普遍缺乏"双师双能型"教师，且大多数教师缺乏行业企业的实践经验。学术型教师不能够及时了解与掌握行业企业发展需要的最新知识和技术技能，不能够灵活地将理论知识运用到实践教学过程中，导致培养的人才与行业企业发展的需求不匹配。

4. 教育和产业统筹融合发展格局未形成

大学城作为教育产业的聚集区，目标是实现大学与大学之间的空间集群。集群中的个体凭借自身的核心优势，科学、合理地利用周边资源，形成互补，产生规模效应。目前，三江新区大学城在教育、科研、人才资源方面未能深度整合，各高校各自为政，资源缺乏深度整合，尚未形成有效的"软环境"。大学之间在人力、物资、学术以及信息等资源方面尚未建立有效的合作、交流平台，聚集优势尚未充分体现。此外，三江新区目前尚未明确产教融合专项规划，统筹优化教育和产业结构，同步规划产教融合发展政策措施、实现路径和支撑项目。政府的引导和监控还不完善，在统筹谋划、综合施策、搭建平台等方面没有充分发挥引导作用，尚未营造促进行业企业与高校深度融合的外部大环境。

5. 产教融合的激励机制不完善

产教融合发展的激励机制尚不完善，协调机制不足。当前，三江新区还没有对产教融合的具体工作进行明确的统筹和协调，无法从宏观上建立良性的运行机制。部分高校出于应付上级部门的检查和各种评估的目的，产教融合仅仅止于合同的签订，并没有真正开展产教融合。

6. 双城配套生活设施有待完备

"双城"建设已形成规模，但是"双城"的生活配套设施有待完善。大学城师生、产业园员工出行的便利性有待提升，他们的业余文化生活较为单调，与整个宜宾城市的融入度还不强，"产、才、教、城"四者的互动融合还不够，不能吸引人、留住人，聚集人气，不利于形成具有产教融合特色的创新文化与城市文化。

（四）建设国家产教融合建设示范区的对策

1. 夯实共生基础，打造成渝地区科技创新基地

宜宾要以创新驱动为引领，坚持"统筹产学研，联通企校社"，促进教育链、人才链、产业链、创新链有机融合；要用好国家产教融合型试点城市的"金字招牌"，实现高教、职教与产业的一体联动和深度融合，建好"双城、三园、四基地"；要积极参与中国西部科学城建设，建成成渝地区双城经济圈科技创新走廊枢纽节点，支撑宜宾建设国家产教融合示范市。

2. 优化高等教育结构，对接引领产业体系

（1）对接产业，深化教育供给侧结构性改革。高校要充分认识到产教融合是培养高层次应用型创新人才的重要形式和有效途径，是解决人才教育供给与产业需求结构性矛盾的重要手段，应加大推进产教融合的力度。高等教育与产业经济的"连接点"是人才，高校是人才的供给方，企业是人才的需求方，供需双方的最佳状态是产才融合。要想实现这一目标，宜宾要从高等教育结构入手，适度对接区域产业体系所需的产业人才，实践中要突出培养机制改革，进行教育供给侧和产业需求侧结构要素的有效融合。产学融合是产学研融合的重要组成部分，强调人才链和创新链的对接与耦合。纵观发达国家的产教融合，其共同点是专业教育与产业需求无缝连接。因此推进产教融合，应深化教育供给侧结构性改革。首先，高校要健全学术人才和应用人才分类培养体系，本科高校应重视提高应用型人才培养比重。其次，高校要建立产教协同育人的培养模式，设置紧密对接行业技术链、创新链的应用型学科专业体系，建立符合行业产业发展、技术进步和社会转型要求的课程体系，与优势企业共建共享生产性实训基地，并要求毕业设计和毕业论文选题符合行业企业的真实需求，具有实践性和操作性。最后，高校要打造一支满足应用型人才培养要求的高素质"双师双能型"教师队伍，鼓励教师进行服务区域发展的应用研究和技术创新。此外，高校要改革教育的评价体系，引导教师将兴奋点从论文发表转移到学研结合、解决现实问题上，扎根中国大地办大学。

（2）促进高等教育集群化，引领产业体系发展。高等教育不仅要适应经济发展，还应该引领经济发展。三江新区应遵循集群式思维，改变高校各自为政的状态，通过协同创新，实现高等教育集群化发展，从而通过集聚创新型人才促进高等教育结构迭代升级，进而为引领产业体系发展提供路径支持。从三江新区的产业发展情况看，第三产业占比不断上升，第二产业势头依然强劲，现代服务业和高质量工业制造是未来区域产业体系的主体。因此，三江新区高等教育结构调整应从全要素方向出发，突出技术创新、技能素质型人才培养，重视区域产业规划的制定和学生能力增值结构的优化，重审区域经济转型背景下的专业教育和市场化匹配。以人工智能产业为例，目前我国人工智能产业多处于以大数据行业为特征的第二阶段，三江新区应围绕电子科技大学人工智能研究院，建立高等教育集群，引进具有校企"双重身份"的教研专家，组建以创新探索为主的研发团队。相关部门既要鼓励团队创建衍生公司，实现科研成果转换，又要帮助科研团队把研究内容转化为教学内容，建立校企联合育人机制，以引领性研究重建高等教育招生、培养和就业结构。

3.构建创新生态圈，激发产教融合的内生动力

（1）构建区域创新生态圈，有序促进自驱循环升级。产学研深度融合是产学研合作的高级阶段，其运行模式是形成创新生态圈，创新生态圈是加快推进知识创新及知识成果转化的发动机，是产学研深度融合战略进程中形成的新格局。创新生态圈形成后主要有三大场域：知识场域、商业场域和环境场域。生态圈的构建首先要对相关利益主体功能进行深度分析。从创新驱动系统看，内部各子系统既存在单独作用，也存在相互作用，如何有效发挥内部各子系统的相互作用和联系以形成系统的整体作用是理解创新生态圈中各协同主体的角色与作用的关键。其次，要建立信任机制，降低交易成本。设计合理的信任机制，提升利益相关主体的协同意愿，有效配置相关资源，降低不确定性，以开放式的共享经济吸引多个主体参与创新生态圈的运作。再次，要实施全方位战略合作，实现互补共赢。建立合理的分配与激励机制，思考人员的赋能与流动。最后，要重构与优化产学研深度融合的平台，促使政府、高校、企业、科研机构等政产学研主体在外部大环境和内部自组织中动态互动、深度融合，进而通过主体协同、组织协同、知识协同等过程达到创新成果转化。

（2）发挥社会组织中介作用，激发产教融合的内生动力。推动产教融合的重点，在于调动产业和企业积极性。产教结合是互惠互利的，但是双方不同的目标和利益可能阻碍有效合作。校企结合的结构性障碍是文化差异，高校的动力在于将企业生产过程、生产要素和创新要素转化为学校的教育要素、教育场景和教育资源，提升学校对知识传播的贡献度。企业的着眼点是通过双方合作获得知识诀窍、技术秘密和尽快创造财富，而高校期待通过双方长期合作提高

知识生成质量和学术声誉。产教结合的技术性障碍是沟通不畅，企业对高校提供的服务缺乏兴趣，高校则往往忽视企业的真实需求。因此，在加强行业组织建设的同时，必须突出中介组织建设、搭建产教双方的价值交换平台，这是推进产教深度融合的基本要求，也是目前较薄弱的环节。中介组织的建设思路是政府引导、多方参与、团队控股、市场化运行，要特别重视中介组织商业模式和盈利模式的设计。

4. 加快实施管理体制创新，理顺体制机制

（1）完善管理架构与机制，推动"双城"有序高效发展。随着"双城"（大学城、科技创新城）建设规模的扩大、入驻高校的增加、招生人数的扩张，为推动大学城、科技创新城有序高效发展，三江新区应进一步完善大学城、科技创新城的管理架构与机制。一是明确权利与义务，实现统一指挥、整体推进、有序协调，健全组织架构与制度体系，推动打造具有国际水准的大学城、科技创新城；二是建立以政府牵头，各高校、研究院所和管理部门负责人参与的联席会议机制，定期召开联席会议，协调解决"双城"整合发展过程中的重大问题；三是建立大学城、科技创新城各类主体协调运行机制，如建立大学城和科技创新城各类科研资源、创新资源开放共享制度，入城企业免费或按定额享有图书资源查阅、试验检测分析、教育培训和办公会议等服务，促进高等教育的集群化发展，带动产业集群，发挥比较优势，积极融入成渝地区双城经济圈的国家发展战略体系中。

（2）实施绩效评价，发挥导向作用。依据大学城、科技创新城的功能定位和发展规划，主管部门可对高校、科研院所、科技型企业等进行以激励为主的绩效考核，并不断优化绩效考核机制。其建设与发展成效主要体现在科技创新、孵化、转化和产业化等方面，主要包括以下几方面：一是催生更多的科技成果，培育一批基础性、前瞻性、关键性的重大科研成果，开发一些基础性技术。拟选指标主要包括国家专利的具体数、增长率、相对排名，重点实验室、创新中心等的增加和国际定位的提升，高校优势学科排名等。二是培育、孵化一批高新技术项目和科技产品。拟选指标主要包括国家新产品、重大计划项目和产品、科技进步奖、技术转移项目数量和贸易额等。三是培育一批高成长性、产业关联支撑效益大的科技企业。拟选指标主要包括每年的科技企业数量、新三板企业数、孵化企业数、毕业企业数、传统企业的改造和相关企业的产品升级数。四是创新创业人才的集聚和创新活力的迸发。拟选指标主要包括

各类高端人才增加的绝对数、人才拥有的成果数、参与创业数及各类人才的比例等。五是要素聚集和资源整合的能力，包括吸纳的人才数、科研机构、重大合作项目、科技联合攻关项目、国家重大项目以及社会资本的吸纳额。具体指标的设置应通过问卷调查和面谈等方式广泛征集群众意见，并利用统计分析工具系统研究得出初步指标体系，再进行科学评价加以选择制定。

5.持续优化双创环境，创新服务供给

党的十九大报告明确提出，要"培养造就一大批具有国际水平的战略科技人才、科技领军人才、青年科技人才和高水平创新团队"。为更好地培育、吸引和留住国际国内顶尖的双创企业和人才，三江新区打造了无空间限制的虚拟大学城、科技创新城，共享科研与创新资源，提升其吸纳与辐射功能。大学城、科技创新城应不断完善和创新服务，一是要建立双创服务体系与支持平台，为双创企业提供从创新至产业化全链条各环节的综合服务，提供"一站式＋一窗式＋一网式"服务；二是要全面落实人才新政，建立健全人才管理机制，加大对创新创业人才的奖励力度，吸引优秀人才，为大学城、科技创新城建设提供人才支撑；三是要完善大学城、科技创新城的各种设施建设，实现人才、资源和信息的快速、高效流通，如推进网络信息平台、资源共享平台的建设及交通优化等。

七、四川南向开放合作先行区研究

（一）建成四川南向开放合作先行区是拓展型多赢路径

1.建成四川南向开放合作先行区是内外联动使然

（1）契合国家战略，符合省情市情。党的十九大部署，加快畅通南向大通道，打通衔接陆上丝绸之路与海上丝绸之路的南北大动脉，促进西南、西北等内陆地区与广西、云南等沿海沿边省份协同开放，推动四川更加主动融入陆海内外联动、东西双向互济的国家开放战略格局。2018年，为贯彻习近平总书记来川视察重要指示精神，中共四川省委办公厅、四川省政府办公厅印发了《关于畅通南向通道深化南向开放合作的实施意见》，进一步强调了建设陆海新通道、打造立体全面开放格局、建设内陆沿江开放高地的战略意义。2020年，四川省发展和改革委员会正式印发《宜宾三江新区总体方案》，将三江（三江）新区定位为"四川南向开放合作先行区"。

中国共产党四川省第十一届委员会第七次全体会议公报部署，要强化川渝互动、协同发展，提升门户枢纽地位，打造合作先行区与协同区，要以"一干多支"发展战略为支撑，推动川渝地区主要城市全面融入成渝地区双城经济圈建设。中国共产党宜宾市第五届委员会第九次全体会议结合市情，进一步强调凝聚全市的智慧和力量，紧紧围绕"打造成渝地区经济副中心"的目标，打造高质量开放合作样板区和跨区域合作样板区。会议指出，要积极探索开放型经济发展新举措，通过完善铁公水空交通网络、优化出口产业布局、强化区域协同合作、构建高能级对外开放平台，建设成渝南向开放枢纽门户，推动南翼跨越发展，有效利用国内国际两种市场、两种资源，主动融入国家双向开放大格局。

（2）开拓区域市场，提升开放水平。作为内陆城市，宜宾当前开放合作的成效显著。以2019年为例，宜宾全年货物进出口总额141.12亿元，比上年增长45.7%；全年服务进出口总额7 706万美元。从国内市场看，宜宾背靠四川经济辐射腹地，其纵深包括滇、黔、渝、桂等省市，人口覆盖范围较广，为其南向开放提供了可观的"人口红利"。从国际看，在宜宾的南向开放方面，宜宾在前期可直接对接南亚、东南亚市场，在后期可对接"六大经济走廊"及"21世纪海上丝绸之路"，从而全面参与国际产业分工，深化与"一带一路"沿线国家的开放合作，拓展开放型经济发展新空间。

开放型经济本就是一个全方位、宽领域、多层次的经济阶段，是一种内外联动、互利共赢、多元平衡、安全高效的经济体系。宜宾要紧抓对外开放机遇，努力招商引资，有效利用外资，优化营商环境，以开放促开发；要加强自主创新，扩大对外投资与合作，加快"走出去"步伐，实现内陆腹地对外开放，促进国内国际双循环。党的十九大提出"推动形成全面开放新格局""推动建设开放型世界经济"的战略部署，可见，全面开放、建设高质量开放型经济是各省经济发展的重要任务。三江新区建成"四川南向开放合作先行区"是对省委"四向拓展、全域开放"指示的贯彻，也是其开拓区域市场、提升对外开放水平的题中之义。

2.创建区域协同发展样板是三江新区的内核诉求

"四川南向开放合作先行区"的内涵如下：就区位而言，宜宾地处川南，可出入云南、贵州南向出海与东南亚、南亚区域国家建立连接，扩大开放；就发展而言，三江新区处于长江经济带、成渝地区双城经济圈、"一带一路"的叠合点，是多重国家战略的汇聚区；就内容而言，开放既是经济层面（如口岸贸易、货运物流、外向型产业等领域）的开放，也可以就文化教育、技术交流、旅游往来、区域协同发展及其他社会事务与南向国家进行跨区域协同合作，实现全域开放；就地位而言，作为四川省首个新区，三江新区要做到"先行"，需要举全市之力打造样本、积极示范，发挥自身的聚集作用和辐射功能。

建成"四川南向开放合作先行区"主要有如下诉求：首先，短期诉求是完善基础设施平台，夯实开放基础。短期诉求包括建立完善的四位一体现代交通体系，建设物流、仓储、产业园区和飞地园区及各项基地，搭建各类平台。其次，中期诉求是提升开放经济水平，建立长效合作。中期诉求围绕经济建设，优化产业结构，强化招商引资，培育出口竞争力，培养外贸人才。最后，长期诉求是拓展多重开放领域，强化辐射功能。三江新区既是一个经济市场，也是涵盖多个维度、不同层面的多元共生市场。当外向型经济水平提升到一定程度之后，三江新区需要拓宽自身的开放视角，实现自身对周边市区、南向区域在经济、科技、社会文化、生态等方面的辐射功能。此外，战略诉求是营造稳定、多元、包容的开放合作环境，发挥示范作用。

3. 打造内陆沿江开放高地是三江新区的必然使命

（1）探索内陆城市开放新模式。就四川而言，虽然攀枝花市是四川的"南大门"，具有南向开放的先天优势，但其发展战略是基于自然资源（如钒钛、有色金属）、水电资源。三江新区则不同，其南向开放的定位一方面是基于态势良好的传统产业，另一方面得益于智能终端、新能源汽车、轨道交通、新材料等新兴产业的加持，属于南向开放发展的新路径、新模式。同时，与其他具有先天开放优势的沿海沿边城市不同，作为内陆新区的三江新区在南向通道的建设方面更加综合、全面、立体，这反过来又对三江新区的建设提出了更高的要求。

（2）构建开放合作战略新格局。南向开放是一个颇具中国特色的词汇，三江新区也是一个新事物。从方位看，三江新区遵循"突出南向"的战略规则，其开放合作最直接的对象是老挝、缅甸、越南、泰国、马来西亚等南亚、东南亚发展中国家，同时借助陆海通道，与中亚、中东等发展中国家开展合作；从层次看，三江新区为"点"，长江经济带、海上丝绸之路、孟中印缅经济走廊为"线"，川南经济区、成渝地区双城经济圈为"面"，进而辐射北部湾经济区、粤港澳大湾区、中国—东盟自由贸易区等，构建"点—线—面"和"四向拓展"的多层次开放格局；从领域看，开放合作强调多渠道，既要关注商品、劳务、资本、技术、信息、服务等市场，也要聚焦现代企业管理、企业社会责任、跨文化传播、城市形象塑造以及利益相关者的精神文化需求，营造和合共生的开放包容环境。

（二）建成四川南向开放合作先行区的现实基础

1. 三江新区南向开放的区位优势

三江新区核心位于宜宾临港经济技术开发区，背靠翠屏区、叙州区、南溪区主要城市区域。宜宾位于川南城市群，处于成渝地区双城经济圈发展主轴的南翼，区域市场广阔，发展潜力巨大，又有长江、岷江、金沙江三江在此交汇。三江新区沿金沙江而上，可直达云南水富、昭通地区；沿岷江而上，可直达乐山、眉山、成都、雅安地区；沿长江东去，可达重庆、武汉、上海等城市。三江新区处于成都、重庆、贵阳、昆明四大城市的几何中心位置，位于成都、重庆、贵阳、昆明四大城市"X"交会处的中部顶点，是成渝地区连接东亚和东南亚、南亚的重要通道，区位优势突出，经济基础坚实，产业体系完备，枢纽地位凸显，发展活力强劲，是成渝地区打造"一极两中心两地"的重要支撑。

作为"长江首城"，宜宾东向通过宜宾港融入长江经济带，而长江经济带依托以上海为代表的长江三角洲城市群、以武汉为代表的长江中游城市群、成渝城市群等，利于推进长江中上游腹地开发，促进双向开放，还可对接日本、韩国等东亚国家的市场，连接欧美市场；西向、北向通过"蓉欧+宜宾"融入丝绸之路经济带及中蒙俄经济走廊，联通中亚、欧洲等区域大市场；南向通过成都—宜宾—钦州铁路通道连接21世纪海上丝绸之路，扩大与东盟和南亚国家的经贸交流，也可经云南出境进入缅甸，到达印度及中东，实现"一带一路"与长江水道在宜宾的互联互通。

2. "铁公水空"交通网络全面立体

（1）内河水运体系较为完备。宜宾已建成了"一干两支、一主多辅"的内河水运体系，航运能力突出。宜宾港作为金沙江航道、岷江航道与长江航道实现干支中转的唯一港口，其区位优势突出，具有吞吐能力强、货源腹地广、业务往来多、开放平台齐全的特点。"进港铁路"建成后将具备铁路水运联运能力。高效便捷的水陆联运交通网络将助力宜宾成为衔接滇、黔、攀西经济圈与长江经济带的重要港航货运枢纽，推动四川东向拓展和南向开放。宜宾内河港航行条件如表 8-10 所示。

表 8-10 宜宾内河港航行条件

特　点	技术指标
通航能力	航道里程达到 963 km，其中四级以上航道里程达到 176 km；枯水期通航 1 000 t 以下船舶；丰水期通航 3 000 t 级船舶
基建设施与吞吐能力	有 1 000 t 级多用途泊位 4 个、1 000 t 级重大件泊位 1 个、重载滚装泊位 1 个、1 000 t 级散货泊位 3 个，吞吐能力 100 万标箱
开放平台	四川自贸试验区宜宾协同区、保税物流中心（B 型）、进境粮食指定口岸、宜宾港临时开放口岸、宜宾综合保税区
货源腹地	腹地从宜宾本地，拓展到金沙江、岷江全流域和川滇黔接合部 800 km 半径范围
业务往来	每周开行 15 班集装箱班轮，航线辐射全球 30 多个国家和地区；与全球排名前 20 的海船公司建立了业务往来 与北部湾港务集团建立战略合作，与重庆港、武汉港、南京港、上海港开展深度合作

（2）铁路大通道建设逐步完善。宜宾是全国 50 个铁路枢纽中仅有的 13 个地级市之一，将构建"四高七普一城际"铁路交通网络，即将拥有 4 条高速铁路、7 条普速铁路，成为西南地区"十横十纵"高速铁路网络的枢纽城市。随着南向开放铁路大通道建设的深入，三江新区将强化与成渝地区、滇黔地区的经贸联系与客运物流往来，成为四川南向开放的桥头堡。

（3）高速公路网络趋于完善。目前，三江新区已逐步建立外联内畅的高速公路体系，构建了"一环十一射两联"15 条高速公路网络：一环为高速绕城环线；十一射线为宜宾直接联系周边中心城市、地级市和区县的高速大通道；两联为联通重庆、攀枝花两个城市的高速道路。高速交通运输网络的完善将推进宜宾融入成渝地区双城经济圈，促进川南资源开发与经济社会发展。

（4）航空运输条件便利。宜宾五粮液机场（4C 级民用机场）于 2019 年正式通航。目前，宜宾五粮液机场开通了包括北京、上海、广州、深圳、杭州等在内的 24 条国内航线，是川南的区域性航空港枢纽。宜宾市政府要竭力推进口岸机场建设，逐步开通曼谷、吉隆坡等城市的国际航线，不断推进空港经济区建设，大力发展航空物流和临空产业，助力宜宾建设川滇黔接合部区域性航空枢纽，建设全国军民融合示范机场，打造南向开放重要门户，助推三江新区深度参与全球产业布局。

3.陆海通道联运物流枢纽基础扎实

（1）港航物流发展迅猛。宜宾港集装箱吞吐量增长迅猛。从2011年的8 055标箱增长到2019年的42万标箱，2017—2019年平均每年保持2万标箱的增长。宜宾港货运物流近10年来快速发展，标箱吞吐量平均每年保持近90%的增长率，货源辐射地覆盖川南、黔北、滇北，成为区域性的货运周转枢纽。宜宾港货运物流量详情如表8-11所示。

表8-11 宜宾港货运物流量详情

年 份	标箱吞吐量/万标箱	变化趋势	吞吐量/万吨t	船舶开行次数
2015	20	+66.27%	358.8	2 382航次
2016	30.1	+50.5%	592	—
2017	38	+26.2%	1 392	—
2018	40	+5.3%	1 389	—
2019	42	+5%	909	—

（2）立体运输物流实力强劲。由表8-12可知，2017年，宜宾市全年货物运输总量7 546.25万t，比上年增长5.3%；2018年，宜宾市全年货物运输总量7 962.32万t，比上年增长5.5%；2019年，宜宾市全年货物运输总量7 555.34万t，比上年下降5.1%。自2018年建成南向开放班列后，铁路运输所占的比重有所提升。

表8-12 2017—2019年宜宾市货物运输方式指标

年 度	运输方式	货物输送量/万t	变化趋势	货运量占比
2017年 （总计：7 546.25万t）	江海运输	682	−15%	9%
	汽车运输	6 378	+7.7%	84.5%
	铁路运输	486	+10.2%	6.4%
	航空运输	0.25	−14.7%	—
2018年 （总计：7 962.32万t）	江海运输	624	−8.5%	7.8%
	汽车运输	6 674	+4.6%	83.8%
	铁路运输	664	+36.6%	8.3%
	航空运输	0.32	+28%	—

续 表

年 度	运输方式	货物输送量/万t	变化趋势	货运量占比
2019年 （总计：7 555.34万t）	江海运输	617	−1%	8.2%
	汽车运输	6 222	−6.8%	82.3%
	铁路运输	716	+7.8%	9.5%
	航空运输	0.34	+6.3%	—

4. 南向开放产业与出口优势显著

（1）南向开放产业类别极具特色

三江新区现有三大特色产业，包括智能终端产业、新材料产业、装备制造产业。

以智能终端为主的2 000亿元电子信息产业，将以高水平建设国家新型工业化特色示范基地。智能终端产业是三江新区南向出口支柱产业，其主要生产智能手机、智能穿戴设备、平板电脑等产品。2019年，智能终端企业产值160亿元。该产业的南向出口市场为东盟、南非等地区，是近年来宜宾南向出口产业的主要贡献力量。

以生物基纤维和锂电材料为代表的1 000亿元先进材料产业，将打造全国最大的动力电池生产基地。三江新区有以宜宾天亿新材料科技有限公司、宜宾金川电子有限责任公司、宜宾锂宝新材料有限公司为代表的新材料生产公司，产品涵盖新型建筑材料、锂电池及其原料。宁德时代新能源科技股份有限公司在三江新区投资建设动力电池项目，将逐步推进构建完整的新能源电池及上下游核心产业链体系，打造立足四川、面向西南、辐射全国、走向"一带一路"的中国西部新能源产业基地。

以汽车、轨道交通为主的1 000亿元装备制造产业，将建设西南地区汽车产业基地、西南地区最大的智能轨道快运系统产业基地。三江新区汽车产业园区有以奇瑞、凯翼为代表的新能源汽车制造园，有以四川省中车铁投轨道交通有限公司为代表的智能轨道交通产业园，其主要业务是生产组装。该产业的主要销售市场为四川、云南、贵州等西南地区，以及东南亚、南亚等地区，2019年实现产值19.6亿元。

（2）特色产业南向出口增长迅猛

①对外贸易进出口总额增长迅猛。2017年，三江新区外贸进出口总额完

成 4.3 亿元；2018 年，三江新区外贸进出口总额完成 30 亿元；2019 年，三江新区外贸进出口总额完成 65 亿元，如图 8-1 所示。得益于三江新区产业发展，2017—2019 年三江新区进出口总额呈现爆发性增长趋势，是宜宾市进出口额增长的支撑力量。

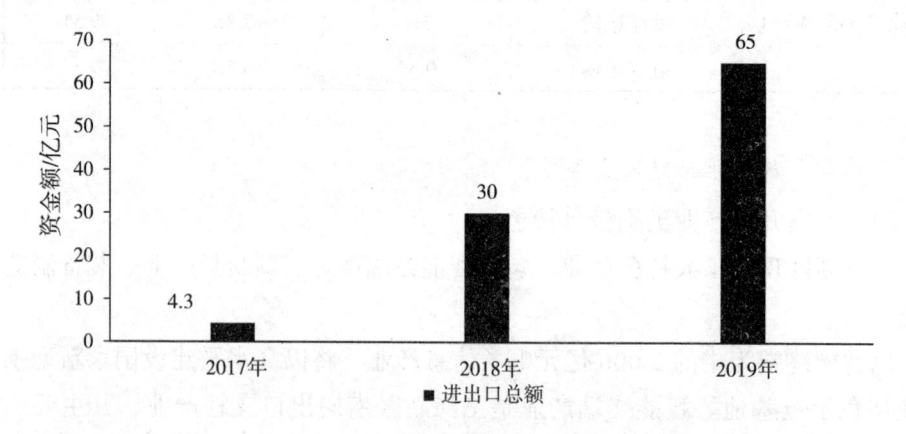

图 8-1 三江新区近三年进出口额对比图

② 对外贸易新兴产业发展迅速。对外贸易出口特色产品包括高新技术产品、机电产品、特色农产品与纺织制品。其中，机电产品和高新技术产品在 2017—2019 年翻倍增长，成为宜宾进出口产品主力；以酒类为代表的特色农产品、纺织制品在出口贸易中的相对比重减少，出口总额保持稳定，如图 8-2 所示。

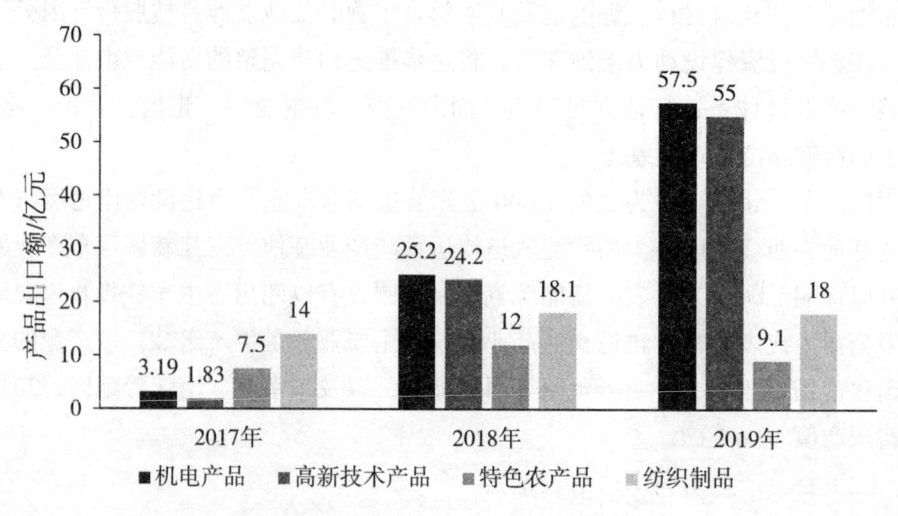

图 8-2 对外出口产品类型、金额

③三江新区以智能终端产品为代表的高新技术产品增长迅速。由图8-3可知，2019年，智能终端设备外贸进出口总额达74.1亿元，比上年增长207.5%，占宜宾外贸进出口总额的50.6%，仅三年时间便成为全市对外贸易的主力出口产品。得益于三江新区的招商引资，智能终端产品对宜宾市进出口贸易产生了较大的拉动作用。

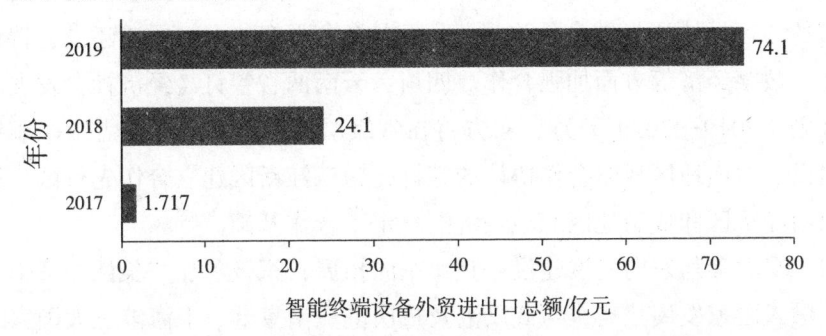

图 8-3　三江新区智能终端设备外贸进出口总额

④民营企业在三江新区的进出口占比中有大幅度增长。随着对外贸易出口产品结构的不断调整与完善，民营企业逐渐成为进出口主力，三江新区外贸出口活力不断增强，但国有企业的进出口占比有所下降。图8-4为对外出口企业类型、金额及占比。

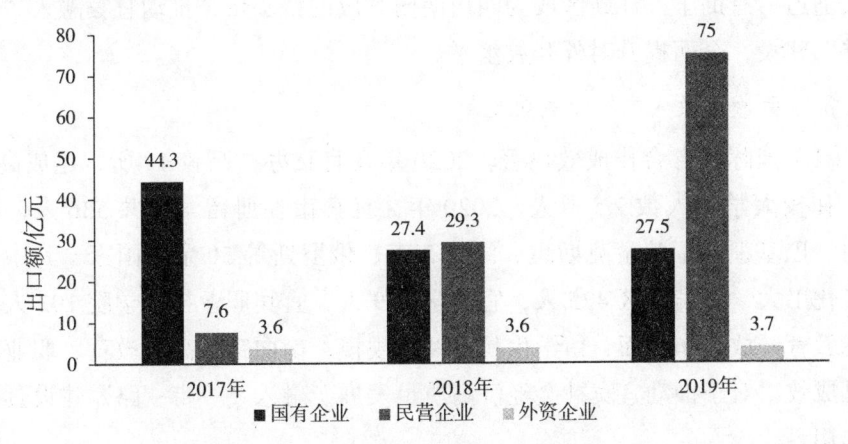

图 8-4　对外出口企业类型、金额及占比

5. 三江新区跨区域协同合作广泛

（1）积极融入西南区域内部。为使三江新区积极融入成渝地区双城经济圈，宜宾与成都签订了《成都市人民政府 宜宾市人民政府深化区域协同合作

协议》,共建装备制造产业园、成宜国际物流园、共享高等教育资源,等等;与成都产业投资集团有限公司签订《长江上游成宜国际物流港合作协议》,共建长江上游物流港;与重庆两江新区签订《重庆两江新区管理委员会 宜宾市人民政府协同发展合作协议》。

西南抱团,四川、贵州两省签订"1+8"个合作协议,其中包括宜宾市与毕节市的《区域协同发展合作协议》,两市将在西部陆海新通道建设、特色优势产业、数字经济等方面加强合作。四川、云南两省签订《经济社会发展合作行动计划(2019—2020年)》,双方将在省级层面推进东南亚及孟中印缅铁路通道建设。西南地区战略合作协议的签订,为三江新区建立合作先行区、积极融入川南经济区和成渝地区双城经济圈奠定了合作基础。

(2)竭力参与东向发展建设。宜宾东向拓展,积极参加"长江经济带"的建设,融入国家发展战略,与武汉港及重庆港、南京港、上海港三大国家级港口集团签订投资合作协议,实现资源整合,深化港务合作,力争建成长江经济带发展战略交会点上的重要枢纽港口。这将为三江新区提升港务能力提供有益参考,为南向开放助力。

(3)大力推进南向开放合作。宜宾与钦州、防城港等北部湾城市签订《共建南向通道 深化区域协同发展合作协议》,共建"川—桂—港(马)"铁海联运大通道,有助于三江新区成为四川南向开放的桥头堡,推动宜宾融入"一带一路"建设,全面提升对外开放水平。

6.国际教育及人文交流成效显著

(1)国际教育合作成效显著。2020年在宜宾办学高校11所,建成高校7所,在校大学生人数7.5万人。2020年,宜宾市在册留学生共536人,覆盖老挝、巴基斯坦、哈萨克斯坦、津巴布韦、俄罗斯等50余个国家。其中,四川轻化工大学宜宾校区425人,宜宾学院9人,宜宾职业技术学院102人。在国际教育开放合作方面,留学生具有一定规模,南向跨境高等教育、职业教育初见成效,对于推动宜宾社会经济高质量发展、融入"一带一路"建设具有重要作用。

2019年3月,"澜湄区域对话·教育合作论坛"在宜宾召开,论坛聚焦澜湄区域经济社会发展需求,围绕高校教学研究,就留学生人才培养、人文学术交流、科研合作、教师出访、学历教育等展开了深入交流。在宜宾的高校分别与泰国、缅甸、柬埔寨、老挝、越南等国家的高校签订了战略合作协议、教育交流合作备忘录及共建协议。同时，论坛举行了澜沧江—湄公河青年巴蜀文化暨创新创业交流活动。此外，根据《宜宾市人民政府与中国教育国际交流协会协同开展国教育国际合作与交流框架协议》，宜宾市的4所高中也加入了协会项目，为基础教育的国际合作奠定了良好基础。

（2）文化交流平台颇具特色。宜宾是中国酒都，举行中国国际名酒文化节是宜宾南向开放招商引资、文化交流的重要途径。通过提供会展平台，中国国际名酒文化节吸引了来自100多家国内知名白酒品牌，以及法国、美国等20多个国家60余家知名酒企参展。中国国际名酒文化节也为南向区域（国家）推介智能终端、轨道交通、新能源汽车等"宜宾造"和本土文化旅游品牌搭建了开放合作的平台，有助于吸引外商投资。同时，峰会、知识竞赛等活动类型彰显了对外开放主体的多元性、行业的多样性、互动的国际性特征。

作为"长江中上游特色出口绿茶"重点区域，宜宾与东盟、欧美国家寻求茶行业合作，了解国际茶情和趋势，进行文化交流的重要平台是国际茶业（宜宾）共识会议。2019年，该会议共吸引13个国家的30家国外企业参展；成立了国际茶业合作组织T20+；东盟六国成立了东盟茶业协会。该会议达成了《宜宾共识》，以茶叶具有的特色文化属性和养生功能为基础，通过文化交融的纽带，强调科技创新与开放合作，共同推动全球茶业经济和消费的发展繁荣。

（三）南向开放合作先行的限制因子

1. 通航条件制约明显，"铁水"联运发展滞后

（1）水运通道通航能力有限。宜宾港水运货运量急剧增长。作为宜宾资源输出和产品出口的主要接收地，长江经济带占宜宾整个水路货物运输的70%以上。同时，腹地内的四川乐山、自贡，云南昭通、水富等经过宜宾港中转并通过长江航道运往长江中上游地区的物资大量增加。加上内昆铁路的联运中转，贵州六盘水、云南昭通乃至昆明地区流向华中地区、华东地区的货物也以宜宾港为货运枢纽扩散至长江经济带。

与港航货运业务量大幅度增长相比，长江航道宜宾段的通航能力显得相对不足。长江干线宜宾段属于典型的山区河流自然航段，航道弯曲，水流湍急、紊乱，浅水区多，对通航能力制约较大。目前，宜宾港主要航道枯水期（5个月）水深为2.7 m，能通航1 000 t以下船舶；丰水期（7个月）水深为

3.2～3.7 m，可通航 3 000 t 以上船舶。总体航道等级偏低，航道条件差，航道建设与维护相对滞后，对三江新区的东向拓展货运往来产生了一定的负面影响。作为川南地区综合性港口枢纽，宜宾港主要航段的通行能力远远不能满足川南、滇北、黔北等地区主要城市参与、融入长江经济带建设的货运物流需求。

（2）"铁水"联运能力不足。三江新区宜宾港作为长江干线和金沙江、岷江流域干支中转的核心枢纽，对宜宾市发展通道经济、流域经济、临港经济，打造"一带一路"长江起点航运物流中心、全国性综合交通枢纽、建设长江上游区域中心城市，加快建成全省经济副中心具有重要的支撑作用。同时，宜宾港腹地范围快速拓展，从宜宾本地拓展到金沙江、岷江全流域和川滇黔接合部 800 km 半径范围。

虽然三江新区近年来航运物流业务发展快速，但"铁—水"及疏运基础设施建设相对滞后。由于"进港铁路"建设推进缓慢，宜宾港与内六线等货运铁路暂未实现无缝对接，"铁—水"联运货物只能在宜宾北站进行接驳，从铁路站台到港口的"最后一公里"需要由公路运输转接。"进港铁路"的缓慢推进导致港口"铁—水"联运综合时效性差、通行效率低、成本偏高等，对于进一步扩大宜宾港货运范围，吸纳川、滇、黔等地的货运业务造成了阻碍。

2.南向班列能力不足，货运缺乏规模效应

（1）南向铁路货运能力偏弱。虽然近年来宜宾市大力推动南向货运物流通道建设，但是铁路运输方式在贸易货运中的占比依旧较少，物流提升作用不明显，提升效果差强人意。由图 8-5 可知，2019 年，宜宾货运物流总值达 141.167 亿元，其中江海运输与汽车运输依旧是主要运输方式，分别占 51.7%、41%，而依靠铁路进行进出口的货物总值占比不到 1%。

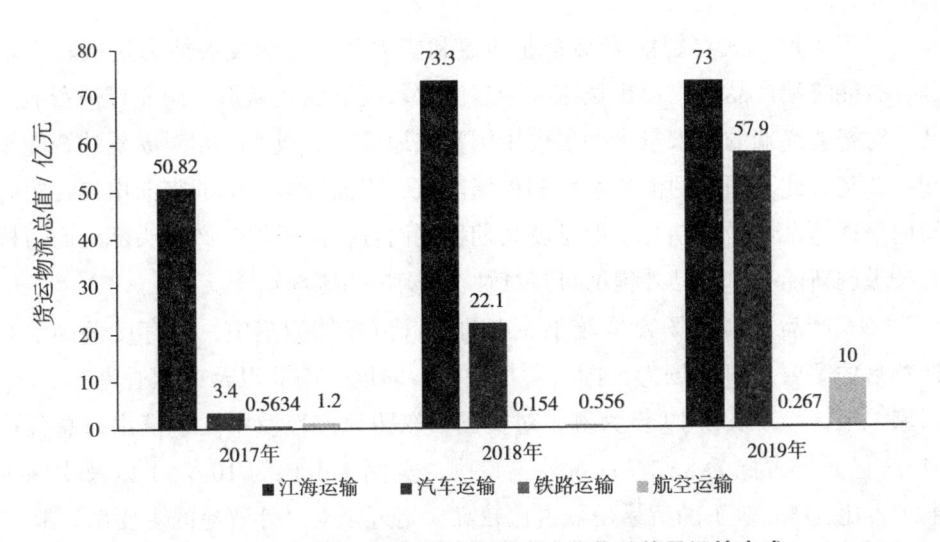

图 8-5　2017—2019 年宜宾市进出口货物总值及运输方式

现阶段，宜宾南向铁路通道（如内昆铁路、内六铁路宜珙支线、金筠铁路等）存在诸多问题。由于建设时间较早，这些铁路存在货运线路标准低、运力小、绕行路段多、距离长、运输规模小等问题，与当前地方经济社会发展需求不匹配。在货运能力不足、运输时效低下的情况下，企业并不愿意选择南向铁路通道运输货物。因此，现阶段南向铁路班列对宜宾货运提升作用较小，江海运输、汽车运输仍为主要货运途径。

（2）货运班列规模效应不足。宜宾市虽然开通了"宜宾—钦州"铁海联运班列，班列也在 2020 年实现定班常态化、稳定运行的目标，但由于处于起步阶段，班列总量过少，无法实现常态化运行，并且存在货运产品单一（货物主要是宜宾丝丽雅集团有限公司运往东南亚国家的短纤、绣花线等）、市场化水平低等问题，导致南向货运班列利用率低，从而削弱了联运班列货运能力。

3. 出口产品附加值低，市场容量有待拓展

（1）外贸出口产品附加值低。三江新区智能终端产业园有全省前 30 强企业，但均为三线品牌，或是一线品牌代工商，为其生产技术含量较低的零配件，研发创新相对较少。而且，这些企业多位于产业供应链下游，以组装加工式的劳动密集型产业为主：主要依靠大量廉价、受教育程度较低的劳动力完成智能终端产品组装加工并出口至南亚、东南亚等国家和地区。与一线品牌相比，这些企业缺乏技术研发与创新能力，因此品牌附加值低，对城市技术进步与创新能力的拉动作用较弱。

代工生产模式对智能终端企业的盈利能力及可持续发展能力造成较大限制。智能终端产品的出口市场主要为越南、印度、巴基斯坦、南非等消费能力低、对智能终端的需求量大的发展中国家或地区。低成本、相对廉价的智能终端设备契合此类国家的消费水平和市场需求，因而智能终端的南向出口在短时间内呈现爆发性增长趋势。但是就长期发展而言，由于缺乏产业头部厂商与核心技术创新能力，产品外销的可持续性会受到一定影响。

（2）产品出口市场容量较小。南向出口市场较为集中，依存度偏高。对外贸易的主要出口市场为美国、孟加拉国、印度、南非以及中国香港等56个国家（地区）。以2019年为例，对美国、东盟地区以及中国香港出口总额达31.93亿元，占比为86.7%；对外出口中，美国（占比为10.6%）以及中国香港（占比为50.2%）的贸易份额占比较高，是近年来对外贸易的主要出口地。

对外出口市场的依存度偏高、南向出口市场多元化不足可能会为三江新区的对外贸易带来一定风险。比如，2020年上半年，由于出口市场不景气，以宜宾丝丽雅集团有限公司为首的纺织企业对外出口大幅度下跌。

4. 区域合作环境复杂，战略合作深度不够

世界经济论坛发布的2018—2019年《全球竞争力报告》显示，南亚、东南亚国家存在市场开放程度低、全球贸易渗透率低、关税较高、政府主导的"非市场"行为较多等问题。由于南向国家企业管理制度不尽完善、营商环境不健全，中国与东盟国家存在关检互动程度低、运输标准不统一的问题，导致口岸整体效率差、回程货源集货难，增加了三江新区与南向国家经贸往来的成本，对经贸合作产生了一定的负面影响，制约了多方贸易关系的发展。

处于建设初期的三江新区由于基础设施和保障制度不够完善，与国内"老"新区，如天府新区、重庆两江新区、成都高新区，以及与南向开放的国家（地区）战略合作深度不够，广度较窄。目前签订战略合作协议的城市局限于国内少数城市，与南向国家签订的战略合作协议较少，且投资对象为缅甸、老挝、巴基斯坦等产业基础薄弱、创新能力不足的发展中国家，缺少与发达国家的战略合作。

从合作内容看，签订的协议内容主要侧重基础设施，如陆海通道建设、进出口贸易、货运物流等领域，针对人文交流、医疗卫生、现代服务业及其他社会事务等领域的交流合作较少。在合作模式上，签订的协议内容多以项目和产业进行区分，缺少差异化的国别园区、飞地园区；多为重大工程项目方面的资

金投入与技术支持,没有形成园区、项目、人才、信息的共建、共用、共育、共享的联合发展模式。

5. 国际教育合作掣肘,外来人才吸引力小

(1) 国际教育合作内容受局限。第一,从落地高校看,现有教育合作大多局限于四川省内高校,与四川省外高校合作较少;局限于公办院校,民办院校较少;局限于高等教育,职业教育和基础教育不足。第二,跨境高等教育合作欠佳,当前的合作侧重留学生的培养与流动,合作对象有一定的局限,规模较小,且培养质量不高,同时"走出去"的留学生有限。第三,从合作内容看,虽然与缅甸、老挝、泰国、柬埔寨、越南五国签订了教育合作协议,但是学术交流、教育机构及社会服务方面的合作较少,也缺少中外合作办学及境外办学。

(2) 外来人才引进竞争力不足。就内部短板而言,以"双城"为例,除了产业园区和高等学府的建设之外,启动阶段的三江新区在餐饮、住宿、休闲、娱乐及医疗卫生、义务教育、社会治安等公共服务方面的配套欠缺,工作和生活的不便利难以留住当地人才。目前,三江新区重视"国千""省千"人才的引进,领域也多集中于高端技术行业,而缺少海外高端人才、专家智库,缺少医疗卫生、文化教育、新闻传播等其他领域或行业的人才。

就外部竞争而言,三江新区地处西南内陆,与南向的云南、广西等沿边地区相比,在语言文化、现代交通、区位优势方面稍显逊色。如何打造便捷的交通网络,突破云南、广西的地缘屏障,创建宜人宜居的生活环境,突出核心竞争优势,吸引更多留学生人才、海外人才(团队)或项目入驻宜宾,是宜宾的当务之急。

(四)南向开放合作先行的发展策略

1. 疏浚长江生态航道,提升水运通航能力

(1) 加快推进长江航段疏浚工程。相关部门要推进"宜宾—重庆"段长江生态航道整治工作以及长江干线川境段航道扩能提升工作,发挥长江干线黄金水道功能。目前,交通运输部已将长江上游"宜宾—重庆"段航道整治工程纳入《长江干线"十三五"航道治理建设规划》。根据该文件,三江新区应加大长江航道疏浚资金投入,推进"宜宾—重庆"段(384 km)的航道建设和疏浚改造,提升航道最低维护水位阈值,将航道水深由2.7 m提高到3.5 m;升级

航道等级，使航道由三级提升到二级，实现 2 000 t 级船舶全年通航，3 000 t 级及以上船舶中水期、丰水期通航。

此外，三江新区应主动推进航道整治工程的前期研究工作，特别是"羊石盘—上白沙"段、"合江门—界石盘"段的险滩整治工程前期规划研究工作。通过航道扩能疏浚改造和综合治理，长江航道宜宾段的货运承载能力得以提升，为川南地区深度参与长江经济带建设提供基础性保障。

（2）推进宜宾港铁路集疏运中心项目建设。宜宾港铁路集疏运中心项目被推动长江经济带发展领导小组列入《推动长江干线港口铁水联运设施联通的行动计划》。根据该行动计划精神，宜宾市政府要推动三江新区"进港铁路"建设，从内昆铁路的一步滩站引出专用铁路线，直达宜宾港，总里程约22.6 km。通过"进港铁路"的建设，三江新区实现了"铁路—水运"货运物流的零距离对接，大幅度提升了宜宾港的货运接驳能力。"进港铁路"建成后，四川省攀西地区及云南、贵州等地的矿产资源，资阳、德阳、自贡等地的重大件设备可通过铁路直达宜宾港，通过"进港铁路"无缝对接长江黄金水道以及长江中下游地区乃至国际市场，从而进一步加大宜宾港对周边城市和区域市场的辐射吸纳力，真正实现了"货物下了火车就上轮船"的物流模式。

加快建设区域现代物流中心。充分发挥铁路、公路、水路、航空立体交通优势，规划建设国际多式联运集疏运系统，探索铁路和水路、公路和铁路、航空和铁路、铁路和海路联运示范建设和"一单制"运输提单，推动长江上游成宜国际物流港等物流园区建设，大力发展现代航空物流。

2.扩能改造南向通道，扩大货运规模效应

（1）提升普通铁路货运物流能力

①优化现有铁路网络体系。宜宾市既有主要铁路（如内六铁路宜珙支线等）存在建成时间早、铁路规格老、建设标准低、绕行线路长、通行效率低等问题，对南向陆海通道的货运物流提升作用并不明显。因此，宜宾市可以通过修建"珙县—叙永"的铁路干线连接"隆黄铁路"，以提升宜宾市南向开放通道的货运能力；对宜珙段进行扩能改造，以提升新区南向货运通行能力；加快推进一步滩编组站进港铁路、宜宾港铁路集疏运中心等项目的建设工作，提升宜宾港"铁路—水路联运"货运周转能力。

②推进高速铁路体系建设。我国要推进成自宜高速铁路、渝昆高速铁路等西部高速铁路的基础设施建设，改善川南地区较为滞后的货运物流条件，提升

货运物流能力，进一步推进三江新区与成渝、攀西、滇黔、北部湾、粤港澳大湾区等经济区的经贸交流与往来。我国要加快推动成自宜高速铁路的建设，强化一轴两翼支点与川南经济副中心的支撑作用；支持推进渝昆高速铁路建设、宜西攀大（丽）高速铁路规划前期工作，强化与滇、黔等经济地带的经贸与货运物流往来。

（2）推动南向货运班列规模建设

①强化货运物流区域合作。作为四川南向开放桥头堡，首先，三江新区应当利用自身货运物流枢纽的优势，加强同泸州、自贡等川南地区主要城市的合作；其次，三江新区要整合各地资源，扩大南向货运量，满足川南经济区各城市经广西防城港、钦州等港口出海的货运需求，实现"宜宾—钦州"铁海运输班列常态化稳定运行，以减少货运班列规模化不足导致的成本偏高问题；最后，三江新区应通过增强与班列沿线城市的开放合作，提升南向货运班列对沿途货源的吸纳能力，形成规模化效应。

②提高货物班列利用效率。政府要通过财政补助的形式，鼓励社会企业使用南向班列作为货运物流方式。虽然南向货运班列尚处于起步阶段，面临非常态化运营、稳定性不足、规模效应偏低所导致的货运物流高成本问题，但政府应当给予社会企业补贴与扶持，鼓励其使用南向班列，以降低企业运输成本，提升货运班列利用效率，以最大限度地实现货运班列市场化、常态化运作的目标。

3. 提升产品附加价值，拓宽南向市场容量

（1）强化智能终端竞争力

①加大技术研发投入，提高技术研发创新资金投入比。政府要为智能终端企业的技术研发提供一定的财政补贴、专项资金的支持；在税收方面给予一定优惠，针对技术创新型企业，制定相应的税收优惠政策，并针对企业技术研发投入提供一定比例的税收优惠和减免，提升企业的技术研发投入动力；为智能终端企业申请省级、国家级的技术创新项目提供支持。

②依托产学研融合平台，孵化产学研转化平台。宜宾要有效利用既有院士工作站，利用高校教育资源，提升智能终端企业与高等学科教育之间的产学研转化水平，鼓励三江新区内高等院校、科研机构瞄准企业创新发展的突出问题与现实需求，解决科研与市场需求脱节问题，更好地将科研成果转化为企业新生产力和经济发展新动能。

③加强多重资源整合，提升出口产品附加值。宜宾要鼓励设备生产企业之

间进行资源整合,推动有合作意向的智能终端企业成立新品牌,进行横向技术整合,推出具有竞争力的产品设备,以提升品牌附加值。宜宾要推动三江新区内智能终端企业与供应链(如锂电池、手机主板等产业)之间进行资源整合,打造智能终端产业群,提升区域性生产企业的集群效应,降低产品生产成本,提升产品的核心竞争力。

(2)大力拓展南向开放市场

①稳固既有市场,开拓新市场。具体做法如下:一是做好风险预案,最大限度地减少负面因素的影响;二是在维持双边贸易伙伴关系的同时,根据南向"一带一路"沿线国家的市场需求以及国民消费水平,制定合适的产品策略,积极开拓新的合作市场,以规避出口地过度集中带来的风险。

②推动产业进行转型升级。针对一些情况带来的全球经济停滞、需求不足与消费萎靡,导致纺织业、化工制品等传统产业订单被取消的问题,政府应当鼓励产业进行转型升级。比如,传统纺织产品受阻,政府应当鼓励企业制定合适的产品策略,根据现实状况调整产品结构,实现转型升级,以最大限度地减少对外贸易负面因素带来的影响。

4. 优化战略合作环境,加深区域合作深度

(1)优化开放合作环境。开放合作,既是不同类型的社会组织、社会群体在交流、协商、合作,也是更大范围内的主体在不同维度、层次的交往互动。企业、政府,作为区域内的子系统,既有政治、经济、生态、法治、人文方面的差异性,有独特的话语体系和互动模式,也有共同利益、理想信念、价值追求上的一致性。

三江新区要建成"四川南向开放合作先行区",就西部省市的战略合作而言,需要强化与成都、重庆"双核"城市及川南四市的协同发展,需要优化流通网络,加强资源整合,加速信息化应用,加强制度化建设,创新合作模式,从而降低合作成本,实现资源的有效利用和利益最大化,营造良好的协同合作环境。就南向开放国家而言,宜宾需要在尊重社会文化差异、了解产业现状、找准发展需求、达成利益共识的基础上,共同探索在陆海通道建设、物流体系优化、贸易便利化等领域的合作,营造稳定、成熟的营商环境。同时,宜宾要寻求与发达国家的合作契机,争取签订战略合作协议,实现合作共赢。

(2)加深战略合作深度

①丰富战略合作的内容。三江新区是一个综合体,其最终落脚点是打造以

人为本、宜人宜居的复合功能新区。因此，在合作内容上，宜宾市政府既要考虑工程建设、产业发展，更要注重人文环境的塑造，实现城乡融合，提升人们的生活幸福感。在尊重文化差异的基础上，宜宾市政府在扩大与南亚、东南亚国家经贸合作的同时，需要聚焦现代服务业与人文交流，探索建立差异化的国别园区、飞地园区。

②探索战略合作新模式。首先，宜宾市政府要深化三江新区与宜宾市内其他区（县）的联动发展，探索跨区域项目合作、成本分担、利益共享机制，通过构建"招商共引、园区共育、项目共建、人才共用、信息共享"模式，打造协同发展生态圈、开放发展联合体，发挥三江新区的带动作用。其次，宜宾市政府要加强三江新区与川南城市在政策、战略、功能方面的衔接，推进基础设施、公共服务、产业布局、生态文明一体化建设，实现川南经济区一体化发展。最后，宜宾市政府要强化与三江新区天府新区、两江新区等"老新区"的协同合作，探索"研发＋生产""总部＋基地"等互动合作模式，加快推动成都、宜宾"1+5+2"，重庆、宜宾"1+1+1+N"等合作成果落地，共建跨区域合作样板区，发挥三江新区的先行示范作用。

5.强化外向教育开放，大力引进高级人才

（1）优化跨境高等教育

跨境高等教育合作包含教学人员、教育项目和教育机构的跨境流动。随着新兴媒体和现代交通的发展、完善，跨境高等教育在类型、形式、传输方式、标准等方面有了新内涵。首先，宜宾市政府要根据留学生的特点和需求，优化合作软环境，为来宜宾求学的留学生提供优质服务、营造良好的学习生活环境，加快推进东南亚、南亚和"一带一路"沿线国家留学生基地建设；其次，宜宾市政府要利用高等教育合作平台，发挥孔子学院的社会效益，积极推进中外合作办学，鼓励中外高校联合开办教育机构；最后，宜宾市政府要围绕国家境外办学的安排，分类分层推进跨境教育合作，探索境外办学模式，结合产教研融合平台，为区域发展提供科技成果、人力及智力支持，提升高等教育国际化水平。

（2）取长补短，注入活力

①完善住房、教育、医疗、交通等公共服务配套设施，优化三江新区规划格局，对城市未来发展做"情景分析"，确认各种发展态势和可能性，充分考虑不同群体的需求、意图和愿景，从交通枢纽、工程建设、资金投入、生态环

境等指标体系分析城市空间组团发展的多种可能，突出"内发"优势，结合绿色宜居环境建设的理念，突破南向区域的地缘屏障，为留住人才创造有利条件。

②取长补短，借鉴天府新区的人才引进政策。以天府新区为例，在2017—2019年"天府英才计划"实施的两年里，天府新区引进全日制本科及以上学历人才12.4万人（80%为30岁以下青年，"双一流"占37%），硕士研究生以上学历人才1.62万人，国家、省市重点人才230人，省市顶尖团队9支。三江新区可以借鉴天府新区分层次、分类别、分项目给予人才（团队）或一次性奖励，或给予户口、购房、教育、医疗方面的资助奖励，或帮助"宜漂"青年搭建人才驿站的做法，解决其就业初期的"燃眉之急"。同时，在招才引智上，三江新区既可围绕企业需求引才，举办招引活动，也可在海外开展引智推介活动。

执笔：何一、周陶、曲美霞、徐向峰、单琰秋、冯嘉华、王烬

第九章　省级新区服务业发展建设实务研究

"新区"作为创新性发展需求的非常态建制，在经济领域的目标就是通过先行探索与实验，实现理念、模式、实践、产出的超常性示范效益。服务业特别是融合新的理念、技术、模式和方法的现代服务业，是现代经济最具综合性、渗透性和创新性的增量型核心产业。三江新区作为在发展模式与效益上确立引领性定位的四川省首个省级新区，优先优质发展服务业是优化产业结构、促进消费升级、提升城市功能、提质人民生活的必要性举措，是贯彻宜宾市第六次党代会提出"把三江新区打造成宜宾培育竞争新优势、抢占未来发展制高点的核心引擎"精神的关键性策略，更是实现将三江新区建设成为国家级新区和共同富裕示范区的重要战略。基于此，为实现新区服务业发展运行的规范性、科学性、前瞻性、高效性，本章特依据国家、省、市相关政策、法规及规划精神，特别是《中共四川省委　四川省人民政府关于加快构建"4+6"现代服务业体系推动服务业高质量发展的意见》《宜宾市国民经济和社会发展第十四个五年规划和二〇三五年远景目标纲要》《宜宾市现代服务业集聚区1+N总体规划（2019—2025年）》《中共宜宾市委　宜宾市人民政府关于高质量建设现代服务业强市全力打造长江上游区域现代服务业中心的实施意见》（宜委发〔2020〕16号）、《宜宾三江新区国民经济和社会发展第十四个五年规划》以及《三江新区产业发展规划》精神，编制《宜宾三江新区"十四五"暨2026年服务业发展规划》。规划时间范围为2021—2026，规划空间范围为宜宾三江新区管委会所辖临港经济技术开发区（白沙湾街道、沙坪街道、双城街道）、翠屏区宋家镇、南溪区罗龙街道、江南镇，管理面积约422 km²，实际规划面积389 km²。

一、发展背景

(一)发展成效

"十三五"期间,三江新区把服务业发展放在重要位置,服务业发展速度不断提升,产业特色逐步显现,载体平台建设取得成效,发展质量效益稳步提升,为产业转型和消费升级奠定了基础,为全区经济社会高质量发展提供了支撑。

1. 发展速度不断提升

"十三五"期间,三江新区服务业增加值年均增长23%,与全区生产总值年均20%以上的高速增长保持同频共振,社会消费品零售总额年均增长17.5%;2020年,三江新区服务业增加值为80.6亿元,占全区生产总值的36.4%,服务业对经济社会发展的贡献作用不断提升。

2. 产业特色逐步显现

三江新区基本形成以港航物流、保税物流、国际会展、现代商贸、总部经济等特色服务业为主导,传统服务业和新兴服务业齐头并进的发展格局。2020年底,三江新区物流企业实现营收107亿元;基本形成以国际会展中心、国际会议中心连接商业带所构成的"两核一带"会展产业生态圈;建成浙商临港新天地、恒旭·金座、恒旭·银座等大型商业配套以及西部食品商贸城、机械装备贸易城等大型专业市场;培育和引入39家总部企业,建筑业百亿级总部与金融业总部经济集群正在加快构建。

3. 载体平台建设加快

三江新区已形成物流园区、商贸综合体、专业市场、会展总部四大服务业集群。宜宾临港商贸流通集聚区获批全省十大服务业集聚区;国家级的开放平台保税物流中心(B型)、进境粮食指定口岸等获得批复并开展运营,国务院批复设立宜宾综合保税区;宜宾临港电子商务集聚区为宜宾市唯一的省级电子商务集聚区,西南(宜宾)互联网产业基地成功获批省级电子商务示范基地;长江上游区域大数据中心建设全力推进,将成为宜宾承接国际数据服务,增强数字经济凝聚力的核心引擎;宜宾科技创新中心(一期)项目建成投运,将成为省级科技服务业集聚区试点示范建设的新引擎、新动能。

4. 科教氛围日益浓厚

科教服务成效初显，宜宾成功创建全省唯一的国家产教融合试点城市。大学城签约高校21所，落地办学12所，2020年在校生突破8万，聚集高层次人才1 646名、留学生700余名。科技创新城落户建成12所产研院，成立全省首个诺贝尔奖专家工作站，欧阳明高院士工作站、邓中翰院士工作站等顺利入驻，累计拥有省级、市级创新型平台106家，省级以上孵化平台9家，2020年科研与技术服务业增加值为2.29亿元，科技创新驱动能力大幅度提升。

5. 开放协作不断加强

南向开放与区域协作不断深化。在水运通道方面，宜宾港已开行"日本、韩国—东部沿海—宜宾—昆明地区"的多条内外贸近洋航线，全球前20强海船公司在宜宾港开展外贸集装箱业务，班轮密度已达每周15班；在干线运输方面，宜宾开行"宜宾—深圳"智能终端产业物流专线，实现36小时宜宾—深圳两地对开；在铁水联运通道方面，宜宾成功开行"宜宾港—昆明"铁水联运集装箱五定班列、"宜宾港—攀枝花"铁水联运集装箱班列、"成都—宜宾—北部湾（川桂港马）"南向通道海铁联运集装箱班列、"宜宾—重庆"水水中转班列，进一步突出宜宾作为四川南向开放枢纽门户的战略地位。

（二）存在问题

"十三五"期间，三江新区服务业发展取得了积极成效，但对标省内外服务业发达城市和服务业高质量发展的内在要求，还存在以下几个方面的问题，需要在"十四五"期间着力解决。

1. 整体实力较为薄弱

2020年，三江新区服务业增加值为80.6亿，体量与规模较小，服务业增加值占GDP的比重为36.3%，低于全国（54.5%）、全省（52.4%）、全市（39.6%）的平均水平，也低于市内叙州区（40.3%）、南溪区（38.2%）的平均水平。三江新区作为宜宾市加快建成成渝地区双城经济圈副中心的核心引擎，随着区内产业的高速发展、人口的逐步集聚，其服务业对经济增长的贡献与支撑有待大幅度提升。

2. 结构层次有待优化

"十三五"期间，三江新区服务业的增长仍以传统服务业为主，2020年批零住餐、交运仓邮、房地产等传统服务业增加值占服务业增加值的比重达 60.1%，金融业、科学研究和技术服务业、租赁和商务服务业等新兴服务业增加值占服务业增加值的比重分别为 2.4%、2.8%、4%，总体较低。可见，服务业结构需要优化，服务业在区域内实现高质量发展的引领示范作用不强。

3. 主体市场化培育不足

三江新区内市场主体尚处于培育期，规模以上服务业企业有 29 家，年销售收入 10 亿以上企业有 2 家，市场主体的数量与规模有待提升；限额以上社消零企业结构不均，会展、金融、物流、大数据、科技服务等相关产业尚处于依靠政府资金与政策扶持阶段，运营规模有限，服务创新不足，服务水平需要提升，市场化发展的步伐需进一步加快。

4. 生产性服务活力不够

生产性服务业增加值占服务业增加值的比重为 11.5%，占比较低，生产性服务业的技术创新、业态创新、模式创新滞后于新兴制造业的快速发展；金融服务体系尚不完善，汽车金融、消费金融、商业保理尚未与产业发展形成协同效应；保税物流的口岸服务功能较为单一，已入驻物流园企业以仓储为主，在物流金融、供应链管理、贸易采购方面的拓展能力较弱；楼宇经济整体处于起步阶段，基本为准甲以下级别，高品质租户有限；新兴产业发展态势总体处于起步阶段，新材料、新能源汽车、智能终端、锂电池四大主导产业的产业链配套不到 20%，对生产性服务需求不足，"服务外包"发展缓慢，生产性服务业发展活力不够。

5. 生活性服务配套不足

三江新区生活性服务业布局较为分散，服务配套相对薄弱，特别是在休闲娱乐方面需要大力发展与优化；三江新区内商业氛围不浓厚，商流、人流、信息流的集聚效应有待提升，特色街区、商贸综合体的主题化、特色化打造不够，消费品牌化建设不强；三江新区生态资源与人文资源优越，但三江文化、滨港文化、竹文化、老厂文化、酒文化等特色文化资源开发和利用不足，文旅融合创新不够，区内服务业的文化品位与品质有待提升。

6. 中高端服务人才缺乏

现代服务业伴随着信息技术和知识经济的发展而产生，具有智力密集、技术密集、信息密集的特征，体现为新技术、新理念和新业态。人才是现代服务业新技术的提供者、新理念的承载者、新业态的创造者，决定着现代服务业的发展方向、质量和速度，是影响现代服务业发展的关键因素。"十三五"期间，三江新区新兴服务业发展快速，产业特色显现，但就业结构、技能人才与市场需求的供需矛盾较为突出，人力资源服务机构总量少、布局散、效率低，会展运营、现代物流、信息服务、金融服务、科技服务、农业服务等领域缺乏中高端人才，"双城"（大学城、科技创新城）建设的人才集聚效应尚需时间延续才能显现。

7. 融合创新有待提升

"学教研产城"一体化试验区和国家产教融合型试点城市建设尚处于起步阶段，"双城"高校院所围绕产业发展的研发创新活动不够；科教融合、产教融合、协同创新任务较为艰巨，产城人融合亟待破题，产教研城融合不充分，科教创新潜能有待挖掘；科技成果输入和转化渠道不畅通，国家技术转移西南中心川南分中心和省级科技成果转移转化示范区作用发挥不充分，相关科技或科研机构缺乏中试基地，与成都、德阳、绵阳等国家科技成果转移转化示范区相比尚存差距。

（三）发展机遇

"十四五"时期，我国将进入新发展阶段，从国际看，全球经济结构呈现出服务业主导的发展趋势。过去十年，服务业占全球GDP的比重从65%上升至近70%，经济"黏合剂"的作用日益突显。从国内看，我国以新发展理念为引领，推动构建"双循环"新发展格局，加快实现经济高质量发展；我国正向高收入国家稳步迈进，超大规模市场优势和内需潜力将被充分激发，服务业将迎来新一轮快速发展机遇期。

"十四五"期间，三江新区是宜宾建设社会主义现代化的国家区域中心城市的核心引擎，"一带一路"建设、长江经济带发展将加快推动三江新区从内陆腹地走向对外开放前沿，对外开放平台体系将更加完善。三江新区应立足成渝地区双城经济圈建设，在更大范围内集聚发展要素、在更高层次参与经济循环，带动现代物流、数字经济、会议会展、现代金融等服务业高质量发展。三江新区作为国家产教融合型试点城市的承载地，其大学城的高水平建设将促进优质科教资源和创新要素在三江新区加快集聚，对区内服务业提质增效、产业转型升级的引领带动作用将日益突显。三江新区应借势突破，推动服务业抢占先机，大力培育发展服务业新产业、新业态、新模式，推动服务创新，深化产业融合，拓展服务消费，构筑区域经济发展新优势，加快建成长江上游区域服务业中心核心区。

二、总体要求

对标生态优先、绿色发展，高端引领、创新驱动，全局谋划、协同发展，全面开放、合作先行，多规合一、远近结合的规划原则，统筹建设系统的、高质量的服务业体系。

（一）指导思想

基于谋求理念、模式、实践、产出的超常性综合示范效益的"新区"建设战略观，政府要贯彻习近平总书记"创新、协调、绿色、开放、共享"的新发展理念，以国家、省、市"十四五"发展规划及2035远景目标、四川省和宜宾市建设现代服务业战略目标为指针，抢抓国家"双循环"新发展格局、长江经济带建设及宜宾市建成成渝地区双城经济圈经济副中心的战略机遇，发挥服务业在循环经济、产业融合、业态更新等领域的独特功能与优势，兼顾生产与生活服务业，重点发展现代服务业，实现数字经济、现代物流、现代金融、会议会展等核心产业的跨越式发展，形成以服务业赋能制造业创新发展的新格局。政府要通过高起点规划、高标准建设、高水平运营、高质量发展，建设长江上游区域性现代服务业中心核心区和现代化区域中心城市示范区，实现将三江新区建设成为国家级新区和共同富裕示范区的战略目标。

（二）发展定位

1. 品质定位

总体上立足"高""新"，以"新"促"高"，以"高"成"新"。政府要对标三江新区"视野上经略全球、功能上有形无界、空间上三生融合、品质上全国一流"的发展愿景，按照建成高质量、高能级、高标准、高水平、高效能、高品质样板区域的规格建设服务业，打造服务业理念模式、实体创造、运行效益的示范性、引领性和可传承的综合成果形态。

2. 业态定位

逻辑上对症缺陷、健全常态，对标高端、凸显特色；方向上突出重点、助力主体产业、对应核心区业态；操作上推动现代物流、会议会展、现代金融、数字经济等主导性服务业跨越式发展，促进科技创新、人力资源、商务服务等特色服务业的创新发展，实现商贸服务、文化旅游、教育医疗等"短板"服务业优质发展。

3. 功能定位

业态效益上以枢纽经济扩大要素辐射，以平台经济加速企业成长，以数字经济赋能产业发展，以休闲经济增益城市影响；空间效能上建设长江起点航运物流中心、川滇黔渝区域现代服务业转型升级及两业融合发展示范区、长江上游现代服务业集聚区，建成长江上游区域现代服务业中心核心区。

4. 特色（品牌）定位

三江新区要通过视野上打破阈限、要素上无限择优、技术上对应高标、功能上匠心独具、效能上发凡起例、文化上突出地域、机制上引导服务业企业开展自主品牌建设，建立企业、政府和行业协会联动的品牌建设工作机制，打造特色化的生产、生活服务业新颖高端品牌。

（三）战略原则

1. 新区理念与常态原理结合

在实践中，三江新区要明晰创造创新与传承守正，即"新区"建设非常态理念与产业发展常态原理融会交错的新区建设策略，是三江新区服务业建设确立参照、甄别优劣、吸取资源、确立位序，实现"新标""高标"的重要前提。与此同时，在自然灾害和国际政治经济形势突变已然"常态化"的今天，非常态情况下的服务业正常运行效能是服务业先进示范性的重要标志。

2. 赋能生产与服务生活并重

服务业基于自身特点，兼顾服务生产与生活，其服务于生产的正面高效，最终也落地于人的优质生活。在服务业建设中，三江新区必须严格遵循国家"不搞大开发，只搞大保护"的长江经济带建设理念，突出目的本位，回归建设行为正道。

3. 全面综合与精准细分结合

在服务业建设中，综合思维与精准细分结合事关业态发展全面性和选择的精准性，即建设实践的科学性。比如，经济与社会、城市与乡村、文化与旅游的要素综合；理念、模式、实践、成果的效益综合等；对生活性服务业对象进行原住居民、大学城学生、产业园新居民和游客的细分；对制造业与服务业互动、生产性服务业与制造业融合、制造业服务化的产业功能细分等。

4.产业效能与文化效益结合

服务业是三江新区经济结构更新、产业融合、循环经济的枢纽性要素，是三江新区经济业态、容量、产值增量的活力性要素，也是三江新区塑造新经济、新生活、新职业人以及新市民的根源性要素，因而在产业效能外具有文化内核。为此，政府必须以文化元素产业化、效益化、特色化价值融入服务业为指向，创造人文三江新内涵生产、生活服务业。

（四）发展目标

1.总体目标

总体目标是建成"两区""两核""新场景"，实现"双引领"。

（1）成果效应上建成"两区"：建成长江上游现代服务业集聚区和区域性现代服务业中心核心区。完善生产服务业机制，推动生活服务业向精细化、人文化、品质化迈进，实现服务业产业质量和服务质量的同步提升。

（2）功能效益上建设"两核"：使服务业成为把三江新区打造成宜宾培育竞争新优势、抢占未来发展制高点核心引擎的核心动力要素，成为高质量建设三江新区特别是建成国家级新区和共同富裕示范区的核心产业要素。

（3）工商文明（文化）效果上塑造"新场景"：在理念、模式、成果、团队以及服务业文化上创造出在行业里具有发凡起例价值的现代服务业新场景。

（4）目标效率上实现"双引领"：引领宜宾市实现建成现代服务业强市和现代化的国家区域中心城市的发展目标。

2.体量目标

三江新区服务业"十四五"发展主要指标如表9-1所示。

表9-1 三江新区服务业"十四五"发展主要指标

类别	序号	指标名称	2025年	2026年
总体指标	1	服务业增加值（亿元）	450	500
	2	服务业增加值占GDP比重（%）	30	31.25
	3	省级服务业聚集区（个）	7	8

续 表

类 别	序 号	指标名称	2025年	2026年
重点领域指标	4	数字经济规模（亿元）	340	410
	5	电子商务交易额（亿元）	180	210
	6	物流业增加值（亿元）	100	120
	7	商务会展业增加值（亿元）	60	65
	8	金融业增加值（亿元）	33	40
	9	旅游总收入（亿元）	167	200
	10	社会消费品零售总额（亿元）	267	320
	11	人力资源服务行业年营业收入（亿元）	12	15
	12	科技服务业增加值（亿元）	47	50

三、空间布局

三江新区要根据三江新区国土空间规划和产业发展布局，深度融入一体化发展战略，优化服务业区域分工，形成区域协调发展的服务业格局。三江新区要重点结合三江新区产业空间格局和城市空间形态，促进现代服务业和先进制造业深度融合，着力打造现代服务业发展核心，积极构建各具特色的服务业经济圈。"十四五"期间，三江新区要构建"一核、两带、四区、多点"的服务业发展空间布局，形成点线串联、功能辐射的现代服务业发展新格局。

（一）"一核"引领

"一核"，即环龙头山现代服务业发展核心，形成区域空间和功能的集聚核，包括白沙滨江城、大学城智慧谷两个组团。

白沙滨江城为三江新区城市中心，也是产教城核心区，与叙州区三江口CBD、翠屏区老城构成三江六岸的空间态势，共同营造彰显宜宾文化底蕴和都市活力的城市中心。

（1）三江新区要依托白沙滨江城集中发展现代商贸，打造一批十亿级、五十亿级特色商圈，全面增强对区域消费的吸纳和承载能力；要大力发展现代金融服务，打造成渝双圈南向开放金融创新示范区；要加快发展现代会展服务，依托国际会展中心大力引进消费电子展、教育设备展、高端装备展、院士学术年会、大学城社团年会等特色品牌，并发展"会展+"经济，推动会展产业与绿色经济、数字经济、智能经济深度融合，不断提升国际名酒文化节、国际竹文化节和终端消费品国际博览会等展会国际化、专业化、市场化水平，打造面向南亚、东南亚国际市场的长江上游区域性国际会展中心；要大力发展现代商务，重点发展咨询评估、法律服务、会计审计、信用中介，集聚和培育一批企业地区总部、功能性总部，打造辐射川渝滇黔X轴中心高端商务服务集聚区。

（2）三江新区要依托大学城智慧谷，加快促进产教融合，大力发展信息服务，借助宜宾临港电子商务集聚区推动数字经济和实体经济深度融合，打造区域大数据中心；要培育科技服务业，充分发挥科教资源高度集聚优势，打造宜宾教育高地，重点发展科技信息服务、检验检测服务、专利及产权交易服务、技术推广及转移服务，推动先进制造业及生产服务业高质量融合发展，建成长江上游绿色科创走廊核心枢纽。

（二）"两带"协同

蓝绿"两带"，即南面长江、北面四山（观斗山、龙头山、金竹山、琴山），自西向东形成依山傍水、南北相映的休闲经济服务和生态屏障。

（1）三江新区要沿长江风情带，西起三江口CBD，东至江南镇等核心区，强化与翠屏区、叙州区和南溪区旅游全域融合互动；要依托长江休闲经济带，大力发展古镇旅游、田园旅游，探索三江文化旅游、抗战内迁老厂怀旧文化，打造长江生态休闲度假旅游体系，与"一江如画、两岸诗和"的魅力长江风情带相呼应。

（2）自然山体休闲经济带，自西向东沿观斗山、龙头山、金竹山、琴山等自然山体贯穿三江新区生态、生活和生产空间。三江新区要依托自然山体休闲经济带，加快三江新区公园城市布局，加快城市森林公园建设，构建多层次公园体系，挖掘区内历史文化资源，推进科技、健康、生态、工业、农业等新区核心功能与文化旅游全域深度结合；要大力发展乡村旅游、特色体育产业、生态旅游、竹文化旅游，有机融合传统文化和现代文明，打造"外屏内景"格局的特色山体风貌，形成蓝绿相映的山水休闲文旅服务带。

（三）"四区"联动

"四区"，即三江新区创新型生产服务业发展核心区，包括临港自由港、涪溪智造城、宋家高新园、罗龙健康园。"四区"联动推进新兴产业成链集群发展，加速形成千亿级创新型现代产业集群，促进先进制造业与现代服务业的深度融合。

（1）三江新区要依托临港自由港综合保税物流和口岸物流，提升宜宾港航物流发展能级，发挥"铁路、公路、水路、航空"多式联运物流枢纽优势，构建多式联运服务体系，建成长江上游和面向川渝滇黔的区域性现代物流中心。

（2）三江新区要依托涪溪智造城和宋家高新园，以"产、研、文、景、城"五位一体打造高端智能化现代产业新城，依据产服配套的理念，大力发展人力资源服务、信息服务、金融创投、科技研发、商贸物流等服务业态，形成西产、中融、东城的布局。

（3）三江新区要依托罗龙健康园生命健康产业，大力发展科技创新和成果转换服务，创新发展三医融合信息化服务，同时加快仓储、物流业的发展，突出发展医药电商。

（四）"多点"共兴

"多点"包括宋家镇、江南镇、双城街道北部等农业生产空间。三江新区要围绕绿色、高效、智慧、融合的发展思路，以现代农业高新技术产业为核心抓手，大力发展智慧农业、精品农业、休闲农业等现代农业服务业态，进一步推进现代农业与服务业的融合，打造长江上游绿色高效农业发展引领区和国家农村产业融合发展示范园。

（1）宋家镇依托长江工业园和宜长兴现代农业发展带，推动农业发展提质扩面，进一步完善长江橘博园、花石村三角梅基地和现代竹业园；开展现代智慧农业建设，提升基地规模，利用长江工业园区及农科院、林竹产业研究院等的科研优势，在宋家镇丘陵村推进宜宾现代农业科技创新中心建设，完成"两馆一平台一中心"规划建设，以服务农业科技成果实物展示和产品展览展示、农业科技成果转化；推动当地精品农业品牌打造与农产品初、深加工及冷链运输等服务业发展，推动"农、科、商、文、旅"融合发展，打造乡村振兴示范点。

（2）江南镇依托现有的良好生态资源，红豆杉、南溪血橙等优势产业，明清双塔、仙源湖、清真寺等文化旅游资源，努力培育发展生态高效农业和文化康养旅游业态；重点打造"吃龙肉非遗文化节""长江半岛柑橘采摘文化节""仙源湖龙舟竞赛"以及"马家回族文化节"四张名片，利用晚熟柑橘、牛骨头大米、蔬菜基地等特色优势产业，结合明清双塔历史文化资源，利用

"长江第一湾"的独特地理风景，发展生态农业、乡村旅游、运动康养产业，促进一三产业融合发展，打造集休闲、观光、旅游、生态果蔬种植、采摘体验于一体的综合性生态观光体验园。

（3）双城街道北部农业空间依托四川宜宾国家农业科技园区和双城智慧谷的智力支撑，聚焦水果、蔬菜等农产品进行科技化种植，深入挖掘特色产业，扩大巨峰葡萄、精品蔬菜、蜂糖李等现有农业种植规模；加强农业科技注入，强化科技支撑，提升农产品品质，打造一批农产品知名品牌，形成以采摘、认养农业为特色功能的农业发展区；提高农业发展质量和效益，推进集种植、加工、体验、学习、康养等多种功能于一体的都市型休闲农业发展；深入开展休闲农业和乡村旅游升级行动，打造生态优、环境美、产业强、农民富、机制好的休闲农业精品，构建文化旅游精品环线，打造农科文康旅融合示范区。

四、重点任务

（一）推动主导服务业跨越式发展

1. 发展壮大现代物流

（1）发展目标

以宜宾综合保税区物流中心及宜宾港多式联运枢纽优势为依托，大力发展保税物流、口岸物流、电商物流、冷链物流、供应链物流等业态；加快长江上游成宜国际物流园等项目建设，扩大仓储物流规模，构建高效的物流运输体系，建成面向长江上游和辐射川渝滇黔的区域性现代物流中心。

（2）产业分布

现代物流产业分布如图 9-1 所示。

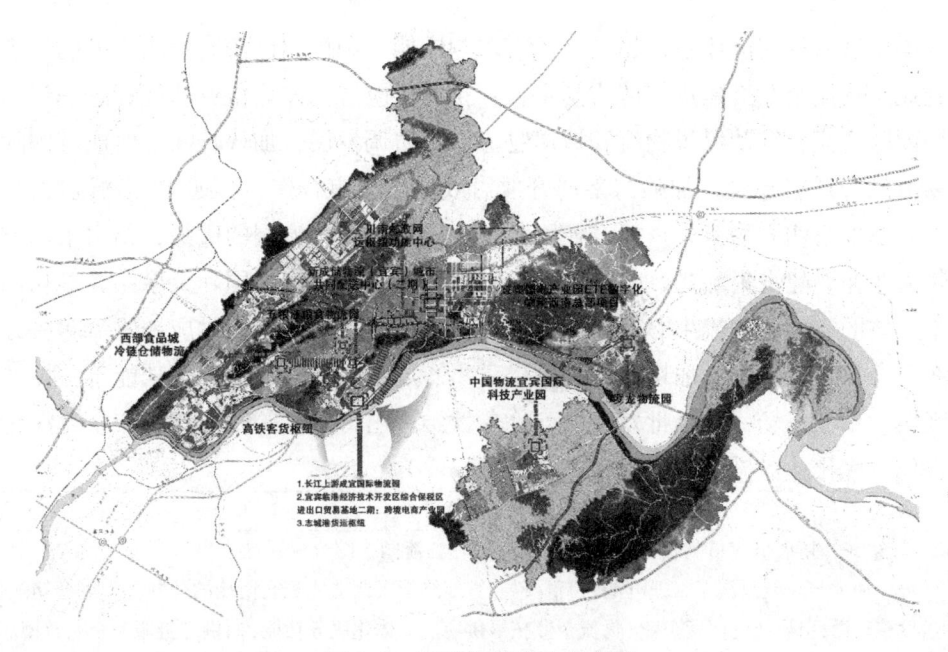

图 9-1 现代物流产业分布图

（3）重点任务

①大力拓展对外物流通道。深化"铁路—公路—水路—航空"对外开放立体交通网络建设，构建"立足宜宾、辐射川南、连通西南、面向全国"的现代物流体系，将三江新区建设成为西南地区的区域性物流中心；畅通现代货运物流网络，构建"通道＋枢纽＋网络"的现代物流运行体系，强化三江新区与成渝地区双城经济圈、川渝滇黔区域重点城市物流通道的战略互动。

东向拓展：依托长江黄金水道和沿江铁路，深化宜宾港与重庆港、武汉港、南京港、上海港等长江经济带沿线重点港口的战略互动；协同共建长江上游港航物流枢纽，建设集多式联运、物流贸易于一体的长江上游港航物流园。

南向突破：深化与钦州港、防城港等南向节点城市在江铁联运方面的合作，主动参与南向开放西部陆海新通道建设，提升铁海联运班列高密度高效益运营；借助南向开放通道连通北部湾经济区、粤港澳大湾区等国内重要经济区，衔接21世纪海上丝绸之路，深度融入南亚、东南亚国际市场，为三江新区产业发展赢得先机。

②聚焦发展四大物流领域。促进物流业与产业联动发展，聚焦发展供应链物流、国际物流、第四方物流与商贸物流；重点发展供应链物流，围绕动力电池、新材料、装备制造等优势产业，建设一批综合性仓储配送设施，将物流服

务深度嵌入供应链体系，提高市场需求响应能力和供应链协同效率；鼓励生产企业与物流企业搭建供应链协同平台，拓展供应链一体化服务功能；进一步拓展国际物流，推动保税物流和口岸物流联通协调发展，加快长江上游成宜国际物流园等项目建设，加强与南向开放沿线重点城市合作，打通国际物流通道；大力发展第四方物流，依托产业园集聚和成宜国际物流园的优势，招引第四方物流企业，建设集配送、分拣、保税、通关、检验检疫和国际金融结算等功能于一体的一站式物流中心，为产业部门提供增值化的综合性供应链物流解决方案。补足商贸物流；加快建设一批集贸易、展示、仓储、物流等功能于一体的区域性专业市场；鼓励批发、电商、餐饮、进出口贸易等企业与物流企业深化合作，优化业务流程和渠道管理。

专栏1

第一，拓展供应链物流。立足长江上游国际物流园、综合保税区进出口贸易基地等特色优势，加大与新能源汽车、锂电池、新材料、智能终端等制造业配套衔接的公共外库等仓储配送设施建设；引导传统商贸企业、物流企业拓展供应链一体化服务功能，向供应链服务企业转型。

第二，支持发展商贸物流。依托西南轻工博览城、西部食品商贸城、西南机械装备贸易城等商品交易市场，大力发展商贸物流，加快建设一批集贸易、展示、仓储、物流等功能于一身的大型国际化专业市场。

第三，发展冷链物流。加快构建以城乡配送中心为枢纽节点的冷链物流基础设施网络；加强保鲜、冷藏、运输等各类冷链物流基础设施建设，支持大型农产品批发市场、进出口口岸等冷冻冷藏仓储设施建设。

第四，加快发展农村物流。打造"区—镇—村"三级农村物流服务体系；谋划集客运、货运、邮政、快递等综合性功能于一体的乡镇综合运输服务站，鼓励、支持快递企业在农村布置智能化自主快递柜，全面提升农村村级物流节点覆盖率。

③拓宽现代物流业态与应用场景。提升货运装备、站场、企业以及车主的专业管理服务，构建辐射川南、面向西南的道路交通网络体系；拓展物流应用模式，大力发展多式联运、公路甩挂运输、供应链管理、城市共同配送等新模式；持续推进国际物流园建设，构建海外直采商品体验中心、跨境贸易及企业采购中心、保税区商品期货交割库等特色应用场景；拓宽辐射范围，发展内河集装箱物流，开发建材、矿石等大宗货物商品物流市场，提升港航物流服务在西南地区的辐射范围；强化基础设施建设，新建汽车整车物流分拨中心、新材料物流分拨中心、大宗商品分拨配送中心、铁路场站配套物流中心等，将三江新区打造成川渝滇黔接合部物流枢纽和南向物资集散地。

④高标准建设对外开放仓储物流平台。建设好、运营好、利用好宜宾综合保税区;依托三江新区对外开放平台的资源禀赋,发展国际合作新业务,加快区内特色产业国际市场深耕步伐;加快协同改革计划的落地实施,大力推广自贸区改革经验,争取纳入中国(四川)自由贸易试验区(扩区)和川渝自由贸易试验区协同开放示范区范围;深化"放管服"改革,积极承接省级管理事权,全面推行外商投资准入管理措施,推动金融、行政审批等领域的制度和运作模式创新,深化政府职能转变,强化服务供给。

⑤推进物流业智慧化改造。一是发展数字化数据共享物流。加强三江新区物流公共服务数据库建设,推动企业物流信息、行业物流信息平台与政府公共服务平台的接入,加强数据共享,推动行业数据共享互联,解决物流大数据的"信息壁垒""信息不对称"等问题;提升物流数据开放共建共享水平,依托数字智慧技术优化物流运力和协同性。二是强化自动化技术应用赋能。构建智慧型高效分拣系统,提升区域内物流设施的智慧化建设水平,推动物流设施以及服务流程智能化、标准化、一体化、绿色化改造;鼓励物流业市场主体进行仓储及货物分拨设备自动化升级改造,推动建设无人码头。

专栏2

第一,深化宜宾综合保税区建设。强化多式联运、跨境电商、平台通道资源、海关指定监管场地平台、自由贸易试验区等方面的协同合作,推动宜宾综合保税区集聚发展战略性新兴产业,打造外向型经济发展新平台,推动宜宾综合保税区加工制造、物流分拨、研发设计"三大中心"建设。

第二,推进长江上游国际物流园建设。新建汽车整车物流分拨中心、酒类物流分拨中心、"铁路—公路—水路"多式联运中心、大宗商品分拨配送中心、铁路场站配套物流中心等。

第三,应用智慧物流分拨系统。推动条形码、AIS(船舶自动识别系统)、RFID(射频识别)技术是一种自动识别技术,主要在仓储管理中应用等物流技术在物流领域的应用广度;强化信息技术、人工智能平台、区块链、大数据和算法技术与物流分拨体系的融合。

第四,加快物流重点园区无人化升级改造。推广物流机器人、智慧仓储、自动分拣、货物识别、无人派送机等智能终端及物联网技术;发展无人仓、无人配送车等无人化物流模式,构建一体化物流公共信息平台;建设城市货运配套信息平台,推进货运信息交互共享。

2.加快发展会议会展

(1)发展目标

提升商务会展业高端化、专业化、国际化水平,建成以服务产业转型升级为导向的商务会展服务业体系;积极承接和参与国家级、省级重大会展活动,加快建成辐射川渝滇黔、面向南亚、东南亚，具有一定国际影响力的区域会展中心。

（2）产业分布

会议会展产业分布如图9-2所示。

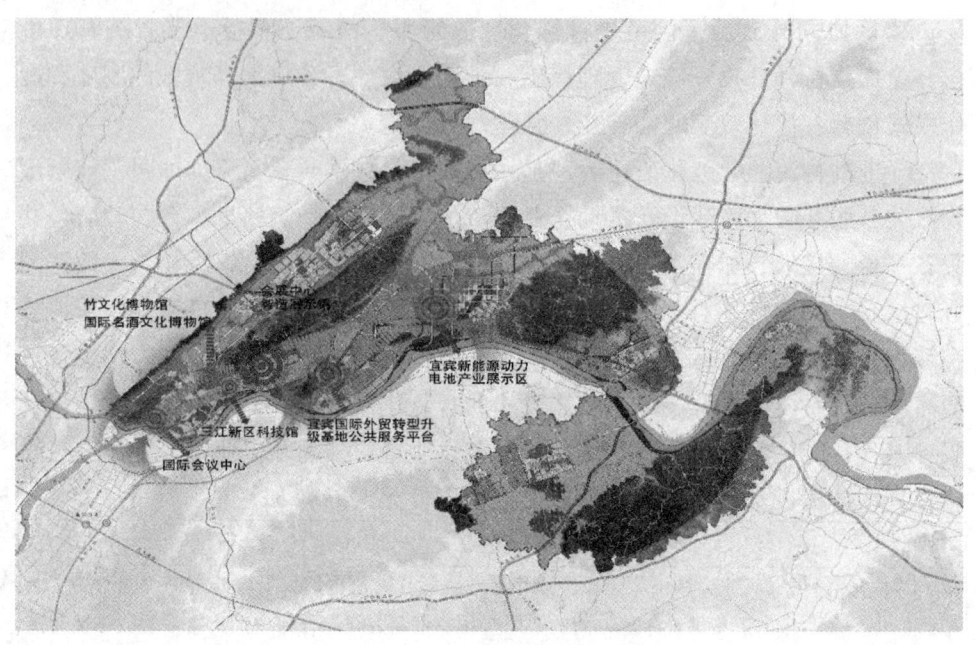

图9-2 会议会展产业分布图

（3）发展重点

①高规格打造会展经济品牌。围绕新能源汽车、动力电池、先进装备制造、茶、酒等特色优势产业，打造一批具有国际影响力的会展品牌；持续推动中国国际名酒博览会、国际（宜宾）茶业年会、中国智能终端产业发展大会、中国终端消费品国际博览会、中国（宜宾）国际竹产业发展峰会暨竹产品交易会等特色会展品牌高端化发展；高水平承办世界动力电池大会，提升三江新区动力电池产业链生态集群的国际影响力，扩大会展辐射溢出效应；依托国际会展中心、国际会议中心积极举办各类大型会议、行业论坛、博览展览、体育赛事，策划消费电子展、教育设备展、高端装备展、院士学术年会、大学城社团年会等特色品牌展会，提升三江新区会展品牌的专业化和市场化水平。

②培育现代会议会展市场主体。培育一批具有较强市场运作能力和国际竞争力的会展公司，逐步形成以龙头集团为引领、以中小型会展企业为辅助、以

会展服务企业为配套的多元化会展市场服务体系;围绕组展商、目的地管理公司、定制旅游、会议酒店等,大力培育综合型市场服务主体;支持组建与会展行业、产业相关的会展服务公司,打造集展会策划、展会组织、场馆布置、会议接待、宣传推广等于一体的专业会展企业;加快发展策划、广告、餐饮、住宿、休闲娱乐等会展配套服务主体,延伸会展经济产业链;培育、引进专业会展人才,建立会展专业人才引入机制,通过政策吸引、聚集一批会展领军人才和专业化人才;深化会展企业与职业院校、培训机构的合作,提高从业人员综合技能;鼓励高等院校开设会展专业,培养会展策划师、设计师等急缺的专业性人才。

③发展"会展+"经济。建设以服务产业转型升级为导向的商务会展服务体系,积极引导会议会展功能与商务、旅游功能相融合,促进会展旅游产业格局的形成;利用三江新区会展中心谋划与本地经济规模、产业发展、区域特色相匹配的会展事业;围绕"5+1"产业发展需求策划布局一批产业型、消费型相结合的有影响力的会展品牌;推动会展产业与绿色经济、数字经济、智能经济深度融合,提升白酒、茶、竹、新能源汽车、智能终端等产业会展的影响力。

④完善会展商务服务配套。建设集展览、会议、商业、办公、酒店等功能于一体的会展综合体;提升基础设施建设水平,完善会展展品的监管仓储、物流转运等基础性服务,优化会展中心周边交通配套设施建设,提升举办国际性、区域性会议会展的服务和成长能力;做好展馆周边住宿、旅游、消费指引,鼓励展馆周边酒店、商户订制针对大型展会的优惠套餐;鼓励会展场馆单位、宾馆饭店、景区(点)和周边购物中心在会展活动的招徕与承办中形成合力,发挥整体联动效应,拉动展会消费。

⑤创新会展举办形式。大力发展数字会展,提高现有场馆配套设施的智能化和信息化水平;多渠道运用"虚拟现实+会展"等技术,推进信息互联网技术在会展全产业链中的应用;鼓励运用全息投影技术、VR/AR技术、人工智能交互技术,提升会展感官体验;拓宽会展形式,对传统会展展馆整体升级改造,实现会展全领域的5G网络覆盖,创新"云"会展的举办形式,加快会展呈现形态的升级转型;鼓励和引导公众运用智能终端直播会展动态,形成规模性网络直播矩阵,提升三江新区会议会展的传播度与影响力。

> **专栏3**
>
> 中国国际名酒博览会：以国际化的视野展示全球名酒，展现中国白酒文化产区元素以及酒都宜宾形象；寻求全球酒文化、创意、产业之间的共同提升，为宣传、弘扬中国以及国际酒文化，发展壮大酒产业，促进酒文化与酒产业相互融合提供国际性平台。
>
> 世界动力电池大会：以会展带动动力电池产业集聚，推动全产业链制造企业转型升级，实现跨领域、跨行业的生产、研发、人才、资本等资源的整合；以此为契机，全面提升三江新区的承载力、产业吸聚力和形象感召力，力争将世界动力电池大会打造成三江新区的标志性会展品牌。
>
> 中国智能终端产业发展大会：在"构建以国内大循环为主体、国内国际双循环相互促进的新发展格局"战略背景下，坚持开放、合作、共享，促进5G时代智能终端产业协作共赢，打造具有全国乃至全球影响力的展会品牌，推动智能终端产业高质量发展。
>
> 中国（四川）国际茶业博览会：以全面推进乡村振兴战略为主线，以做强茶品牌和促进茶消费为核心，全面展示我国茶产业发展成就，展示新品种、新技术、新业态；通过举办专场推介、新茶品鉴等活动，集中对"宜宾早茶""川红工夫"等宜宾茶品牌和茶食品进行宣传推广。
>
> 中国（宜宾）国际竹产业发展峰会：建立竹产品展示和线上、线下交易综合性功能平台，以"宜宾竹城市公共品牌"、竹交易国际化融媒体中心、"中华竹都三产联动"三大驱动为动力，实现"宜宾竹"一二三产业全面融合，推动"宜宾竹"在国内外市场的发展推广。

3.培育发展现代金融

（1）发展目标

加快推进三江新区金融新城建设，打造金融机构聚集、金融市场完善、金融创新活跃、金融服务高效的综合服务区；加强金融与实体经济的协同配合，构建产业与金融良性互动的生态体系，将三江新区建成长江上游区域金融中心核心区，建成成渝南向开放金融创新示范区，引领区域金融高质量发展。

（2）产业分布

现代金融业分布如图9-3所示。

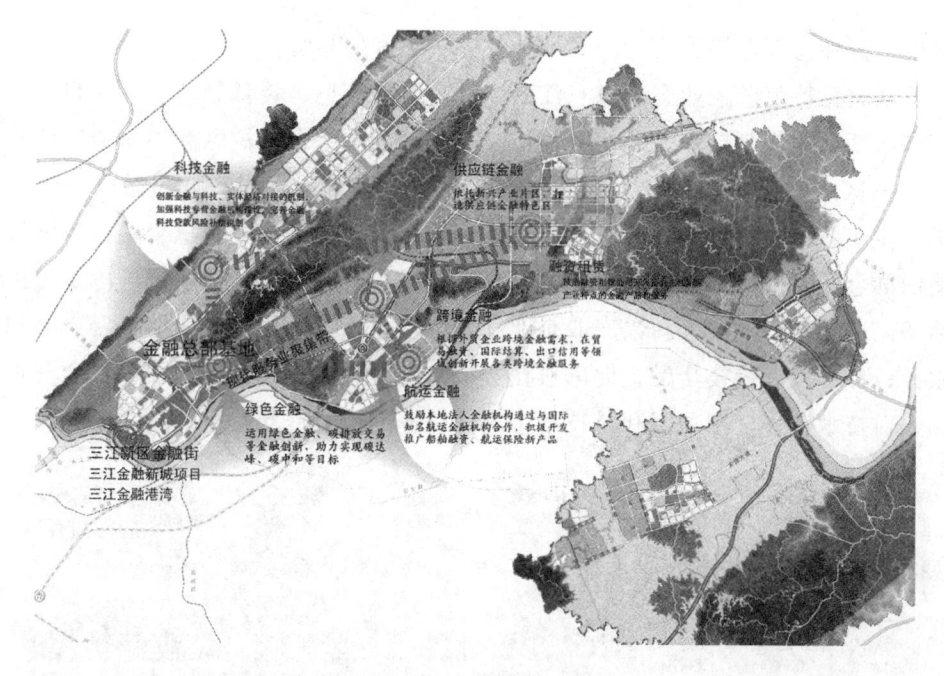

图 9-3　现代金融业分布图

（3）发展重点

①加快健全金融机构体系。积极引进各类持牌金融机构，鼓励本地法人银行在金融新城入驻，重点引进各类全国性股份银行，支持银行、证券、保险、信托、基金、金融租赁等金融机构在三江新区金融新城设立分支机构以及子公司；聚集发展地方金融组织，支持宜宾发展控股集团有限公司、宜宾天原集团股份有限公司、宜宾丝丽雅集团有限公司等公司申请包括融资租赁、商业保理、小额贷款、地方要素交易市场等与自身产业协同性较强的金融牌照，进一步发挥产融协同效应；加快引进金融中介机构，支持国内外知名会计师事务所、信用评级机构等在三江新区金融新城设立区域性金融总部或分支机构。

②重点打造三江新区金融新城。以新鹏·盛世临港、中铁·卓越城为主要承载区，结合港荣大厦打造区域性金融服务中心；以三江金融港湾为聚集区，引进银行、证券、保险、信托等法人金融机构及分支机构、专业子公司，形成区域性、功能型金融机构聚集核；打造三江金融街区，引进各类与金融业相关的征信机构、信用评级机构、证券服务机构、公募基金等服务机构，完善金融配套服务，与三江口金融中心形成共同发展的金融聚集效应；推进金融总部基地建设，引进金融总部、新兴产业总部、商贸总部，形成三江新区总部发展集

聚区，延伸总部经济聚集化、高端化、完善化发展趋势。

③培育特色金融业态。以三江新区现有电子信息、装备制造、新材料及生命健康四大先进制造业基础优势为依托，充分利用综合保税区、国家级经济技术开发区的建设机遇，以"产融结合"为特色，重点发展产业金融、科技金融、供应链金融，加快发展跨境金融、租赁金融，推广发展普惠金融，探索打造白酒金融，培育发展绿色金融，创新发展航运金融；鼓励金融机构围绕先进装备制造、动力电池等新兴产业企业开发个性化、特色化的供应链金融产品和服务；择优发展科技金融，促进科技金融与实体经济有效对接，引导社会资本加大对技术转移早期项目和科技型中小微企业的投融资支持，如图9-4所示。

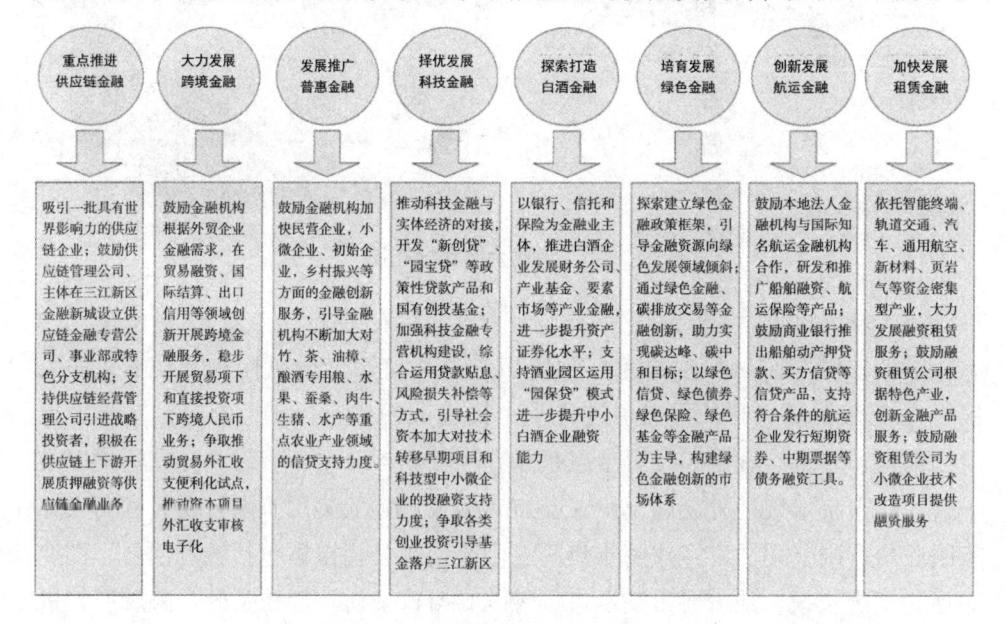

重点推进供应链金融	大力发展跨境金融	发展推广普惠金融	择优发展科技金融	探索打造白酒金融	培育发展绿色金融	创新发展航运金融	加快发展租赁金融
吸引一批具有世界影响力的供应链企业；鼓励供应链管理公司、事业部或特色分支机构，主体在三江新区金融新城设立供应链金融专营公司、事业部或特色分支机构；支持供应链经营管理公司引进战略投资者，积极在供应链上下游开展质押融资等供应链金融业务	鼓励金融机构根据外贸企业金融需求，在贸易融资、国际结算、出口信用等领域创新开展跨境金融服务，稳步开展贸易项下和直接投资项下跨境人民币业务；争取нести在供应链上下游开展贸易外汇收支便利化试点，推动资本项目外汇收支审核电子化	鼓励金融机构加快民营企业、小微企业、初始企业、乡村振兴等方面的金融创新服务，引导金融机构不断加大对竹、茶、油樟、酿酒专用粮、水果、蚕桑、肉牛、生猪、水产等重点农业产业领域的信贷支持力度	推动科技金融与实体经济的对接，开发"新创贷""园宝贷"等政策性贷款产品和国有创投基金；加强科技金融专营机构建设，综合运用贷款贴息、风险损失补偿等方式，引导社会资本加大对技术转移早期项目和科技型中小微企业的投融资支持力度；争取各类创业投资引导基金落户三江新区	以银行、信托和保险为金融主体，推进白酒企业发展财务公司、产业基金、要素市场等产业金融，进一步提升资产证券化水平；支持酒园区运用"园保贷"模式进一步提升中小白酒企业融资能力	探索建立绿色金融政策框架，引导金融资源向绿色发展领域倾斜，通过绿色金融、碳排放交易等金融创新，助力实现碳达峰、碳中和目标；以绿色信贷、绿色债券、绿色保险、绿色金融产品为主导，构建绿色金融创新的市场体系	鼓励本地法人金融机构与国际知名航运金融机构合作，研发和推广船舶融资、航运保险等产品；鼓励商业银行推出船舶产权押贷款、买方信贷等信贷产品，支持符合条件的航运企业发行短期信贷、中期票据等债务融资工具	依托智能终端、轨道交通、汽车、通用航空、新材料及页岩气等资金密集型产业，大力发展融资租赁；鼓励租赁公司根据特色产业，创新金融产品，租赁公司为小微企业技术改造项目提供融资服务

图9-4 三江新区现代金融门类发展路径

④提升产融融合水平。加快构建产业全生命周期孵化基地，着力提升金融对小微企业、初创企业全生命周期的支持服务水平，为处于不同生命周期的企业提供精准金融支持服务；积极争取各级政府产业发展基金支持，加快完善三江新区自身产业基金体系，建立与各类产业基金合作发展机制，发挥"四两拨千斤"的作用，更好地助力实体经济发展；发挥宜宾作为国家财政支持深化民营和小微企业金融服务综合改革试点城市的优势，综合运用各类融资工具，不断完善民营与小微企业金融服务体系；优化金融产品体系，积极开发适合中小企业和项目的金融产品，为企业发展注入金融活水。

⑤打造区域性金融开放创新高地。深化与成渝地区双城经济圈金融行业的协同合作，承接西部金融中心的金融要素、金融资本溢出效应，融入成渝地区双城经济圈金融一体化发展；加强跨区域金融交流，开展西部陆海新通道沿线城市金融协同创新，推动投资贸易、监管便利化，在金融创新改革等方面形成互联互通纽带；强化与长江经济带重点城市和金融中心的业务往来，探索开展企业融资贷款资质审查等对接与互认，提高区内市场主体的融资能力，为企业提供便捷、高效的金融服务；支持与鼓励金融机构针对"一带一路"、南向开放等国家和地区的跨境业务进行跨境金融产品和服务的开发与创新，更好地满足本地企业以及国内外合作企业的跨境金融需求。

4.大力发展数字经济

（1）发展目标

加快大数据产业园建设，拓宽数字经济业态，积极培育工业互联网、软件开发、云服务、人工智能等新业态，推动三江新区创建全省数字经济发展创新示范区，打造长江上游区域大数据中心。

（2）产业分布

数字经济产业分布如图9-5所示。

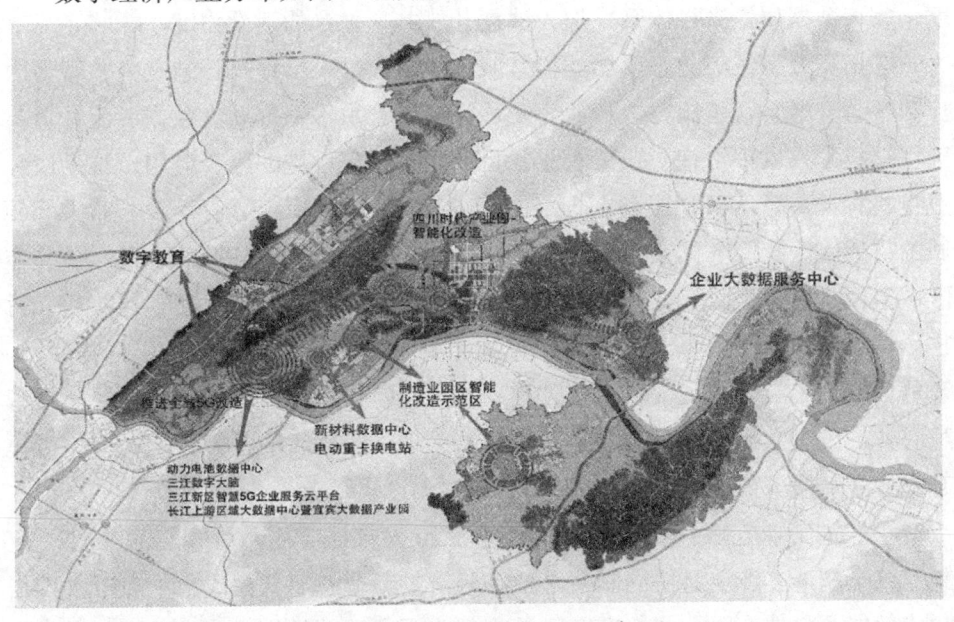

图9-5 数字经济产业分布图

（3）发展重点

①夯实大数据产业发展基础。加快推进长江上游区域大数据中心暨大数据产业园建设，打造计算资源中心、数据交易服务中心和存储灾备中心集聚的大数据园区及大数据产业集聚区；抢抓"东数西算"战略机遇，招引互联网头部企业入驻，培育以云计算、大数据、物联网等新一代信息技术为核心的新兴信息服务业；稳步发展数据采集、存储、计算、风险估计判断、测评认证等大数据加工服务，推动大规模分布式计算和智能数据分析等大数据技术的广泛应用；强化大数据服务体系建设，提升数据采集以及预处理、数据储存、数据交易、数据挖掘分析、数据可视化、数据安全等服务能力，为宜宾市大数据应用和"5+1"产业发展提供基础。

②提升数字技术对政务服务的支撑能力。完善数据开放共享平台，支持四川智能终端产业大数据中心、五粮液国际酒业大数据中心等行业云服务平台项目建设，引导企业和社会组织基于开放的数据资源发展应用创新；推动三江新区"城市大脑"平台建设，加快推进政企数据双向对接开放，强化公共数据在城市管理、经济调节、市场监管、公共服务、社会治理等领域的应用；推进政务服务"一网通办"，制定政务数据资源目录，建立政务数据资源分级分类制度，完善数据质量管控体系，加大数据开放共享平台的建设力度。

③拓宽数字经济业态。加强智慧城市建设，进一步提高智慧政务、智慧医疗、智慧交通、智慧旅游、智慧公安、智慧城管水平；推动大数据、云计算与区块链技术在城市治理、智慧农业、自动化办公等领域的融合应用；推动医疗卫生机构开展数字医疗服务，推广基于 5G 技术的远程会诊、手术、监护等领域的贯通式医疗服务体系；推动数字技术在交通、物流等领域的运用，使其在区域范围具有更强的互联与预测感知能力；推广无人驾驶技术在客运接送、货物运输、快递投送等场景的应用；推进教育领域的数字化改革，依托物联网、智慧信教育终端等拓展教育模式，推动传统教育形态的改革创新；加快发展智慧农业，推进数字技术在农业生产经营、管理、销售、服务等领域的应用，提升农业生产服务效能。

④推进工业互联网改造。提高工业云、大数据应用水平，培育个性化定制、共享制造、产业链协同制造等数字经济的新业态、新模式；重点推动四川时代新能源科技有限公司、宜宾凯翼汽车有限公司等龙头企业内外网建设和企业内网 IP（网络地址）化、扁平化、柔性化技术改造，形成工业互联网基础

架构体系，打造数字化车间和智慧工厂；整合工业互联网龙头企业、工业软件设计企业、系统集成商、方案供应商等各方面资源，加快打造本地化工业互联网公共服务平台，为各类企业提供网络改造、云商服务、数字化转型等综合解决方案；围绕企业综合管控水平智能化、产业协同优化等重点方向，促进新能源汽车、新材料、先进装备制造、动力电池等领域的企业数字化转型；推进"5G+工业互联网"的应用服务，深化工业应用程序开发和利用，建设面向垂直行业和细分领域的互联网平台；探索打造"研发+生产+供应链"的数字化产业链，建设跨领域、协同化、网络化的数字经济创新平台。

⑤加快发展软件信息服务业。重点引进国内外知名软件企业到三江新区设立各类分支机构，招引聚集优秀软件人才、开发团队和运营团队到三江新区创业；支持开发面向工业、医疗、交通物流、农产品销售等领域的平台化软件产品；围绕"5+1"重点产业发展需求，组织开展软件产用对接交流活动，进行跨行业、跨领域的协作示范；鼓励本地大型企业剥离信息技术应用研发业务，以基础软件、应用软件等开发为重点，推动软件信息服务业升级发展。

专栏4

长江上游区域大数据中心：与成都数字经济生态体系、重庆"云联数算用"要素集群开展合作，建设覆盖西南地区重要城市的健康医疗大数据共建共享平台；培育发展工业互联网、云服务、人工智能、物联网等新业态，创建四川省数字经济发展创新示范区。

三江新区交通碳大脑智慧平台：针对三江新区交通领域特点，建设立体式、综合性、信息化交互系统，接入车辆、充电桩、充电配套设施（新能源发电与储能）等终端的能耗与碳排放相关信息，进行数据存储、整合与计算处理；聚焦碳足迹、碳积分、碳交易三大重点领域，实现看碳、析碳、降碳等功能。

三江新区城市大脑平台：建设信息化基础设施、硬件、软件平台等，包括指挥中心、呼叫中心以及基于民生、管理决策的应用系统，实现跨部门、跨业务、跨数据的融合应用。

三江新区生态环境大数据平台：配备工业、农业、生活污染源集中式数据检测和分析设备，建成移动污染源排放动态监测系统和污染源分析平台。

三江新区智慧企业服务平台项目：打造面向政府、企业的"互联网+政务服务"一体化电子政务服务平台，实现对企政策服务"一网通办""精准推送""统一身份认证"和"智慧云管家服务"等功能。

（二）促进特色服务业创新发展

1. 打造科技创新服务体系

（1）发展目标

壮大科技创新主体，积极筹建大学科技园，发展综合性科技孵化服务，加快推进省级科技服务业产业集聚区试点示范建设，主动融入成渝地区双城经济圈协同创新及成果转化体系，打造长江上游科技创新高地。

（2）发展重点

①重点发展五类科技服务。一是科技研发设计服务。推动已入驻的产研院校、工程技术研究中心等实体化运作，鼓励科研院所围绕三江新区重点产业创新技术和服务模式，进一步发挥院士工作站与工程技术研究中心等创新平台对产业发展的辐射和带动作用。二是创新创业孵化服务。加快推进大学科技园建设，构建以产业需求为导向、以企业为主体、产学研深度融合的创新创业孵化服务生态。三是技术转移服务。充分调动高校、科研机构和社会化技术转移服务机构的积极性，围绕三江新区重点产业发展需求打造多元化、专业化的成果转化服务体系。四是科技金融服务。依托创新创业基金、融资担保基金等积极创新科技信贷产品，提高科技型企业直接融资比重。五是检验检测服务。围绕新材料、先进装备制造业、动力电池等产业集群，大力发展检验检测服务；支持公共技术平台全方位开放服务项目，为企业提供检验检测、标准认定、资格许可、知识产权、出口认证等一站式质量技术基础服务。

②加强科技服务载体建设。加快动力电池及新能源汽车创新中心升级建设，高标准建设智能终端创新中心，布局技术研发和集成创新任务，补齐产业技术短板，助力企业新技术、新成果迭代升级；建设科技服务业集聚区，筹建大学科技园，支持并鼓励企业加大科技创新投入，加快推进省级科技服务业产业集聚区试点示范建设；鼓励和引导科技服务领域孵化器、众创空间、大学科技园、工程技术研究中心等服务平台提档升级，培育一批国家级、省级创新创业孵化载体；推动国家技术转移西南中心川南分中心常态化开展成果展示，对接交易与需求，推动技术创新需求与专家资源的精准对接，构建产学研深度融合的技术创新体系，为动力电池、新材料、新能源汽车等产业发展提供源头技术供给。

③培育壮大科技服务主体。一是培育科技服务龙头企业。围绕研发设计、检验检测等科技服务领域，打造一批龙头标杆企业，支持规模以上科技服务企业发展壮大；实施先进型服务企业、高新技术企业、瞪羚企业培育行动，将符合条件的科技服务企业纳入创新型企业群体管理与服务；加强企业研发中心建设，引导和鼓励中小企业加大研发投入，通过科技服务业发展专项、省级科技计划等项目，持续加大对中小科技服务企业的支持力度。二是构建领军企业牵

头、高校及科研院所支撑、社会主体相互协同的创新联合体。以科技创新联合体为平台，整合企业、高校、科研院所在上下游产业链中的创新资源，形成目标一致、相互协同、高效创新的体制机制，推动产业链与创新链的精准对接、深度融合。

专栏5

第一，创新平台建设布局。推动区内企业与已落户高校、科研院所共建国家级、省级重点实验室、工程（技术）研究中心、企业技术中心、工业设计中心、产学研合作示范基地等协同创新平台，到2025年，打造30个省级以上创新平台。

第二，引进和建设院士服务站。加快引进和建设一批院士工作站、博士后工作站、产业技术研究院等科研机构，力争到2025年院士工作站达到8个，博士后工作站达到10个；充分发挥院士工作站等研发机构的作用，力争建成技术创新中心、产业创新中心、制造业创新中心等高能级平台；依托领军企业、高职院校、应用型本科院校，布局建设一批产教融合实训基地。

第三，推进"双城"建设。加快建成成都理工大学宜宾校区（二期）、成都工业学院宜宾校区（二期）、四川外国语大学成都学院（现为成都外国语学院）宜宾校区（二期）、西南大学宜宾研究院、宜宾学院二期等院校。

第四，深化政产学研用协同融合。推动大学科技园建设，持续加强与国内外知名高校、科研院所、市内外企业的合作，共建国家级和省级技术创新中心、重点实验室、院士工作站等创新研发（孵化）平台。

2.健全现代人力资源服务体系

（1）发展目标

以三江新区特色产业需求为导向，培育优质职业人才；引育现代人力资源服务主体，强化产业发展与人力资源服务的供需对接，提升人力资源开发水平；高标准参与建设川南（宜宾）人力资源协同创新发展试验区，争取建成川南人力资源交易中心与创新服务示范区。

（2）发展重点

①以产业需求为导向培育优质职业人才。加快建立与三江新区产业升级转型相匹配的、符合三江新区企业需求的人力资源服务体系；加强与国内大型行业协会、人才培训机构、专业技术研究院的合作，立足白酒、智能制造、轨道交通、动力电池、医疗器械、新材料等特色产业，建设专业化人力资源培训基地；推进五粮液技师学院、汽车工程技师学院、新能源科技职业学院等人力资源培训和教育基地的建设，打造川南"白酒人才""智能制造人才""装备制造人才"等人力资源品牌；高水平发展中等职业教育、高等职业教育，深入推进

高职园建设,加快建设以培育工匠为目标的职业教育园区。

②引育现代人力资源服务主体。以"立足宜宾、辐射川渝、面向全国"为总体定位,高标准打造人力资源服务产业园;依托宜宾人力资源服务产业园,推动人力资源公共服务基地和人力资源产业创新平台建设,形成产业园聚集效应,引领产业高质量发展;引进、培育一批业态先进、竞争力强、成长性好的综合性人力资源服务机构,为人力资源服务业注入活力;引导人力资源服务机构以动力电池、新材料、智能终端、智能制造、高端装备制造、医疗器械等产业需求为导向开发特色服务,支撑区域特色产业高质量发展;强化政策支持,鼓励产业园因地制宜,出台园区企业落户奖励、经营奖励和场租补贴等扶持政策,支持产业园做大做强。

③推动人力资源服务多样化发展。实施人力资源供需对接工程,引导重点产业用人单位和人力资源服务机构建立常态化合作机制,为企业人才开发和配置提供合作交流平台;鼓励和引导人力资源服务机构拓展人才引育项目,提供人力资源外包、高级人才寻访、人力资源培训、测评与管理咨询等人才服务,建设多层次、多业态的人力资源服务链条,完善高端人才引进、培训及服务的政策配套体系,开拓挂职、兼职、技术咨询、"候鸟"工程师、"银发专家团"等多形式的人才引进渠道;提升公共就业和人才服务水平,健全公共就业和人才服务体系,推进公共服务专业化、标准化和信息化建设。另外,还要实施"互联+人力资源服务"行动。建设人力资源数字化公共服务平台,实施"大数据+互联网"的人力资源智能化服务,推动人力资源服务和互联网的深度融合,开发人力资源供求信息查询、职业指导、远程招聘等系统。

④规范新业态劳动用工市场发展。倡导人力资源机构诚信与规范发展,建立红黑名单,形成激励惩罚机制,约束违法失信用工企业;加强对人力资源市场的监管,利用信息公开透明机制、定期市场巡查、举报投诉等手段,限制失信违规人力资源机构的活动,规范人力资源市场发展秩序;规范人力资源服务机构诚信体系,形成人力资源市场秩序稳定、人才自由流动的发展局面。

专栏6

第一，培育壮大人力资源市场主体。联合招商引资，主动承接重庆、成都及东部沿海地区人力资源服务产业的外溢延伸，鼓励在人力资源试验区内注册经营性人力资源服务企业、机构，跨市域互设服务网点和办事机构等，符合条件的同等享受当地有关优惠、扶持政策。

第二，开发优质人力资源。组建区域性技工教育联盟，跨市域深化校校、校企、校地合作，优先支持在人力资源试验区内新建五粮液技师学院、公共实训基地和国家级、省级高技能人才培训基地，因地制宜地打造一批区域性重点、特色产业培训实训中心和国家级、省级创新创业孵化园。

第三，推动人力资源产业集群集聚。做大做强人力资源服务产业园，支持创建省级人力资源服务产业园，以跨市域"一园多区"形式联合创建中国川南人力资源服务产业园。

第四，打造区域优质人力资源服务品牌。联合实施"川南人力资源服务"品牌集群培育行动，加大设计、培育、集成、推介力度，加快形成一批区域性特色服务品牌、知名企业品牌和优质劳务品牌。

第五，提升人力资源服务供给效能。实施川南人力资源服务质量提升行动，深化"互联网+"双向融合，打造一批产业创新研发和成果转化应用载体和平台，建设一批高校毕业生、农村劳动力外包服务基地（中心）。

第六，做大做强区域人力资源市场。协同推动四川人力资源市场一体化发展、相互全面开放，搭建多层次、多元化人力资源要素线上线下供需对接平台。

第七，促进产业人才集聚。搭建三江新区人才联合引育和共享服务平台，创新编制区域性人才开发指引和急需紧缺人才目录，支持建设一批人力资源服务孵化基地和培训实训基地。

第八，深化成渝地区双城经济圈人力资源协同共享。谋划实施一批标志性、引领性、支撑性项目和重点活动，在毗邻地区打造一批人力资源融合发展先行区和示范区。

3. 提升商务服务业规格

（1）发展目标

以服务产业转型升级为导向，建设专业型商务服务业体系，大力发展创意设计、法律服务、财务会计、咨询服务、广告服务、人力资源服务等知识密集型专业化服务。

（2）发展重点

①加快发展总部经济。加快建设中铁·卓越城、长江上游区域大数据中心写字楼等商务办公楼宇，大力引进金融机构和数字信息头部企业，打造区域金融总部和大数据总部；以优质的服务和优惠的配套政策吸引民营企业总部、大中型企业区域总部、大型企业功能型总部落户三江新区，推动总部经济集聚发展；推动重点产业领域高成长型本土企业向总部企业发展，引导研发设计、技

术转化、检验检测等企业集聚；加快发展高新技术、高端商务等领域总部经济，推动总部经济高质量发展；加快建设一批高品质商务楼宇，打造地标性高端商务办公区，大力发展现代金融、电子商务、国际贸易、商务咨询等业态；完善总部经济基地建设，建设集总部办公、产品展示、创意研发、职业教育培训、会务金融、产品交易、信息交流、星级酒店八大功能于一体的区域产业总部基地。

②加快创意设计服务领域的发展。围绕新能源汽车、新材料、智能终端、白酒等强势产业领域，大力发展先进制造装备、产品形态与包装、新型材料等工业创意设计；提升先进制造业的设计能力和工艺水平，支持工业设计向高端综合设计服务业转变，探索以创新为核心的设计赋能机制；塑造三江新区创意设计品牌，以企业为主体，加大创意设计人才引进和培育力度，提高企业原创设计能力。

③法律服务提能升级。在引导本土律师事务所升级转型的同时，引进高端律师事务所品牌，提升法律服务的品质与专业性水平，满足三江新区内各类型企业的多样化法律服务需求。

④财务会计咨询服务水平提升。支持本土会计师事务所转型升级，引导国内外知名会计师事务所在宜宾设立分支机构，为各类企业提供全方位、专业化的财税服务，为南向开放企业提供国际化服务，为本土企业拓展南向国际市场提供便捷服务。

⑤升级广告媒介展示形式。政府要对传统城市广告媒介升级改造，提升区域内广告传媒的吸引力。比如，推动传统广告传媒服务企业升级改造，加强大数据、算法技术、人工智能等数字技术的应用，提升广告传媒与社群营销投送的针对性与精准度。

（三）实现"短板"服务业优质发展

1.实现商贸服务业发展高水平

（1）发展目标

优化布局，提速增效，大力提升三江新区商贸服务业整体发展水平。到2025年，三江新区要形成一批十亿级特色商圈，全面增强区域消费吸纳和承载能力，建成区域新兴消费中心。

（2）发展重点

①建立全方位高水平商业发展格局。着力构建高端化、智能化、网络化商贸服务体系，努力推动商贸服务业迈上新台阶、取得新成效，形成布局合理、服务高效的商贸新格局，建成以市级商贸中心、区级商贸片区、社区商业网点为体系的全方位、多层次的服务业发展格局，为三江新区经济社会发展提供新动力、新支撑，将三江商圈打造为展示宜宾城市商业新形象的门户。

②做大做强商圈经济，构建体系化服务网络。结合三江新区产业发展及人口规模扩大、消费结构多样化的需求特点，突出重点，科学规划，大力发展新型商贸产业；高起点规划建设临港商圈、高铁商圈、大学城商圈，建设碧桂园文旅综合体、竹里商街、华润商业综合体、科教·公元π等一批高端商业载体；引导商圈错位招商发展，加快浙商临港新天地、宜宾水街、西部食品城、轻工博览城、观斗山汽车商贸中心等商业载体的招商运营，积极引进知名品牌到三江新区设立体验中心、宜宾首店、川南旗舰店，培育消费新热点，将三江新区建成区域新兴消费中心。进一步推进商贸、会展、旅游、健康等产业深度融合发展，大力推动现代商贸服务业提档升级。以新建楼盘、商业住宅区为依托，加快推进综合性邻里中心建设，完善社区商业，构建社区商贸服务体系。重点建设与群众生活息息相关的便利店、餐饮点、干洗店、修理店等服务网点，逐步形成门类齐全、便民利民的社区服务网络。优化宋家镇、罗龙街道等城镇社区商业网点设置，打造城市社区15分钟便民生活圈。推动智慧物业开发和智慧社区建设，促进房地产数字化转型。

③加快推进市级重点专业市场建设。依托川南汽车城、观斗山汽车商贸中心、西部食品城等专业市场，建设市级重点专业市场，建设汽车、建材、副食品等批发市场，加快建设和完善农产品批发市场、汽车摩托车及配件交易市场、建材市场和二手车交易市场等重点市场，结合会展业发展，打造成渝地区双城经济圈南部物资集散中心；加快新建特色专业化市场，推进现有专业市场、农贸市场转型升级。引进国际国内知名专业商贸物流公司入驻三江新区，扶持新型互联网商贸公司，大力培育、做大做强骨干商贸流通企业；依托宜宾综合保税区，大力招引跨境电商龙头企业，着力支持外贸企业、电商企业开展跨境电商业务。

④创新现代商贸新业态发展。发展"首店"经济、"她"经济、童经济、银发经济等，进一步完善消费产品体系，强化特色消费品牌培育，营造现代消

费场景；推动传统商贸业转型升级，发展"智慧消费、体验消费、共享消费、定制消费、跨境消费、绿色消费"等新型消费形式；支持新建商贸综合体向消费体验中心、休闲娱乐中心等高端消费载体转变，重点推动无人商铺、智能家具、智能看护等新型智慧消费，加快发展远程医疗、数字传媒、游戏动漫、在线教育等数字消费产业，引导企业建设主题餐厅、主题乐园等应用场景；加强优质生态产品持续供给，重点培育绿色商场、绿色酒店、绿色餐厅、绿色社区；提升住宿、餐饮等服务的供给数量和质量，引进国内外星级酒店、高端民宿等，培育一批三江新区特色服务品牌。

⑤大力发展夜间经济。紧密围绕"吃、住、行、游、购、娱、文、体、疗"等夜消费元素，充分挖掘区域夜间经济特色资源，依托以宜宾水街、华润万象汇、科教·公元π、临港新天地为中心的白沙堰商圈，构建"一核十区"集聚、错位发展的夜间经济新格局；创新发展夜间消费促进活动，开展夜食、夜购、夜娱、夜游等业态多元的夜间消费活动；着力打造"天空之城、智享之城、乐夜之城"三大主题场景，高标准规划一批集特色购物、饮食休闲、娱乐健身于一体的商业综合体，高品位建设一批文化体验、旅游观光、文艺品赏场馆，促进区域夜间经济产业规模化、品位高端化、业态多元化，打造富集"四好""四有"的"三江新名片、宜宾不夜城"品牌，建成全市夜间经济的核心区、示范区。

专栏7

第一，核心商圈建设。推进王府井购物中心、华润万象汇、科教·公元π、留学生服务中心等重点商业项目建设，完善招商引资工作，合理调整、优化临港新大地、众生商业广场等现有商业业态，形成临港、高铁、大学城三大核心商圈。

第二，社区邻里中心建设。建成丽雅·江宸邻里中心、光明路邻里中心、东部产业园邻里中心、大学城邻里中心、志城邻里中心、高铁片区邻里中心、新城邻里中心等生活服务配套中心。

第三，现代商贸新业态创新发展。推动传统商贸业转型升级，创新发展夜间经济、网红经济、体验经济等新经济模式；开展重点商圈商街数字化营销试点，推进智慧商圈（街区）数字化改造建设，促进房地产行业数字化转型。

2.优化文化旅游业发展新格局

（1）发展目标

到2025年，宜宾要依托三江新区大学城、龙头山竹文化公园、龙头山生态公园等资源禀赋，增加文化、旅游、休闲优质项目资源供给，打造优质、高效的"15分钟生活圈",让城市处处彰显文化特色,形成文旅业发展新格局。

(2)发展重点

"十四五"期间,着重破解三江新区作为新建城区文化底蕴不足的问题,开拓创新、深入挖掘"三江"文化品牌,明确旅游景区建设重点,突显区域文化发展特色,形成布局优化、配置合理、时空均衡的全域文旅发展大格局,增强文化旅游产业对三江新区经济社会发展的推动作用。

①构建高品质绿色生态旅游示范区。依托三江新区"依山傍水""三江交汇"的优越自然条件,积极推进长江沿线保护修复,打造长江绿色生态长廊,合理布局沿江景观,建设滨江见绿、开敞有序的滨江旅游休闲空间,彰显长江上游绿色发展示范区文化特色;沿黄沙河、白沙堰、马家河建设城江之间、城山之间、城市组团之间相融相通的三条生态廊道,打造具有郊野特征的公共空间活力廊道;高标准打造龙头山国家城市生态公园,改造白塔山公园,保护性开发观斗山、金竹山、琴山等自然山体形态,加强山体生态修复与保护,根据环保需要合理布局城市建设和生态旅游功能,塑造山城共融的空间形态,实现生态保护与旅游开发的双目标;重点打造月湖中央花园、瞌睡坝滨江公园,加快建设羔羊山、东门滩等滨江山体公园;依托白沙堰、黄沙河、马家河、仙源湖及宋家镇田园水系,因地制宜地建设湿地公园、郊野公园;在重点社区、主要街道、城市广场等周边区域,见缝插"绿"建设一批社区公园、口袋公园,打造新区特色公园绿地体系,推动公园场景与城市空间相融合。形成山体森林公园、滨江湿地公园、城市社区公园等多层级、多类型的公园绿地,塑造三江新区特色公园景区体系;围绕双城山水活力、罗龙滨江风貌、江南生态田园、宋家美丽乡村,启动实施一批特色乡村文化休闲旅游项目,打造一批乡村文旅融合样板村,激活大美三江乡村旅游资源,构建三江特色乡村文化记忆标识,提升三江文旅品牌的辨识度和影响力,将三江新区建成长江黄金国际旅游带的重要节点。

②形成全域全时空的文旅产业发展大格局。健全文化旅游服务体系,提高文化旅游目的地和集散地间的通达度,完善旅游交通标识、风景绿道和乡村旅游廊道系统;结合各自然文化景观特色,新创建一批特色景区、生态旅游示范区、旅游度假区等,或者提升一批特色景区、生态旅游示范区、旅游度假区等的等级;加快发展新型文化企业、文化业态、文化消费模式,创新文化旅游运营模式,策划一批休闲式文旅观光景观、体验式文旅活动载体、旅居式文化康

养项目，引进一批国内文旅龙头企业，打造具有影响力的三江文旅品牌；创新城市休闲旅游，拓展文化和旅游消费空间，打造城市文化展示产品、城市休闲旅游产品；加快推进宜宾博物馆、竹文化博物馆、中国国际名酒文化博物馆等重要公共文化服务设施建成开放，新建三江新区图书馆、文化艺术中心、工青妇活动中心等公共文化服务设施项目；高标准建设一批主题文化酒店、特色民宿、星级农家乐等，完善酒店、娱乐、餐饮等配套性基础设施，建成集市民休憩、旅游观光、文化体验于一体的文旅产业发展新高地。

③拓展城市文旅发展新领域、新业态、新技术。充分依托宜宾市科技创新中心、三江新区大学城，打造三江新区文化旅游科创产品；大力支持培育文旅科创企业、文化创意孵化平台和文旅科创产学研转化平台；充分利用三江新区现有科技城和大学城智慧资源，结合文旅产业及相关产业研究院和二次产业科技研发平台，建设文旅科技与产品研发中心、宜宾文旅研究院、宜宾文旅乡村振兴学院、宜宾文旅智库与大数据中心、宜宾文旅国际营销推广中心（网络）等项目；积极利用工业基地和智能制造资源，打造四川时代工业旅游区、极米"宜宾光影"民俗乐园、"宜宾光影"滨江工业遗址历史记忆项目、"一电航空"无人机展演等工业旅游展示项目；以素质教育和专项教育为重点，推动文博场馆和研学的深度融合，强化文博场馆、工（农）业示范园区、科研院校等单位的研学旅行功能开发，设计内容丰富、主题多样的研学活动课程；培育"文旅+活动"业态，实施精品会展提升工程，打造一批精品会展节庆活动；通过"一带一路"中国名酒文化高峰论坛、中国国际名酒博览会、国际（宜宾）茶业年会、世界动力电池大会等扩大三江文化传播力和影响力；大力推进5G、物联网、人工智能、互联网等"新基建"在文化和旅游行业中的应用，全面提升三江新区文化旅游科技应用水平和管理水平。

3. 提升教育医疗基础服务能力

（1）发展目标

高起点、高规格、高标准构建、完善与三江新区未来城市功能发展相匹配的现代化教育体系，努力办好人民群众满意的一流教育；完善基层公共卫生预防控制体系，全面提升应对突发重大公共卫生事件的能力，构建"综合医院、社区卫生服务中心、社区卫生服务站"三级管理体系和服务网络；把三江新区打造为高品质生活宜居地。

（2）发展重点

三江新区要深化改革，补齐短板，提升与人口规模和居民需求相匹配的教育医疗服务能力。到2025年，三江新区要建成较高水平、优质均衡的教育体系，使教育发展主要指标符合三江新区人口发展需求。三江新区要按照科学布局、统筹规划、规范标准的要求，建立结构合理、布局均衡的运动场馆（所）设施体系，要建立覆盖全区城乡居民的更加完善的基本医疗卫生服务体系，打造区域医疗卫生中心。

①优化教育质量，提升办学层次，构建优质、均衡的教育服务体系。以办人民满意的教育为三江新区教育发展的总目标，以全面推进素质教育为根本，以提升教育综合实力为核心，以教育协调发展为重点，以教育改革为抓手，围绕大学城建设，努力使教育资源更丰富、教育结构更科学、教师队伍更强大、教育质量明显提高，从而满足全区经济社会发展和人民群众对优质教育的需要；充分发挥三江新区教育机构、科研院所、智能产业等集群优势，整合资源，优化布局，推进项目建设，促进产业升级，拓宽消费空间，提升服务质量，形成三江新区教育事业独特优势；加强与成都、重庆等地优质品牌高中学校的合作办学，推动建设一批国际化水准学校；积极办好特殊教育和民办教育，加快打造高等教育新高地，进一步提升在校大学生规模，逐步扩大研究生培养数量，增加留学生人数，推动有条件的高校和学科专业进入区域前列或全国一流水平；全面实现建成12所以上普通高校、在校大学生10万人以上的目标，助推宜宾建成成渝地区双城经济圈科教副中心。

②完善医疗卫生服务设施，打造健康服务的坚实基础。完善基层公共卫生预防控制体系，全面提升应对突发重大公共卫生事件的能力。积极推动华西医院宜宾医院与三江新区基层医疗机构建立城市医疗集团合作关系，鼓励在社区建设中医特色专病专科；推动优质医疗资源扩容下沉，实现基层医疗机构与中心医院的管理、人才、技术、信息资源共享，全面提升基层医疗机构的诊疗、康复等医疗功能；进一步优化政策环境，放宽准入门槛，扶持和促进社会办医高质量发展；推动民营医疗机构向高端化、规模化、集团化方向发展，打造社会办医特色品牌；依托智能终端产业园、科技城和大学城智慧资源，大力推动5G、互联网、物联网、人工智能、虚拟现实、生物3D打印、医用机器人等技术和设备在医疗服务方面的应用，鼓励开发基于虚拟现实（VR）、增强现实（AR）等技术的临床辅助设备和智能健康设备，到2025年医疗器械产业

产值突破 200 亿元，建成国家级医用卫生产业基地；积极推动"互联网＋健康""互联网＋药品流通"等健康产业新业态、新模式发展，构建覆盖诊前、诊中、诊后的线上线下一体化医疗服务体系。

③促进托幼养老服务健康发展。加快三江新区康养中心、罗龙社区养老服务综合体等项目建设，建立统一平台的三江新区智慧康养信息化系统；推进就近托幼服务覆盖城镇小区，完善普惠托育服务体系，到 2025 年，每千人口拥有 3 岁以下婴幼儿托位数达到 3.5 个；积极建立适度普惠型、品质型、大众化的养老机构，积极发展民办养老和护理机构，加强养老服务管理人才和医护人才队伍建设，健全养老服务综合监管制度，完善敬老院、养老服务综合体、日间照料中心等配套设施，全面提升养老服务质量；大力发展中医药特色医养，鼓励中医医疗机构全面参与医养结合工作，促进中医医疗资源进入养老机构、社区和居民家庭，支持养老机构开展融合中医特色的老年人养生保健、医疗、康复、护理服务。

专栏8

基础教育优质均衡发展：加快中元路幼儿园、宋家镇中心幼儿园等一批幼儿园项目建设，创建省级示范园 3 所、市级示范园 5 所；推进双城小学等一批中小学建设，高标准通过义务教育优质均衡发展国家评估验收；推进宜宾临港高级中学、宜宾三江新区成都外国语实验学校等项目建设，力争建成 2 所省级示范中学；改扩建街道、乡镇原有幼儿园、中小学，布局建设三江新区青少年活动中心、宜宾市特殊教育中心等项目，提升教育综合实力，促进教育协调发展。

综合医疗服务中心建设工程：加快推进市二医院总部搬迁项目，以市属三级医院为依托，探索建立区域医疗中心；新建三江新区人民医院，加快建设宜宾临港经济技术开发区中西医结合医院，高标准、高规格建设区级综合医疗服务中心，力争建成 10 个以上国家三级甲等标准医疗卫生机构。

基层医疗卫生中心提档升级建设工程：加快推进三江新区疾病预防中心、妇幼保健院（妇女儿童中心）、中医医院建设，新建精神卫生中心（康复医院），实施基层医疗卫生机构标准化建设，加快建设宋家镇卫生院迁建项目、白沙湾社区卫生服务中心迁建项目提高服务能力。

五、专项工程

为切实推动三江新区现代服务业高质量发展，三江新区要对标建成"高质量、高能级、高标准、高水平、高效能、高品质"样板区要求打造服务业，通过抓重点，补短板，创亮点，重点推动"滨港三江""会客三江""融聚三江""数字三江""宜居三江""文旅三江""夜耀三江""智创三江"八大工程，加快实现服务业发展体系化和发展能力现代化，促进服务业高质量发展。

(一)"滨港三江"工程

三江新区要充分发挥长江第一港的区位优势和港口天然开放的枢纽作用，加强产业合作，推动水运交通基础设施互联互通，助力当地开放型经济发展；要围绕港航物流，加快长江上游成宜国际物流园等项目建设，构建多式联运服务体系和高效物流运输体系，建成长江上游和面向川渝滇黔的区域性现代物流中心；要依托综合交通枢纽优势，大力发展"铁路—公路—水路"多式联运，依托产业集聚和长江上游成宜国际物流园优势，大力发展第四方物流，提升宜宾港航物流发展能级，培育壮大物流运营主体，做大仓储物流规模。

专栏9

第一，加速物流数智化转型升级。加快三江新区物流通道基础设施的数字化建设和改造，积极发展智慧铁路公路、智慧港口航运、智慧航空邮政；推进物流企业信息系统建设，引导区块链、大数据等技术集成应用于物流发展，支持网络货运等物流新业态发展，加快三江新区综合交通大数据中心和物流大数据中心建设，促进航空、铁路、公路、水路物流信息汇聚共享；利用先进信息技术手段重塑企业物流业务流程，支持物流企业建设智能化立体仓库，建立深度感知智能仓储系统，实现存、取、管全程智能化。

第二，推进"物产融合"发展。三江新区要打造更加集约高效的现代产业体系，必须加快推进物流与制造业、物流与农业、物流与金融等产业协同联动和跨界融合。具体做法如下：一是有侧重地营造政策支持、资金扶持、减税降费、人才引进等制造业、物流业融合链接环境，鼓励从采购、销售到配送等供应链服务一体化运作，形成专业供应链服务循环，促进规模经济发展路径和集成化管理模式创新，助力三江新区制造业迈向全球产业链、供应链、价值链中高端；二是加快构建覆盖农村的现代商贸物流体系，鼓励完善县乡村物流基础设施网络，打造现代农业产业园、冷链物流基地，实施产地直销、销地直采、农超对接等物流模式；三是鼓励金融机构与物流企业加强信息共享，规范发展供应链存货、仓单、订单融资。

第三，重视城乡配送物流发展。借力连锁超市、邮政枢纽和城市共同配送中心等，整合农产品流通加工，建设三江中心城区日用消费品仓储配送中心，发展服务于城区的超市和快消品集散配送基地；统筹出台财政、土地、税费、保险等方面的支持政策，加快建设布局县级物流中心、乡镇配送站、村社取送点的县乡村三级城乡配送网络体系。

第四，加快现代物流服务网络体系建设。加快长江上游成宜国际物流园等项目建设，构建多式联运服务体系和高效物流运输体系；以综合保税物流和口岸物流为依托，培育壮大现代物流企业，发挥仓储、运输、信息服务、物流加工、货运代理等功能，形成层次分明，分工明确的物流网络体系；发展第四方物流，以成本小、时效性强的优势为客户提供优质的服务。

(二)"会客三江"工程

三江新区要紧紧抓住宜宾市加快打造社会主义现代化的国家区域中心城市核心引擎，建成国家级新区和共同富裕示范区的重大机遇，充分发挥市场在会议会展资源配置中的决定性作用；要依托宜宾国际会议中心，组建会展公司，并依托国际会展中心，加快与中国西部国际博览城共建会展经济合作平台，不断提升展会国际化、专业化、市场化水平，打造会展品牌；要通过"会展+"经济延伸会展产业链，加快发展策划、广告、餐饮、住宿、休闲娱乐等配套服务产业，以会聚人、以会聚商、以会留客，使"会客三江"助力三江新区服务业高质量发展。

专栏10

第一，打造会展品牌。大力推动会展业国际化、品牌化发展，进一步提升智能终端产业发展大会、中国国际名酒文化节、终端消费品国际博览会、竹产业发展峰会暨竹产品交易会、茶业年会等品牌展会的国际影响力，同时大力引进消费电子展、教育设备展、高端装备展等特色会展品牌；依托产业优势，重点培育创新创意、先进制造、战略新兴、高端服务等领域具备国际影响力的重要展会，形成重点产业与重要展会相互促进、共同发展的格局。

第二，组建会展公司。支持组建大型会展公司，鼓励会展场馆运营机构、品牌展会主办单位通过模式复制、品牌输出等方式，推动会展产业与绿色经济、数字经济、智能经济深度融合；围绕组展商、目的地管理公司、定制旅游、会议酒店等，大力培育市场主体；积极引导会议会展功能与商务、旅游功能融合，形成会展旅游产业新格局。

第三，承办学术会议。依托大学城建设，面向世界科技前沿、面向经济主战场、面向国家重大需求，积极申办国际专业性学术会议、国际协会会议；了解领域前沿、分享研究成果，启发科研思路，在专业学术会议的交流中进行思想碰撞，开拓学术研究者的科研思路，激发其灵感，助力产业发展。

第四，承接商务会议。积极引导宜宾知名企业在三江新区举办新品发布会等公司会议或庆典活动；支持酒店、宾馆、相关企业承接大型论坛、重大商务会议、研讨会等活动；扩大会议服务业市场，增长高端商务会议游客，带动服务业发展。

第五，提升展会服务管理水平。以三江新区会展中心为主体，提升会展产业链中的展会服务管理水平，保证会议、展览正常进行所需的全过程（会前、会中、会后，或是展前、展中、展后）服务，同时完善餐饮、旅游、住宿、交通、运输、地方特产等相关行业的配套服务。

（三）"融聚三江"工程

三江新区要推动先进制造业和现代服务业双向深度融合，在当地培育深度融合且相互赋能的"4+4+1"产业生态；要培育一批示范带动性强的两业融合试点区域和企业，形成一批融合发展的典型经验模式；要推动构建产创互促、跨界融合的产业生长多维空间；自身要建设成为长江上游山水城园和谐共生、产教研城深度融合的国际化现代新城。

专栏11

第一，两业融合。开展国家先进制造业和现代服务业融合发展试点，支持试点单位积极发展高端科技服务、个性化定制服务、现代供应链、智能制造与运营管理、工业互联网等新业态、新模式，深化业务关联、链条延伸、技术渗透，先行先试，推动先进制造业和现代服务业相融相长、耦合共生。

第二，产融融合。按照"国内领先、西部一流"的标准，在三江新区高起点、高标准规划建设区域性金融中心，打造成渝地区双城经济圈南向开放金融创新示范区，建设三江新区金融新城，将三江新区建设成产融结合集聚区；规范产融结合，依托产业链龙头企业的资金、客户、数据、信用等优势，发展基于真实交易背景的票据、应收账款、存货等供应链金融服务；鼓励VC（风险投资）、PE（股权投资）、TOT（移交—经营—移交融资方式）、CDS（信用违约互换）等投融资创新，实现全产业链孵化，形成金融社区；以"产融结合"为特色，高标准建设"三江新区金融新城"，加快将三江新区建设成为辐射川渝滇黔的区域金融中心核心区，引领区域金融高质量发展。

第三，农旅融合。围绕绿色化、智慧化、融合化发展方向，重点发展智慧农业、精品农业和休闲农业，加快"农商旅、农科旅、农康旅、农文旅"融合发展，建设宜宾三江新区龙头山龙峰村农旅融合项目，打造国家农村产业融合发展示范园。

第四，三生融合。全面践行绿色发展理念，统筹生产、生活、生态三大空间布局，推进龙头山城市森林公园的建设，将三江新区建设成为长江上游山水城园和谐共生的高品质生活宜居地；系统推进山水林田湖沙草生态治理，构建开放紧凑、蓝绿交织、山水城共融的空间格局，彰显宜宾作为长江绿色生态首城的特色，率先建成高质量的长江上游绿色发展示范区。

（四）"数字三江"工程

三江新区要以高质量建设"数字三江"为牵引，推进服务业数字化和数字服务业发展，重点打造长江上游区域大数据中心暨宜宾市大数据产业园项目建设；支持云计算、人工智能、大数据、物联网、5G、区块链、互联网等数字技术在服务业领域的广泛应用，推动服务业态和模式升级；要加快引导区内外企业上云、上平台，全面推动服务业企业"上云用数赋智"。

> **专栏12**
>
> 第一，数字政府。全面统筹整合区级机关事业单位管理平台信息资源；推进政务服务"一窗受理、一网通办"的集成式审批和容缺审批；推进城市运行"一网统管"；全面推行工程建设项目全流程在线审批；建设三江新区数字大脑指挥中心（简称"三江数字大脑"），围绕经济运行、应急指挥、消防救援、住房管理、自然资源、生态环境、水利等领域，推动跨部门、跨层级、跨区域数据融合共享；规范接入"雪亮工程"视频采集系统，建成三江新区智能化执法办案中心，加快三江新区平安智慧小区、微型警务站、平安校园建设，推动社会治理业务流程再造。
>
> 第二，数字金融。引导金融机构加快数字化转型，推进区内金融机构提升线上服务能力，推动线上申贷、线上理赔、征信查询授权、自助放贷等模式的实施，推广"无纸化"线上办贷和电子合同；积极推进分布式存储、区块链、人工智能等关键核心技术在数字金融等领域的创新应用；鼓励各类金融机构根据数字技术企业特点，创新开展知识产权、股权、应收账款等质押贷款和银税互动贷款，鼓励融资担保公司降低数字技术企业担保费收取标准。
>
> 第三，数字交通。通过数字技术汇集交通信息，使交通系统在区域内甚至更大的时空范围具备感知、互联、分析、预测、控制等能力，提升交通系统运行效率和管理水平，全面推广移动支付等应用，规范发展网约车，引进共享汽车平台落户三江新区。
>
> 第四，数字教育。深入实施智慧教育战略，依托物联网、云计算、无线通信等新一代信息技术，打造物联化、智能化、感知化、泛在化的新型教育形态和教育模式。
>
> 第五，数字农贸。推动特色农业互联网发展，重点打造双城葡萄、罗龙西瓜、江南大米、宋家柑橘等一批特色农业；通过大数据技术的运用，实现食品溯源管理，搭建消费者和生产者对话平台，精准向目标客户群体推送特色农产品。
>
> 第六，数字商贸。支持有条件的零售企业成立网上商城，加快推进实体店铺场景化、立体化、智能化改造；引导企业提供基于互联网的个性化、柔性化、分布式的新服务模式，推进吃住行游购娱生活服务"在线化"。
>
> 第七，数字医疗。以智慧养老项目和场景应用为导向，不断提高养老服务智能化水平，打造智慧医疗新高地；建立上下贯通的医疗协同体系，为患者提供线上线下全过程便捷智能就医服务；积极创建"互联网+医疗健康"示范市，建立统一的线上线下医疗健康服务平台；普及应用电子健康卡，实现区域内看病就医"一卡（码）通"；推动智能可穿戴设备、便携式健康监测设备等产品的研发、应用，积极创建国家健康医疗大数据应用示范中心与产业园建设试点市。
>
> 第八，数字小区。利用物联网、云计算、移动互联网等新一代信息技术，优化小区管理服务形态，为居民提供一个安全、舒适、便利的现代化、智慧化生活环境。
>
> 第九，数字综保区。充分发挥宜宾综合保税区和国家外贸转型升级基地（智能终端）的平台作用，加快建设宜宾5G智慧综保区，依托跨境电子商务综合服务平台，开展跨境电子商务试点工作。

（五）"宜居三江"工程

三江新区要通过数字化改造及与线上生态融合形成"商业+体验""商业

+时尚""商业+品质""商业+文化""商业+生态""完善公共服务"等社交型或跨界融合型的实体消费创新商业模式，完善配套设施，建设经济繁荣、社会文明、生态优美、人民幸福的高品质宜人宜居地；要打造"15分钟服务圈"，"圈"出三江人的高品质生活。

专栏13

第一，商业+体验。三江新区要鼓励发展体验经济，积极探索O2O新型体验服务模式，助力临港新天地、恒旭·金座、恒旭·银座、东部产业园邻里中心等进行智能化改造，推动智慧超市、智慧商店、智慧餐厅等新业态、新模式试点，打造消费热点；要大力促进教育培训、医疗健康、养老育幼、家政、旅游、体育等民生领域消费线上线下融合；要加快推进移动智能终端、智能家居、医疗电子、陪护机器人等智能产品消费。

第二，商业+时尚。三江新区要瞄准国际时尚消费市场，加快推进东部产业园邻里中心、大学城邻里中心、王府井购物中心等商业体建设和提档升级；要举办时尚走秀、时尚展会、新品首发等活动，推动服装服饰、家居用品等消费品制造向时尚产业转型，推进时尚名城建设，加速时尚品牌集聚。

第三，商业+品质。三江新区要推进宜宾水街、龙头山竹文化公园商业街等的改造升级，创建一批高品质商业街，打造现代化都市区标志性窗口；要提升传统消费品的质量与服务的水平，鼓励互联网平台以数据赋能生产型和服务型企业，实施个性消费、定制消费等新模式；要注重发展安全实用、舒适美观的品牌商品；要推进"医养结合"，加快发展健康教育、高端医疗、老年用品等健康消费。

第四，商业+文化。三江新区要加快文化馆、博物馆、科技馆等的建设和投运，围绕酒、竹、茶、民俗文化等特色文化资源进行深度挖掘，进行现代化、时尚化和形象化的演绎，创造出特征鲜明的城市IP；要围绕白沙湾全面拓展职业技能、文化艺术等培训；要积极推动新兴文化产业及传统文化发展，大力培育旅游新业态，推动文化及旅游领域消费升级；要建设大学绿道，将高校资源链接起来，实现共建共享，鼓励大学城运动场馆和图书馆面向社会定期开放，推动大学城大学资源公共服务化。

第五，商业+生态。三江新区要依托"依山傍水""三江交汇"的优越自然本底，以龙头山和长江为生态骨架，构建"一江三带四山多园"的高品质生态空间格局；要提倡绿色生活，鼓励居民增加对绿色智能产品、绿色建材、电子面单、二手闲置物品的消费，推动居民在衣、食、住、行等方面向绿色低碳、文明健康的方式转变；要大力发展循环经济、生态经济、低碳经济，依托大学城的人才优势，推动生态农业、新能源、资源综合利用等领域技术研发水平、生产服务能力的提升。

第六，完善公共服务。完善幼儿园、小学、社区公园、社区公共服务中心、社区文化活动中心、社区多功能运动场、社区慢行道、社区卫生服务站、社区老年人日间照料中心、物业管理用房、小型垃圾收集直运站、公共厕所和生活垃圾收集场所等设施的配置，打造"15分钟服务圈"。

（六）"文旅三江"工程

三江新区要紧紧围绕聚民心、兴文化、展形象的使命任务，以高质量文化供给增强人们的文化获得感、幸福感，推进长江国家文化公园建设，打造长江生态休闲度假旅游体系，加强乡村旅游、体育旅游、休闲度假旅游、沉浸体验旅游、工业旅游、科技旅游、康养旅游、研学旅游等方面的产品开发，推动旅游供给提质、扩容、升级，以高质量旅游产品供给引领和创造旅游新需求，将高质量发展的要求融入"文旅三江"各领域、各环节、全过程。

专栏14

第一，三江文化发掘和阐释行动。深入挖掘三江文化、抗战内迁老厂怀旧文化，开展三江悦谷项目（原戎州记忆特色产业街区项目），实施社会文明促进和提升工程，重点弘扬社会主义核心价值观，加强对中华文明的发掘和阐释，提高人民群众的文明素养和审美水平等。

第二，三江"文化地标"建设行动。以大学城文化、产业文化、港口文化、竹文化、酒文化、茶文化、养生文化等特色文化为基础，打造三江新区新的文化地标，丰富其审美内涵，完善其服务功能，让其在与公众的"紧密连接"中获得口碑，与人们产生紧密的情感连接、文化认同。比如，基于港口文化的港城地标性建筑文化建设，基于道家养生文化的龙头山天王宫地标性场所建设，等等。

第三，三江文物和遗址保护与利用行动。依托乡愁三江历史记忆项目，积极打造文化传承景点，开展三塔保护提升工程（白塔、映南塔、镇南塔）、白利村石刻牌坊保护工程，并对夔侯庙采用落架维修的方式进行原址保护，保护、修缮周洪谟墓，挖掘、传承洪谟文化；进行老工业文明遗址保护，推进"宜宾光影"滨江工业遗址历史记忆项目建设。

第四，三江公共文化设施建设行动。依托特色文化资源，推进长江国家文化公园、宜宾三江新区长江文化艺术中心、中国国际名酒文化博物馆、竹文化生态产业园、竹文化街区及博物馆建设项目等重大公共文化设施建设；打造三江新区极米"宜宾光影"民俗乐园，塑造"宜宾光影"品牌及产业链项目；建设宜宾市体育活动中心，加快推进挂弓山健康步道建设，完善城乡现代化体育基础设施建设，打造"10分钟健身圈"，构建全民健身设施网络；重点推进区级综合文化美术馆、文化博物馆、双城图书馆、临港文化广场等文化机构和文化广场的建设，在街道、社区建设综合文化站和文化服务中心；广泛应用现代信息技术，建设多层次公共数字文化服务设施，让人民享有更加充实、更为丰富、更高质量的精神文化生活。

第五，三江特色旅游专项行动。构建长江生态休闲度假旅游体系，加快宜宾三江新区龙头山城市森林公园、琴山生态公园项目建设。推广工业旅游，建设四川时代工业旅游区；推广体育旅游，建设宋家镇健身文化公园；推广康养旅游，建设龙头山康养中心，建设江南镇红豆杉康养基地；推广科技旅游，建设宋家镇农业科创园；推广沉浸体验旅游，推进幸福·胡坝景区提档升级项目建设，以文旅综合体为载体，打造全年龄段游玩的城市综合类公园主题+IP儿童活动场地，打造集休闲、娱乐、运动于一体的时尚潮玩活动空间。

续 表

专栏14
第六，大学城文化建设专项行动。基于大学城全要素资源化的服务，建设大学绿道，连接宜宾各高校的步行绿道，促进环大学城知识经济带形成，开展大学生时尚周活动（文化、艺术和时尚跨界融合）；开展大学生体验民俗文化活动（竹、酒、茶等），聆听竹文化、酒文化、茶文化背后的故事；开展大学生潮运动体验活动（如潮运动、三江潮、潮动三江、青春三江等活动）；开展大学生文化月活动，以"没有围墙的大学城"为目标，建设美好未来研学之地旅游等项目。 　　第七，群众性文化活动策划行动。发挥"群星奖"示范引领作用，推动群众文艺精品创作；引导群众文化活动与时俱进，推动内容和形式深度创新，开展"唱响三江"群众歌咏、"舞动三江"广场舞示范展示等群众喜闻乐见的文化活动，并开展与竹、茶、酒文化相关的美术、书法、摄影作品展，形成一批有影响力的群众文化品牌；与大学城联合开展"春雨工程""阳光工程""圆梦工程"等文化志愿服务活动。

（七）"夜耀三江"工程

三江新区要围绕"一核十区"夜间经济发展布局，以白沙湖片区为核心，以滨江片区、桫侯庙路片区、众生医药片区、河湾片区、食品城片区等为延伸，错位发展，注重文化旅游融合，打造更多有体验的夜间文化场景、有内涵的夜间旅游目的地，打造夜间文旅消费集聚区；要优化夜间经济公共服务，提供交通管理夜间服务，延长公交运营时间，完善配套基础设施。

专栏15
第一，引导夜间运动新时尚。支持在挂弓山森林公园、龙头山、竹文化公园等各公园增设体育健身设施，引入24小时健身房、无人健身房，建设公园夜间健身步道，开展"全民健身·三江夜跑"行动；引进卡丁车俱乐部、飞行体验馆、射箭馆、攀岩馆、滑冰场等时尚场馆，延长夜间开放时间；鼓励大学城高校室内运动场在正常教学前提下适度开放，室外运动场夜间免费开放，满足三江新区市民特别是年轻人的体育消费需求，不断丰富体育健身和体育竞赛表演市场；开展夜间系列体育赛事，助力体育经济发展。 　　第二，打造夜间美食"跶街"。在宜宾水街、龙头山竹文化公园、科教·公元π、大学城等特定区域，围绕一定主题，采取移动餐车、乐队或街头艺人"流动"演出等形式，丰富和延伸街区原有业态；围绕众生商业广场、竹里商街、临港新天地等餐饮重点区块，打造一批夜间餐饮特色街区；依托本地丰富的竹类、茶类等资源，打造全竹宴，建设名小吃集中地；基于丰富、优质的白酒资源，服务产业园区工人，在西部食品城美食街、东部产业园邻里中心等建设工人老酒馆、蕴含新的饮酒文化的清吧，设计特色酒餐，打造酒都酒配酒都餐的"跶街"。 　　第三，打造夜游特色品牌。将白塔山、龙头山以及宜宾水街打造为夜游特色品牌。继续做好以白塔为载体的山体灯光秀、以龙头山竹文化公园中湖景为载体的灯光艺术节和以喷泉为载体的音乐喷泉观光秀，加快挂弓山森林公园、滨江景观等亮化夜观工程，打造一批突显三江新区特色的夜间旅游品牌。

续　表

专栏15
第四，建设夜间文旅消费集聚区。发展特色的旅游项目，丰富夜游体验内容，为三江新区城市、景区的夜游经营体系保驾护航；增设与AI、VR、AR、云旅游等有关的数字艺术科技项目、休闲娱乐互动体验等旅游项目；创新发展夜演、夜展、夜读、夜娱、夜秀、夜游、夜食、夜购、夜宿等业态，推出沉浸式演艺、非遗互动项目和文创产品、3D灯光秀等常态化、品质化、特色化夜间文旅消费体验产品，延伸文旅消费链条。 　　第五，激发夜购新活力。以三江新区大学城学生为依托，顺应年轻一代消费潮流，引进京东MALL超级体验店，打造新型体验式夜间消费文化；利用微信、微博、抖音、快手等社交、短视频媒体平台个性化展示宜宾的美食、文化、旅游和娱乐，突破传统促销手段，推动业态和营销创新；完善"食、游、购、娱、体、展、演"等在内的多元夜间消费市场，营造更多夜间消费场景，兼顾市井文化、高档文化和新兴文化，从"重形式"转向"重内容"和"重体验"，吸引中高端消费需求，为本地居民、国内游客和国际游客提供良好的消费环境。

（八）"智创三江"工程

三江新区要充分发挥大学城人才优势，借助创新创业孵化园平台优势，推动教育链、人才链、创新链、产业链深度融合。以三江新区信息服务、科技服务、金融服务、现代物流、会议会展和现代商贸等领域发展需求为导向引入人才，找准人才发展与产业发展的共赢点，布局人才链，打造创新链，多元化培养职业技术人才，多渠道引进和培育产业高端人才，进一步优化人才结构，形成人才引领产业、产业集聚人才的良性循环；加强服务业企业引育力度，形成以制造为主、以研发设计为辅的产业发展格局，形成一批龙头企业、总部经济、高新技术企业、"专精特新"企业梯队；增加对双创示范基地的支持，积极发挥双创示范基地多元主体带动作用，提高创新创业带动就业能力。

专栏16
第一，人才培育行动。三江新区要深化产教融合，围绕宜宾市重点发展产业，优化职业院校专业建设，提升现有职业院校办学水平，引进相关专业院校，推动职业教育集团化、特色化、品牌化发展；要根据本地企业需求，结合学院特征，实施人才订单式培养模式，将本地重点产业、重要领域、重大项目的建设与产业工人队伍建设密切结合，布局人才链，打造创新链，培养一批有能力、有特色、有担当的产业工人；要加快四川大学产教融合研究生联合培养基地、宜宾学院临港产教融合实训基地、西南大学宜宾产教融合实训基地、成都理工大学宜宾校区等项目建设，依托大学城的科研平台和研发优势，聚焦本地支柱产业和新兴产业发展，填补技术人才缺口，培养一批具有发展潜力的中青年科技创新领军人才；要增加重点实验室，帮助企业设立实验室，匹配产业需求引进国家重点实验室，为高端人才提供创新创业环境。

续 表

专栏16
第二，高新技术企业培育行动。三江新区要依托大学城，加大技术、人才、资金等高端要素支持力度，发展一批特色鲜明、创新活跃、竞争力强的服务业高新技术企业；要建设成渝竹产业协同创新中心，推动高技术与宜宾独特的茶资源禀赋相融合，培育消费品产业新增长点、新动能；要适应服务专业化、精细化、特色化、新颖化发展要求，加强对中小微企业的梯度培育和引导扶持，深入推进服务业"小升规"，引导开展技术、产品、服务创新，以及组织、管理和商业模式等创新，提高市场拓展、品牌运营和融资等能力，支持以专业化分工、服务外包等方式与大企业、行业龙头企业建立稳定的协作配套关系，发展一批专注于细分市场、具有一定创新能力的"专精特新"服务业企业。第三，双创基地扶持行动。三江新区要推进宜宾市大学科技园产教融合实训基地建设，为双创示范基地提升创业带动就业能力注入持续的发展活力；要提升宣传水平，促使全社会更加关注双创示范基地，积极营造更加浓厚的创新创业氛围，鼓励更多的人特别是具有深厚专业知识的人才加入创业大军，增强从业人员的业务能力，增强全民创业意识和创新思维，从而促进创业带动就业；要继续大力开展创新创业教育，持续巩固高校科研院所已有创新创业平台建设成果，不断拓展众创空间、孵化器的功能，与政府、高校、企业合作，引资建设新型创业服务平台，孵化培育出更多的创业项目。

六、保障措施

建立三江新区，旨在主动承接国家发展战略，着力支撑全省"一干多支、五区协同"区域发展新格局，构建"四向拓展、全域开放"新发展态势，打造为宜宾建成成渝地区经济副中心的核心引擎，率先建成践行新发展理念、推动高质量发展的样板。而三江新区服务业特别是现代服务业的健康发展是实现三江新区经济建设和发展目标的核心支柱要素。为此，三江新区必须切实做好保障措施的建设、运行和效益促进工作。

（一）加强"新区"理念落地

为全面发挥"新区"在发展理念、模式、方法、成果上的超常性效益，实现现代服务业、经济成就、人才培养、新居民造就以及新工商文明等综合性全新成果，"新区"建设的组织管理实施团队必须深入学习、研究中外非常态"新区""特区"发展史，梳理、甄别、明晰新时代"新区"建设的传统性、常态性和差异性、非常态性特质，研究、认识"新区"服务业"无中生有"的发展特性和优劣利弊所在，研究三江新区服务业发展的地域性资源特征，研究"双城"资源特质和全要素效益化路径，挖掘与服务业发展有关的所有资源化要素，包括历史文化要素。

（二）落实政策组织保障

三江新区要贯彻落实国家、省支持服务业发展的各项政策，制定完善具有针对性、操作性、前瞻性的"政策包"；要建立服务业发展联席会议制度、重点工作协调推进制度、重大事项报告制度、重大决策专家咨询论证制度等，统筹各职能部门和产业平台联动发展工作机制，增强服务业发展合力。

（三）理顺辖区行政关系

基于三江新区经济行为规划与发展一体化、经济发展业绩计算分流和行政手续隶属原属地的管理体制现状，在法律政策范围内，三江新区要梳理研究制约性、障碍性关节点，通过政策调整、隶属区域调整、行政关系调整或成立综合性职能机构和服务业专门工作委员会的方式，理顺本地行政管理关系，提高综合协调性运行效益。

（四）深化重点领域改革

三江新区要结合重点发展的服务业态，按规划分类放宽服务业准入限制，助力重点业态入驻；要实行市场主体信用评价差异化监管；要继续推动国有资本布局重要服务行业和关键服务领域，在新兴及一般竞争性行业和领域为社会资本进入提供条件；要提高土地政策效益，强化用地保障，以项目落地作为配置用地计划指标的根本依据；要强化人才支撑体系，实施更加开放的服务业人才引进和培育政策。

（五）提高统计监测效益

三江新区要引进数字技术，提升数字化管理水平，完善服务业统计技术和制度体系，建立服务业现代性改造、发展的统计监测反馈制度；要完善服务业单位名录库，开展信息资料库动态运行、更新和审核工作；要通过动态监测、预警、预测、分析和信息发布机制监测、研判服务业发展目标、业态选择、重点任务、效益状况、政策落实和项目推进等，为精准分析、有效掌控服务业运行情况，促进服务业健康、高效发展提供支撑。

执笔：何一、单琰秋、徐向峰、冯嘉华、冯丽丽、曲美霞、周陶

参考文献

[1] FRAN M."book-review" China Human Development Report 2002: Making Green Development a Choice[J]. The China Quarterly, 2003(174): 539-541.

[2] 马歇尔. 经济学原理：全 2 册 [M]. 廉运杰, 译. 北京：华夏出版社, 2013.

[3] 曹院平, 宋颖. 西部流通产业聚集度经济效应评估与研究：基于空间自回归模型 [J]. 商业经济研究, 2019(7): 19-21.

[4] 曾佳, 叶圆圆, 钟志水. 基于 POI 大数据的公共服务业态空间布局均等化研究 [J]. 皖西学院学报, 2018, 34(3): 72-75.

[5] 陈伟博. 新经济地理学"困境"思考 [J]. 经济问题探索, 2013(7): 20-24.

[6] 成都市温江区劳动就业社会保障公共服务课题组. 成都市温江区劳动就业社会保障公共服务的理论与实践 [M]. 成都：四川大学出版社, 2015.

[7] 范剑勇, 王立军, 沈林洁. 产业集聚与农村劳动力的跨区域流动 [J]. 管理世界, 2004(4): 22-29, 155.

[8] 龚文海. 公共就业服务的多元供给与治理模式 [J]. 改革与战略, 2009, 25(10): 149-151, 159.

[9] 黄镇东. 中国西南地区建设"南向通道"的前景 [J]. 重庆交通大学学报（自然科学版）, 2019, 38(11): 1-5.

[10] 黄志亮. 区域创新系统理论及其应用研究述评 [J]. 当代经济研究, 2008(8): 21-25.

[11] 纪韶, 李小亮. 改革开放以来农村劳动力流动就业制度、政策演进和创新 [J]. 经济与管理研究, 2019, 40(1): 64-74.

[12] 贾兴梅, 刘俊杰. 中国就业结构变化的区域差异：基于偏离—份额分析法的实证 [J]. 西北人口, 2014, 35(1): 39-44.

[13] 姜贵宝. 公共就业创业服务智慧信息系统的研究与设计 [J]. 现代商业, 2018(5): 66-67.

[14] 姜庆国. 新时代西部地区新城新区建设：定位、问题及发展战略 [J]. 深圳大学学报（人文社会科学版）, 2018, 35(2): 100-106.

[15] 李建伟, 刘科伟, 尹怀庭. 城市新区功能定位的理论方法与实证研究 [J]. 城市发展研究, 2015, 22(7): 71-75, 81.

[16] 李世杰, 胡国柳, 高健. 转轨期中国的产业集聚演化：理论回顾、研究进展及探索性思考 [J]. 管理世界, 2014(4): 165-170.

[17] 李妍, 朱建民. 生态城市规划下绿色发展竞争力评价指标体系构建与实证研究 [J]. 中央财经大学学报, 2017(12): 130-138.

[18] 李云. 习近平就业优先战略思想述论 [J]. 求实, 2017(11): 14-23.

[19] 刘斌. 创新驱动发展背景下国家高新区的功能定位分析 [J]. 科学管理研究, 2017, 35(5): 1-5.

[20] 刘洪银. 中国农村劳动力非农就业：效应与机制 [M]. 天津：南开大学出版社, 2014.

[21] 刘斯敖. 产业集聚测度方法的研究综述 [J]. 商业研究, 2008(11): 64-66.

[22] 刘小花, 孙翠香. 地方政府深化产教融合的政策创新研究：基于 22 项地方产教融合政策文本的 Nvivo 分析 [J]. 中国职业技术教育, 2019(25): 24-32.

[23] 刘洋. 公共就业和人才服务机构整合研究 [J]. 中国行政管理, 2018(10): 46-50.

[24] 刘长庚, 张磊, 韩雷, 等. 发展服务业新业态促进消费升级的实现路径 [J]. 经济纵横, 2016(11): 29-33.

[25] 刘志慧. 区域合作视角下宜宾市发展通道经济探析 [J]. 中共郑州市委党校学报, 2019(4): 27-31.

[26] 孟昕馨, 帅娟. 四川省南向铁路货运通道研究 [J]. 铁道经济研究, 2019(2): 6-10.

[27] 钱志新. 数字新经济 [M]. 南京：南京大学出版社, 2018.

[28] 芮明杰. 构建现代产业体系的战略思路、目标与路径 [J]. 中国工业经济, 2018(9): 24-40.

[29] 史丹. 中国工业绿色发展的理论与实践：兼论十九大深化绿色发展的政策选择 [J]. 当代财经, 2018(1): 3-11.

[30] 孙文凯. 中国劳动力流动问题研究 [M]. 北京：中国人民大学出版社, 2016.

[31] 王涵, 胡双梅. 新型城镇化实现路径的人力资本视角研究 [M]. 成都：四川大学出版社, 2016.

[32] 王丽平. 我国公共就业服务机构建设研究 [J]. 中国行政管理, 2013(9): 30-33.

[33] 王林梅. 生态文明视域下长江经济带产业结构转型升级研究 [M]. 成都：四川大学出版社, 2018.

[34] 王圣元, 陈万明, 赵彤. 零工经济: 新经济时代的灵活就业生态系统 [M]. 南京: 东南大学出版社, 2018.

[35] 王阳. 基本劳动就业创业服务建设与促进就业 [J]. 中国软科学, 2019(3): 69-85.

[36] 王耀中, 贺辉. 基于中心地理论的服务业空间布局研究新进展 [J]. 湖南财政经济学院学报, 2014, 30(4): 124-132.

[37] 王卓明. 现代物流业趋势演变与系统重构 [M]. 北京: 中国言实出版社, 2017.

[38] 吴中超. 产业结构与金融结构优化下区域创新产融模式研究: 以烟台市为例 [M]. 成都: 四川大学出版社, 2018.

[39] 向丽. 创新型城市高技术企业与高校协同创新路径分析 [J]. 现代管理科学, 2018(11): 60-62.

[40] 谢泗薪, 侯蒙. "一带一路"战略架构下基于国际竞争力的物流发展模式创新 [J]. 中国流通经济, 2015, 29(8): 33-39.

[41] 徐云辉, 崔力夫. 完善我国公共就业服务制度的路径探讨 [J]. 经济纵横, 2013(7):14-17.

[42] 严成樑, 龚六堂. 熊彼特增长理论: 一个文献综述 [J]. 经济学（季刊), 2009, 8(3): 1163-1196.

[43] 杨秋明, 姜海蓉, 魏丽. 就业结构与产业结构协调性及其影响因素: 以江苏省为例 [J]. 企业经济, 2013, 32(2): 159-162.

[44] 张建华. 罗默的内生增长论及其意义 [J]. 华中理工大学学报（社会科学版), 2000(2): 73-76.

[45] 张金昌. 波特的国家竞争优势理论剖析 [J]. 中国工业经济, 2001(9): 53-58.

[46] 张乃明, 张丽, 卢维宏, 等. 区域绿色发展评价指标体系研究与应用[J]. 生态经济, 2019, 35(12): 185-189.

[47] 张胜冰. 文旅深度融合的内在机理、基本模式与产业开发逻辑 [J]. 中国石油大学学报（社会科学版), 2019, 35(5): 94-99.

[48] 张廷君. IPA 模型在城市公共服务质量感知测评中的应用 [J]. 城市管理与科技, 2019, 21(1): 34-37.

[49] 张樨樨, 周振, 李聪聪. 我国就业结构失衡及其矫正 [J]. 经济与管理评论, 2016, 32(3): 34-40.

[50] 赵建军. 我国生态文明建设的理论创新与实践探索 [M]. 宁波: 宁波出版社, 2017.

[51] 赵驹, 郭靖, 梁正. 成渝经济区会展业发展研究 [M]. 成都: 四川大学出版社, 2013.

[52] 郑红霞，王毅，黄宝荣. 绿色发展评价指标体系研究综述[J]. 工业技术经济，2013, 33(2): 142-152.

[53] 庄堇洁. 西部地区开发开放的新机遇：陆海贸易新通道[J]. 中国外资，2019(1): 40-42.

[54] 北京市人力资源和社会保障局. 营造创新创业环境 激发创新创业活力[J]. 求是，2015(2): 55-56.

[55] 胡沐，胡小文. 合芜蚌三地创新创业环境的衡量与评价[J]. 芜湖职业技术学院学报，2017, 19(2): 42-46.

[56] 凡庆涛，王文. "双创"背景下北京地区创新创业环境研究[J]. 天津科技，2017, 44(5): 23-27.

[57] 胡树华，喻信东，解佳龙，等. 创新密集区创新创业环境评估研究[J]. 科学管理研究，2015, 33(5): 10-12, 38.

[58] 罗山. 城市创新型创业环境结构分析与设计[J]. 科技进步与对策，2010, 27(18): 17-21.

[59] 刘长江，李红联，张小丽. 科研人员创新创业的政策、法规及制度环境研究[J]. 科学管理研究，2015, 33(6): 97-100.

[60] 夏维力，丁珮琪. 中国省域创新创业环境评价指标体系的构建研究：对全国31个省级单位的测评[J]. 统计与信息论坛，2017, 32(4): 63-72.

[61] 徐坚成. 优化创业型创新人才发展环境的对策研究[J]. 科技管理研究，2012, 32(3): 119-122.

[62] 叶琴，曾刚，工丰龙，等. 上海浦东新区、北京海淀区、深圳市创新创业环境比较研究[J]. 上海经济研究，2016(4): 117-124, 129.

[63] 郑石明. 大数据驱动创新创业教育变革：理论与实践[J]. 清华大学教育研究，2016, 37(3): 65-73.

[64] 国务院办公厅.《国务院办公厅关于发展众创空间推进大众创新创业的指导意见》[EB/OL]. (2015-03-11)[2023-09-04]. https://www.gov.cn/zhengce/content/2015-03/11/content_9519.htm.

[65] 千庆兰，陈晓越. 物流规划与应用[M]. 北京：科学出版社，2016.

[66] 吴刚. 逆向物流规划体系及其基础理论研究[M]. 成都：西南交通大学出版社，2008.

[67] 张向东，马迁利. 区域工业共生体逆向物流规划与管理研究[M]. 北京：北京理工大学出版社，2012.

[68] 张锦. 物流规划原理与方法[M]. 成都：西南交通大学出版社，2009.

[69] 李毅学. 物流规划理论与案例分析 [M]. 北京：中国财富出版社，2010.

[70] 徐克林. 现代物流规划与设计 [M]. 上海：同济大学出版社，2015.

[71] 黄尧笛. 供应链物流规划与设计：方法、工具和应用 [M]. 北京：电子工业出版社，2016.

[72] 彭欣，陈思源. 现代城市物流规划的理论与实践研究 [M]. 北京：科学出版社，2011.

[73] 贺正楚，曹德，潘红玉，等. 全产业链发展状况的评价指标体系构建 [J]. 统计与决策，2020, 36(18): 163-166.

[74] 姜小丽. 供应链金融在白酒行业的应用研究：以泸州老窖为例 [D/OL]. 重庆：西南大学，(2020-12-16)[2023-09-04]. https://kns.cnki.net/kcms2/article/abstract?v=3uoqIhG8C475KOm_zrgu4lQARvep2SAkyRJRH-nhEQBuKg4okgcHYqVQtK5ClD7Qw34MtN947qoX2BupLnXPL7vXHbMszNQ4&uniplatform=NZKPT.

[75] 周玲玲. 白酒产业区域品牌价值提升研究：以宜宾市白酒产业为例 [D/OL]. 四川：西华大学，(2020-12-16)[2023-09-04]. https://kns.cnki.net/kcms2/article/abstract?v=3uoqIhG8C475KOm_zrgu4lQARvep2SAkyRJRH-nhEQBuKg4okgcHYsjLKtsGs14rTaeKJrrstLLGZcshEgEo0Ojc-4PP7bl&uniplatform=NZKPT.

[76] 杨柳，伏伦，王建民. 四川白酒区域品牌伞：理论逻辑与实施框架 [J]. 酿酒科技，2019(8): 132-138.

[77] 刘琳，杨波，鲍安华. 走进五粮液，见证川企"三力" [J]. 经营管理者，2021(7): 46.

[78] 王殿轩. 关于粮库智能化建设中仓储技术智能化的几点思考 [J]. 粮食储藏，2016, 45(6): 50-54.

[79] 乔鸿静，张玲玉，王传龙，等. 基于情感需求的交互式白酒包装设计研究 [J]. 包装工程，2022, 43(2): 240-250.

[80] 王黔. 从生物酿造到文化酿造：文化微生物的概念和意义 [J]. 酿酒科技，2014(3): 106-108, 112.

[81] 邓文博，曹敬华，朱正军，等. 传统白酒自动化酿造关键装备开发 [J]. 酿酒，2017, 44(6): 75-79.

[82] 何林，任勇，谢江，等. 四川省白酒行业发展现状及绿色发展路径探讨 [J]. 资源节约与环保，2019(3): 113-115, 132.

[83] 李文. 五粮液：以绿色高质量发展，书写时代新答卷 [J]. 环境教育，2020(11): 48-51.

[84] 沈怡方. 白酒生产技术全书 [M]. 北京：中国轻工业出版社，1998.

[85] 王延才. 中国白酒 [M]. 北京：中国轻工业出版社. 2011.

[86] 张兴兰. 五粮液集团战略调整研究 [D/OL]. 四川：西南交通大学，(2014-08-16) [2023-09-04]. https://kns.cnki.net/kcms2/article/abstract?v=3uoqIhG8C475KOm_zrgu4lQARvep2SAk9z9MrcM-rOU4mSkGl_LWf4iMFUYiNgWCVQh37i26cNHtuhOC1QCBVReBnxTD3fYB&uniplatform=NZKPT.

[87] 朱頔阳. PPP 模式下特色小镇建设运营盈利模式分析 [J]. 工程经济，2019, 29(4): 72-76.

[88] 方兴林. 博弈论视角下特色小镇建设主体行为采纳及发展策略研究 [J]. 湖北工程学院学报，2017, 37(5): 123-126.

[89] 石忆邵，任浩然. 关于特色小镇规划与发展中若干问题的思考 [J]. 上海国土资源，2019, 40(3): 1-6.

[90] 洪帅. 慢旅游背景下乡村特色小镇建设研究 [J]. 农业经济，2020(7): 51-53.

[91] 信桂新，熊正贤. 模式与经验：中国特色小镇建设实践研究 [J]. 资源开发与市场，2019, 35(6): 819-825.

[92] 孟则. 特色小镇运营商的财务平衡问题研究：以碧桂园和蓝城为例 [J]. 中国物价，2019(8): 77-79.

[93] 温嘉颖，张黎，钟琦. 文旅融合背景下休闲旅游特色小镇建设探讨：以清远市部分休闲旅游特色小镇为例 [J]. 清远职业技术学院学报，2021, 14(1): 33-37.

[94] 符岐. 乡村振兴背景下的特色小镇规划建设 [J]. 城乡建设，2020(20): 28-29.

[95] 陈玉山，庄小将. 乡村振兴背景下的特色小镇建设中的土地问题研究 [J]. 商业经济，2018(10). 95-97, 107.

[96] 邱继贤，王贺港. 以文兴业：文旅融合时代下旅游特色小镇建设路径探究 [J]. 商业经济，2019(6): 63-64, 93.

[97] 侯薇育. 论特色小镇和酒文化研究：以安徽酒文化特色小镇方案文化建设为例 [J]. 佳木斯职业学院学报，2019(9): 50-51, 53.

[98] 涟漪. 尽管味道不受喜欢：中国白酒成纽约酒吧新宠 [J]. 食品界，2015(12): 93.

[99] 徐岩. 生态酿造是酒文化的回归 [N]. 华夏酒报，2013-07-30(A16).

[100] 彭小东，王欢，田辉，等. 国内白酒生态酿造的发展现状及进展 [J]. 酿酒科技，2017(6): 90-94.

后　记

2022年6月8日，习近平先后考察了宜宾市三江口、宜宾学院、宜宾市极米光电有限公司，了解高校毕业生就业、企业自主创新等情况。在考察中，习近平谈到"民生首先是就业"，并表示对高校毕业生就业问题特别关心。当前，经济形势面临新挑战与新机遇，基层公共经济建设与治理对推动地方社会高质量发展及其治理能力现代化具有重要作用。

宜宾学院法学与公共管理学部公共管理学院根植地方经济社会发展实际，基于公共管理与基层社会治理领域的长期研究积累，充分发挥特色学科优势，组织出版了"基于新文科与应用人文实践的公共管理实务研究丛书"，以期为关注地方发展、公共经济、社会治理的各界同人提供参考。

历经数十个日夜的打磨，在本书即将付梓之际，编委组有太多感谢难以言语，但又不得不表达：衷心感谢地方党委政府、企事业单位在丛书资料搜集、实地调查、案例撰写过程中的支持，感谢吉林大学出版社编辑团队为本书的成稿、修改、出版提供的大力帮助，感谢编委团队每一位执笔人的字斟句酌，正是大家的"合力"与集体智慧才使得本书顺利面世。借此，编委组再次衷心感谢为本书出版付出努力的各界人士。

当然，由于视野和能力的有限性及知识与实践领域的无限性，本书难免存在不足之处，还请广大专家、学者批评指正。

编委组
2022年11月